中原智库丛书·青年系列

中国进口贸易对消费者福利的影响研究

RESEARCH ON THE IMPACT OF
CHINA'S IMPORT TRADE ON CONSUMER WELFARE

陶宏展　著

社会科学文献出版社
SOCIAL SCIENCES ACADEMIC PRESS (CHINA)

摘　要

改革开放以来，"出口导向型"贸易发展模式使中国深度参与国际分工体系，融入经济全球化浪潮，对外贸易取得了巨大成就，极大地推动了中国经济发展。然而，近年来国际国内发展形势发生了深刻变化，中国"出口导向型"贸易发展模式越来越难以为继。一方面，"逆全球化"思潮逐渐兴起，单边主义、贸易保护主义抬头，贸易摩擦不断，全球化面临严峻挑战，中国出口面临的外需增长空间进一步被压缩，对外贸易环境不确定性大大加剧。另一方面，中国"出口导向型"贸易发展模式也面临着贸易顺差带来的贸易摩擦、传统比较优势削弱等制约因素，给中国经济发展带来了贸易结构失衡、产业大而不强、路径依赖加深和环境承载力下降等问题。

作为对外贸易的重要组成部分，中国进口贸易经历了规模增长和质量提升的发展历程。中国特色社会主义进入新时代，中国对外贸易逐渐转向积极主动扩大进口，推动贸易平衡，建设贸易强国。习近平主席在多个重要平台明确强调和重申"中国开放的大门不会关闭，只会越开越大"，[①] 要积极主动扩大进口，加快构建以国内大循环为主体、国内国际双循环相互促进的新发展格局，强调进口贸易的战略作用。中国不断用自己的实际行动履行这一重要承诺，主动降低进口关税水平，大幅放宽市场准入，推行贸易自由化便

[①] 《习近平在博鳌亚洲论坛 2018 年年会开幕式上的主旨演讲（全文）》，中国政府网，2018 年 4 月 10 日，https://www.gov.cn/xinwen/2018-04/10/content_5281303.htm；《习近平在首届中国国际进口博览会开幕式上的主旨演讲（全文）》，中国政府网，2018 年 11 月 5 日，https://www.gov.cn/xinwen/2018-11/05/content_5337572.htm。

利化措施。当前,积极主动扩大进口的战略定位和政策支持体系正在加速推进,积极扩大进口成为未来中国对外贸易发展的重要目标和着力点,体现了中国对外开放理念和贸易发展方式的根本性转变。

进口贸易福利及其分配效应一直都是国际贸易研究领域的核心问题,但目前研究还未达成一致结论,其福利效应可能因国而异、因地而异、因群体而异。长期以来,大多理论和实证文献更加重视出口在促进经济增长、增加就业与减贫等方面的贡献和作用,但对进口贸易福利效应的研究还比较少。目前对进口贸易福利的研究主要聚焦于提高企业生产效率、降低价格成本加成等生产者福利效应,对进口贸易引致的消费者福利效应研究还比较缺乏。随着贸易理论逐渐从供给侧向需求侧演进以及微观调查数据可获得性的提升,进口贸易引致的消费者福利及其分配效应逐渐成为研究热点,但远未达到出口贸易引致的企业利得研究的广度和深度。

在上述背景下,本书从需求侧视角出发,在消费者同质性和异质性框架下研究了中国进口贸易对整体消费者福利和异质性消费者福利的影响,即从需求侧视角探究进口贸易引致的宏观和微观消费者福利效应。一是在消费者同质性框架下,分别构建了大国经济假设下进口贸易限制指数与其相应的关税福利效应估算模型和需求变化情形下进口种类增长福利效应估算模型,探究了关税福利效应和进口种类增长福利效应的影响机制。二是在消费者异质性框架下,构建了特定收入群体进口价格指数的结构性估算模型,考察了进口价格变化对不同收入群体生活成本的影响,从部门消费异质性视角分析了不同收入群体进口价格通胀的影响机制。进一步基于生活成本指数,纳入关税和非关税措施,利用价格传递机制分析了进口贸易自由化对城市生活成本的影响,从空间效应、需求效应和竞争效应三重视角探究了进口贸易自由化对城市生活成本的影响机制。三是利用中国进口贸易流量数据、关税和非关税措施等贸易政策数据、中国城镇住户调查(UHS)数据和城市特征数据,具体估算或实证分析了中国进口贸易对整体消费者福利和异质性消费者福利的影响。

消费者同质性框架下中国进口贸易对整体消费者福利影响的研究发现,

大国经济假设下关税福利效应包括进口国效率损失、进口国贸易条件收益及出口国效率损失。除 2001 年外，中国均获得了正的福利收益，从 1996 年的 39.39 亿美元增长到 2019 年的 219.83 亿美元。由于忽略了贸易条件收益，小国经济假设下标准估计方法高估了中国效率损失约 3 倍与整体效率损失约 2 倍。1996 年主要贸易伙伴国效率损失及贸易条件收益主要集中在 WTO 成员，2019 年呈现分散趋势。出于战略安全考虑，中国实施了差别化贸易限制政策，但差别化程度在降低。中国对"一带一路"共建国家贸易限制下降明显，共建国家效率损失降低，这体现了中国在不断践行建设利益共同体的宗旨。需求变化对中国进口种类增长福利效应产生了正向的影响力，忽略需求变化会严重低估中国进口种类增长福利效应。1996~2019 年，需求变化情形下替代弹性混合估计方法测算的传统价格指数向上偏误 32.76%，中国进口种类增长福利效应相当于 GDP 的 5.229%，而替代弹性标准估计方法低估进口种类增长福利效应相当于 GDP 的 2.623%。福利分解显示，HS6 位数产品层面和 ISIC2 位数行业层面均呈现集中趋势，BEC 分类层面分解表明中国"重生产、轻消费"的进口模式依然明显。

消费者异质性框架下中国进口贸易对异质性消费者福利影响的研究发现，相对于高收入群体，低收入群体和中等收入群体经历了更高的进口价格通胀。机制分析表明，工业制成品进口价格指数的快速增长是低收入群体和中等收入群体经历更高进口价格通胀的主要原因。中国城市生活成本指数整体上呈现"倒 V 形"趋势。进口贸易自由化会降低中国城市生活成本，提高城市消费者福利水平，在一定程度上会缩小地区间消费差距。由于存在空间效应、需求效应和竞争效应，进口贸易自由化对中国城市生活成本的影响具有异质性特征。工业制成品消费占比高的城市生活成本下降程度更高；关税对小城市和高市场化城市具有更大的边际效应，而非关税措施对小城市和低市场化城市具有更大的边际效应。

本研究的边际贡献主要有以下几个方面。首先，本书从需求侧视角出发，在宏观和微观层面多视角研究了中国进口贸易对整体消费者福利和异质性消费者福利的影响，测算了中国进口贸易引致的消费者福利及其分配效应。其次，对传统贸易理论的标准估计方法进行了理论拓展。在消费者同质性框架下，本书放松小国经济假设和需求不变假设，分别构建进口贸易限制指数与其相应的关税福利效应估算模型和需求变化情形下进口种类增长福利效应估算模型，探究了关税福利效应和需求变化情形下进口种类增长福利效应的影响机制，并对小国经济假设下传统标准估计方法和替代弹性标准估计方法相关结果进行了对比研究，拓展了相关的理论模型，提高了估计的准确性。在消费者异质性框架下，构建了特定收入群体进口价格指数的结构性估算模型，并结合替代弹性混合估计方法，首次估算了中国不同收入群体进口价格指数，从部门消费异质性视角分析了不同收入群体进口价格通胀的影响机制。再次，对实证分析方法进行了改进。基于生活成本指数视角，同时纳入关税和非关税措施，从空间效应、需求效应和竞争效应三重视角探究了进口贸易自由化对城市生活成本的影响机制，在地区层面考察了中国进口贸易对异质性消费者福利的影响。最后，本书研究结论为中国深化贸易自由化改革、实施积极扩大进口战略、构建双循环新发展格局及实现共同富裕目标提供了可供参考的政策建议，具有一定的政策启示。

关键词： 需求侧　进口贸易　消费者福利　同质性及异质性框架

目　录

第一章

绪　论

本章主要从国际国内发展形势发生深刻变化的背景出发，结合当前中国积极扩大进口、构建双循环新发展格局的战略导向，介绍研究背景，全面梳理总结进口贸易与消费者福利的相关研究进展，分析已有研究对本研究的启示，进而提出本书的研究问题，并说明本研究的理论意义和现实意义。

第一节　研究背景

一　中国"出口导向型"贸易发展模式难以为继

改革开放以来，以比较优势理论为基础，依赖于低成本生产要素的"出口导向型"贸易发展模式使中国深度参与国际分工体系，融入经济全球化浪潮，对外贸易总额从 1978 年的 206.4 亿美元增长到 2020 年的 46559.1 亿美元，增长了约 225 倍，年均增长率约为 13.8%，① 远高于世界贸易年均 8% 的增长速度（岳云霞，2019）。中国已成为全球货物贸易第一大国、第一大货物出口国、第二大货物进口国，创造了中国对外贸易"奇迹"，使中国经济在过去四十多年来持续保持年均约 8% 的增长速度，极大地推动了中

---

① 数据来自《中国统计年鉴》，详细数据见附表 A.1。

国经济发展，中国也成为仅次于美国的世界第二大经济体（余淼杰，2018）。可见，"出口导向型"贸易发展模式是中国全面融入全球化进程和经济高速增长的重要原因。

然而，自2008年国际金融危机爆发以来，国际国内发展形势发生了深刻变化，中国"出口导向型"贸易发展模式越来越难以为继。一方面，随着世界经济进入增长疲软和新动力缺乏的深度调整期，"逆全球化"思潮在主要发达经济体中逐渐兴起，单边主义、贸易保护主义在世界范围内抬头，贸易摩擦不断且表现形式趋于复杂多样，全球化面临严峻挑战，一些国家开始推动"产业回归"和"再工业化"，中国出口面临的外需增长空间进一步被压缩，外部政策环境进一步恶化，中国对外贸易发展不确定性加剧（戴翔，2019；江小涓和孟丽君，2021）。另一方面，中国特色社会主义进入新时代，中国经济开始从高速粗放型增长向中高速质量效率型集约增长转变，结构性转型升级迫在眉睫。首先，多年来持续的贸易顺差成为贸易伙伴对中国挑起贸易摩擦的主要原因之一，给中国与贸易伙伴之间的双边、多边关系带来了巨大压力。其次，随着劳动力、资源、土地等国内生产要素价格持续上升，供给数量持续减少，中国要素禀赋传统比较优势削弱，发达国家产业跨国转移使中国产品国际竞争力下降。最后，聚焦于制造业中低端的出口扩张也给中国经济发展带来了不平衡、不协调和不可持续等问题，环境承载力下降，发展质量和效率低下，创新能力不强。

由此可见，长期以来"出口导向型"贸易发展模式以及"重视出口，忽视进口"的政策导向，为中国经济增长贡献了巨大的力量。但随着国际国内发展形势发生深刻变化，这种模式也给中国经济发展带来了诸多挑战，如贸易结构失衡、产业大而不强、路径依赖加深和环境承载力下降等问题，成为制约中国经济高质量发展的重要因素。

二 政策层面对进口贸易重视程度明显提高

从中国的对外贸易实践来看，随着中国深度融入全球化进程，作为对外贸易的重要组成部分，中国进口贸易也经历了规模增长迅速、质量提升明显、自由化程度不断提高，以及重视程度明显提高的发展历程。

　　首先，中国进口贸易规模增长迅速。四十多年来，随着出口贸易的蓬勃发展，中国进口贸易总体规模也快速增长。如图 1-1 所示，中国进口贸易从 1978 年的 108.9 亿美元增长到 2020 年的 20659.6 亿美元，增长了约 189 倍。虽然中间经历了 1997 年亚洲金融危机、2008 年国际金融危机以及 2018 年中美贸易摩擦等多次不利因素影响，但中国进口贸易的年均增长率仍然达到 13.3%，接近进出口总额的年均增速，进口占世界份额从 1978 年的 0.82% 增长到 2020 年的 11.56%。2008 年，中国进口贸易额首次突破万亿美元门槛，从 2009 年至今，中国一直是世界第二大进口国，进口贸易取得了非凡的发展成就。①

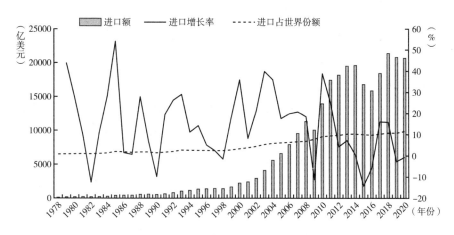

图 1-1　1978~2020 年中国进口贸易变化情况

资料来源：根据历年《中国统计年鉴》相关数据整理计算得到。

　　其次，中国进口贸易质量提升明显。从中国进口贸易方式来看，一般贸易和加工贸易是中国进口贸易的主要方式，但表现出明显的阶段性特征。改革开放初期，由于全球产业转移的加快以及中国实施外向型经济政策，出口加工贸易的飞速发展带动了原材料和中间产品的进口，中国加工贸易进口在

———————

　　①　数据来自《中国统计年鉴》，详细数据见附表 A.1。

1994 年首次超过一般贸易，占比 41.2%。而 2008 年以后，随着经济的快速发展和人民生活水平的提高，消费者对进口消费品的需求不断增加，带动了一般贸易的进口（裴长洪，2009），而加工贸易则受到 2008 年国际金融危机的影响，发展受到限制（庄芮等，2019），一般贸易重新成为中国进口贸易的主要方式。到 2020 年，中国一般贸易占比 60.4%，其他贸易占比也增长到 19.9%，可见，中国进口贸易方式在逐步优化。[①] 从中国进口贸易主体来看，1981 年国有企业进口占据绝对地位，占比高达 99.2%。随着外贸体制改革推进，外贸经营权逐渐下放，外商投资企业通过投资办厂、引进设备和技术、进口中间产品等与中国丰富的劳动力资源相结合，将中国作为生产与出口加工平台，成为中国进口加工贸易的最主要力量（盛斌和魏方，2019）。其进口份额在 1996 年首次超过国有企业，占比达 54.5%。此后，国有企业进口占比不断下降。从 2001 年开始，包括集体企业和私营企业在内的其他企业进口占比增长速度较快，至 2013 年其他企业进口占比超过国有企业，2020 年占比达到 35.6%，逐渐成为中国进口贸易的第二大增长主体。可见，中国进口贸易主体结构逐渐呈现多元化趋势。[②] 从中国进口贸易商品结构来看，党的十八大以来，随着中国国内经济调整和产业转型升级，关键技术、高端制造设备等进口政策支持力度不断加大，采用 Lall（2000）的技术分类方法分析进口商品技术含量变化，高技术产品占比从 2012 年的27.8%上升到 2020 年的 32.9%，中技术产品和高技术产品总占比从 2012 年的 49.7%增长到 2020 年的 54.5%，说明中国进口商品技术含量明显提升，进口商品结构进一步优化。[③] 从中国进口贸易地理来源结构来看，虽然长期以来中国主要进口来源地集中在日本、韩国、新加坡、中国台湾、美国、德国、澳大利亚等少数西方发达国家以及亚洲国家和地区。但随着"一带一路"倡议的推进、贸易潜力的释放、中国—东盟战略伙伴关系的深入、RCEP 的签署，2013～2020 年中国从东盟国家的进口额由 1995.40 亿美元增

---

① 数据来自海关总署，详细数据见附表 A.2。
② 数据来自海关总署，详细数据见附表 A.3。
③ 数据来自 UNCTAD 数据库，详细数据见附表 A.4。

加到 3008.75 亿美元，年均增长率为 6.04%，占总进口规模份额由 10.23% 上升到 14.56%，[①] 并在 2020 年，东盟首次超过欧盟成为中国第一大货物贸易伙伴；2014～2020 年中国从"一带一路"共建国家的进口额由 4834.42 亿美元增加到 5699.06 亿美元，年均增长率为 2.79%，占总进口规模份额由 24.68% 上升到 27.72%；2012～2020 年中国从 RCEP 国家的进口额由 6328.08 亿美元增加到 7753.96 亿美元，年均增长率为 2.57%，占总进口规模份额由 34.8% 增加到 37.72%；[②] 2013～2020 年中国从拉丁美洲的进口额由 1274.29 亿美元增加到 1694.12 亿美元，年均增长率为 4.15%，占总进口规模份额由 6.53% 上升到 8.20%。[③] 可见，中国进口贸易地理结构逐渐趋于多元化和均衡发展。

再次，中国进口贸易自由化程度不断提高。20 世纪 90 年代以来，为了配合出口导向战略和加入 WTO，中国多次大幅度降低关税水平，如图 1-2 所示，关税削减主要集中在 1992～2000 年入世准备阶段和 2001～2005 年履行入世承诺阶段。截至 2020 年，中国简单平均关税水平从 1992 年的 42.1% 下降到 2020 年的 7.4%，削减幅度达 82.4%，加权平均关税水平从 1992 年的 32.2% 下降到 2020 年的 3.4%，削减幅度达 89.4%。[④] 虽然中国整体关税水平仍略高于主要发达经济体（如美国、欧盟和日本）的关税水平（分别为 3.4%、5.1% 和 4.4%），但已远低于主要发展中国家（如印度和巴西）的关税水平（分别为 15% 和 13.3%），[⑤] 中国进口关税总体上已处于较低水平。近年来，为了满足经济高质量发展和国内消费者日益升级的需求，中国还对信息技术产品、生产设备、汽车、日用消费品、药品等多种进口商品进行了大幅度的自主降税。[⑥] 另外，为了与国际惯例接轨和履行入世承诺，中国还不断规范非关税措施管理，提高透明度，并于 2005 年全部取消了进口配额、进口许可证和特定招标等非关税措施（盛斌和魏方，2019）。同时在

---

① 根据海关总署相关数据计算得到。
② 数据来自《2021 中国进口发展报告》。
③ 根据历年《中国统计年鉴》相关数据计算得到。
④ 详细数据见附表 A.5。
⑤ 数据来自 WTO。
⑥ 详细内容见附表 A.6。

WTO 规则框架下，基于 WTO/SPS 协议和 WTO/TBT 协议对涉及食品安全和环境保护等进口商品加强了检验检疫等技术性规范管理。可见，中国在不断削减关税和规范非关税措施，进口贸易自由化程度不断提高。

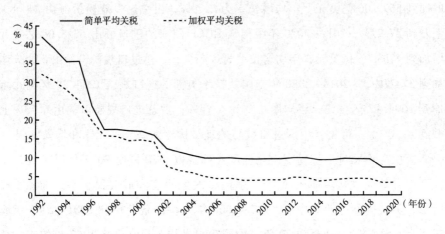

图 1-2　1992~2020 年中国进口关税变化情况

资料来源：1995 年数据来自盛斌和魏方（2019）；2012 年和 2013 年数据来自 WTO；其余年份数据来自 WITS。

最后，对进口贸易重视程度明显提高。一方面，中国始终是经济全球化的坚定倡导者和积极推动者。近年来，基于国际国内形势的变化，中国对外贸易逐渐转向积极主动扩大进口，推动出口和进口贸易平衡，推动贸易强国建设。习近平主席在博鳌亚洲论坛和中国国际进口博览会等重要平台上多次明确强调和重申"中国开放的大门不会关闭，只会越开越大"[1]，要积极主动扩大进口，加快构建以国内大循环为主体、国内国际双循环相互促进的新发展格局，更加突出强调进口贸易的战略作用，坚定了实施扩大进口战略的决心。另一方面，中国也不断用自己的实际行动履行这一承诺，出台了《关于扩大进口促进对外贸易平衡发展的意见》等支持性政策文件，举办国

---

[1]《习近平在博鳌亚洲论坛 2018 年年会开幕式上的主旨演讲（全文）》，中国政府网，2018 年 4 月 10 日，https：//www. gov. c n/xinwen/2018-04/10/content_5281303. htm；《习近平在首届中国国际进口博览会开幕式上的主旨演讲（全文）》，中国政府网，2018 年 11 月 5 日，https：//www. gov. cn/xinwen/2018-11/05/content_5337572. htm。

际进口博览会,不断拓宽进口渠道,签订区域贸易协定,主动降低进口关税,大幅放宽市场准入,推行贸易自由化便利化措施,设立了21个自由贸易试验区和首个海南自由贸易港,通过先行先试和对标更高水平的国际经贸规则,打造市场化、法治化和国际化的营商环境。可见,中国积极主动扩大进口的战略定位和政策支持体系正加速推进,积极扩大进口成为未来中国对外贸易发展的重要目标和着力点,体现了中国对外开放理念和贸易发展方式的根本性转变(钱学锋和裴婷,2019)。

三 积极扩大进口的战略作用愈加凸显

积极扩大进口正在成为中国新时代经济高质量发展的重要战略举措。首先,积极扩大进口体现了中国作为世界第二大经济体的责任担当。进口的增加,让世界共享中国的经济发展红利,加大双向开放的力度,使中国更好地融入全球分工体系。其次,积极扩大进口是中国实现对外贸易平衡发展的重要途径。减少贸易顺差,可以降低同世界各国发生贸易摩擦的可能性,改善中国日趋严峻的国际贸易环境,为中国经济的高质量发展争取友好的发展空间。最后,积极扩大进口对构建双循环发展新格局具有非常重要的意义。进口作为连接国内市场和国际市场的重要纽带,可以更好地联通国内和国际两个市场。一方面,扩大进口可以增加高质量产品的供给,满足消费者多样性偏好和消费升级的现实需求,充分发挥中国超大规模市场优势,有效扩大内需,增强中国经济发展动力。另一方面,扩大进口可以使国际要素更好地服务于中国经济的转型升级。进口关键核心技术、高端人才和先进设备等生产要素,能够产生技术溢出和示范效应,促进中国制造业转型升级,提高其国际竞争力,推动全球价值链向高端攀升,实现贸易强国目标。

四 进口贸易引致的消费者福利效应成为研究热点

进口贸易福利及其分配效应一直是国际贸易研究领域的核心问题。从大卫·李嘉图开始,绝大多数经济学家认为,在开放条件下,贸易自由化是一国福利水平提升的重要渠道(WTO,2018)。但对此问题的研究,目前没有一个统一的结论，贸易自由化的福利效应可能因国而异、因地而异、因群体而异（钱学锋和李莹，2017）。

然而，长期以来，从国际贸易理论发展历程来看，大多数理论和实证文献更加重视出口在促进经济增长、提高生产率、增加就业、减贫、优化产业结构和提高国际竞争力等方面的贡献和作用（Young，1991；Grossman and Helpman，1991；Greenaway and Sapsford，1994；Melitz，2003；黄玖立和李坤望，2006；邵敏，2012；戴觅等，2014），对作为国际贸易动力基础的进口则关注不够，甚至低估了进口在一国对外贸易发展中的重要作用。另外，目前关于进口贸易福利研究的文献大多聚焦于进口贸易对经济增长的贡献（Abranham and Hove，2005；裴长洪，2013），以及进口贸易的生产者福利效应，即进口贸易对企业生产效率或资源配置效率、价格成本加成的影响（Yeaple，2005；Bernard et al.，2011；钱学锋等，2011；钱学锋等，2016；陈勇兵等，2014b；简泽等，2014；张杰等，2015；高超和黄玖立，2019），忽视了进口贸易引致的消费者福利及其分配效应。

随着贸易理论逐渐从供给侧向需求侧演进以及各国微观调查数据可获得性的提升，进口贸易引致的消费者福利及其分配效应逐渐成为研究热点。但目前国内外学者对中国进口贸易引致的消费者福利及其分配效应缺乏深入系统的研究，进口贸易对消费者福利影响的相关研究还比较缺乏，特别是异质性消费者福利的"黑匣子"没有被完全打开，尚未达到出口贸易引致的企业利得研究的广度和深度（高新和徐静，2020）。

对中国而言，进口贸易作为中国对外贸易的重要组成部分和国民福利的重要体现，在中国经济发展过程中将发挥越来越重要的作用，具有不可忽视的地位。以中国为例，全面深入系统地研究中国进口贸易引致的消费者福利效应，根据最新贸易理论构建进口贸易影响消费者福利的理论分析框架，探究进口贸易影响消费者福利的渠道及机制，准确衡量中国进口贸易对整体消费者福利和异质性消费者福利的影响，把握其战略内涵和经济效应，可以为中国深化贸易自由化改革、实施积极扩大进口战略、构建双循环新发展格局及实现共同富裕目标提供可供参考的政策建议。

第二节 文献综述

通过对现有进口贸易与消费者福利相关文献进行回顾和梳理，发现目前文献主要从以下几个方面进行分析研究。一是探究进口贸易影响消费者福利的渠道及机制。二是分析进口贸易政策变动引致的整体消费者福利变化。三是考察具体渠道对整体消费者福利的影响。四是探究异质性视角下个体层面贸易福利分配效应。五是探究异质性视角下地区层面贸易福利分配效应。本节将通过梳理相关方面的研究进行详细的文献综述，总结和掌握进口贸易与消费者福利等方面的研究进展，同时梳理已有研究的重要贡献、存在的不足以及已有研究对本研究的启示，进一步明确本书的研究方向、内容及方法，为本书以下各章节奠定扎实的研究基础。

一 进口贸易影响消费者福利的渠道及机制

已有研究进口贸易影响消费者福利渠道的文献主要集中在产品价格、进口产品种类和产品质量三个渠道，即进口贸易会通过价格效应、进口种类增长效应和质量效应影响消费者福利（陈勇兵等，2014b；高新和徐静，2020）。

（一）价格渠道

关于进口贸易影响消费者福利的价格渠道。目前文献主要聚焦于以下三个方面。

一是贸易自由化情形下关税削减的价格效应。一般来讲，贸易自由化情形下的关税削减可以降低进口商品贸易成本，贸易成本的降低直接导致进口商品价格下降，而进口商品价格下降也会通过竞争机制间接导致国内同类或替代消费品价格下降，降低国内消费者相关消费品支出水平，提高消费者福利（Deaton，1989；Porto，2006；Marchand，2017）。在国内消费品价格层面，相关的理论和实证文献证实了在不完全竞争情形下关税价格传递机制具有不完全性，即国内消费品价格下降的程度小于关税削减的程度，国内消费品价格下降的程度还受到国内市场因素的影响（Nicita，2009；Marchand，

2012；Atkin and Donaldson，2015；Donaldson，2018；施炳展和张夏，2017；张甜甜和孙浦阳，2019；孙浦阳等，2019；王备和钱学锋，2020；高新和董兆艳，2022，2023）。但在进口价格层面，有研究认为关税对不含税的进口价格无显著影响，关税价格传递机制接近完全性（Amiti et al.，2019，2020a；Fajgelbaum et al.，2020；Flaaen et al.，2020；Cavallo et al.，2021；刘亚琳和戴觅，2022）。

二是进口促进竞争效应引致的价格成本加成下降。价格成本加成下降源自企业在实现规模经济的同时使企业平均成本降低，从而导致消费品价格下降，提高消费者福利（Krugman，1979；Feenstra，2010；De Loecker et al.，2016）。后续的部分理论和实证文献研究了价格成本加成下降带来的整体消费者福利效应，大多认为进口促进竞争效应显著提高了整体消费者福利（Edmond et al.，2015；Feenstra and Weinstein，2017；Feenstra，2018a，2018b；Hsu et al.，2020）。但 Arkolakis 等（2019）在具有垄断竞争、企业异质性和可变加成的模型中拓展了 Arkolakis 等（2012）的福利公式，并通过微观数据量化了新福利公式，研究发现在可变加成模型下国际贸易福利略小于或等于不变加成模型，认为贸易的促进竞争效应是难以捉摸的。可见，现有文献对进口促进竞争效应的研究还存在争议，但同时相关研究也在不断深入。

三是进口商品价格变动对国内商品价格的传递效应。虽然理论上关税削减可以降低进口商品价格，但进口商品价格的变动同时还受到其他因素的影响，如汇率波动（Campa and Goldberg，2005；Burstein and Gopinath，2014；曹伟等，2019）、短期供给冲击（Algieri，2014）、进口需求变化（Fajgelbaum et al.，2011）、进口定价权缺失（魏浩，2016；王聪和魏浩，2017）等。与关税价格传递机制相似，相关理论及经验研究在一定范围内证实了进口商品价格变动同样对国内商品价格具有明显的传递效应，进口商品价格变动会通过成本效应和需求引致效应间接导致国内消费品价格变动，进而影响消费者生活成本（罗知和郭熙保，2010；Fajgelbaum and Khandelwal，2016；Berner et al.，2017；魏浩和赵田园，2019；Hottman and Monarch，2018，2020；Borusyak and Jaravel，2021）。

（二）进口种类渠道

关于进口贸易影响消费者福利的进口种类渠道。传统贸易理论强调在比较优势基础上的分工和交换是贸易福利的来源，没有考虑产品种类变化。而Krugman（1979，1980）研究提出，在垄断竞争框架下，规模经济及消费者偏好多样性共同构成了行业内差异化产品贸易的动因，消费可行集的扩大成为国际贸易福利的新渠道，即垄断竞争框架下进口种类增长是贸易福利的一个新来源，其影响机制主要在于贸易成本下降和外国市场规模的扩大。Feenstra（2010）研究认为，进口种类增长是垄断竞争框架下三大贸易福利来源之一。从理论逻辑来讲，进口种类增长相当于产品价格由Hicks（1940）提出的"保留价格"（价格高到需求为零的价格）下降到实际可购买价格，从而降低了消费者价格指数，提高了消费者福利。随着贸易微观数据的可获得性增强和理论模型的可操作性提升，大多数经验研究证明了进口种类增长的贸易福利效应确实存在，即进口种类增长降低了消费者价格指数，提高了贸易整体福利（Feenstra，1994；Broda and Weinstein，2006；Goldberg et al.，2010；Blonigen and Soderbery，2010；Minondo and Requena，2010；陈勇兵等，2011；Chen and Ma，2012a；魏浩和付天，2016；谷克鉴和崔旭，2019），但随着研究的深入，也有部分文献认为进口种类增长的贸易福利效应被高估了或者不显著（Arkolakis et al.，2008；Collie，2016；Hsieh et al.，2020）。

（三）质量渠道

关于进口贸易影响消费者福利的质量渠道。产品质量一直是消费者偏好和行为选择的一个重要维度，随着微观层面贸易数据可获得性的提高和产品质量度量方法的不断改进，产品质量问题逐渐成为国际贸易福利分析领域的重点研究议题（Schott，2004；Khandelwal，2010；Hansen and Nielsen，2011；Amiti and Khandelwal，2013；Chen and Juvenal，2016；余淼杰和张睿，2016）。从需求侧视角来看，一方面，消费者更加偏好高质量产品。Khandelwal（2010）研究认为，如果一国进口产品存在质量升级，即处在质量阶梯幅度（Quality Ladder Length）较长的部门，则消费者愿意付出更多成本以获取高质量的差异化产品，从而得到更高的效用水平。另一方面，高质量产品价格一般比低质量产品价格更高，而收入水平越高的消费者对高质量产品的需求更大，更倾向于购买高质量产品，即收入水平与产品质量具有正相关关系（Hallak，2006；Hallak and Schott，2011；Fajgelbaum et al.，2011；Feenstra and Romalis，2014）。从福利分析角度来看，已有多数经验文献一般将产品价格、进口产品种类和产品质量同时纳入消费者价格指数的测算，通过构建经质量调整的精确价格指数（Quality-Adjusted Exact Price Indexes）来探究进口贸易引致的消费者福利效应（Benkovskis and Worz，2014；Sheu，2014；陈勇兵等，2014c；张永亮和邹宗森，2018），研究均认为忽视进口产品质量变化将导致一国进口价格指数被高估，从而低估进口贸易引致的消费者福利效应。

二 进口贸易政策变动引致的整体消费者福利变化

贸易福利是一国参与国际贸易最重要的衡量指标，而量化进口贸易政策变动引致的整体消费者福利对一国贸易政策的制定及动态调整具有至关重要的作用。相对于关税贸易政策，非关税措施具有种类繁多、隐蔽性强的特点（UNCTAD，2018）。因此，已有文献主要衡量了一国进口贸易政策变动引致的整体消费者福利变化。

（一）中美贸易摩擦的福利影响

自2008年国际金融危机以来，主要发达国家逐渐掀起"逆全球化"浪潮，贸易保护主义兴起，加征关税成为各国重要的贸易保护措施（Bems et al.，2011；Goldberg and Pavcnik，2016），其影响已然是双边和多边贸易谈判中较为突出的重要组成部分，而2018年中美贸易摩擦更是吸引了全球的关注，加剧了世界经济的"逆全球化"趋势。

在此背景下，近来文献主要分析了中美贸易摩擦对中美两国以及世界其他经济体相关福利水平的影响（王晓燕等，2021）。从研究方法来看，相关研究可以分为两类，第一类文献主要采用实证分析方法或者政治经济学分析范式进行定性分析（Amiti et al.，2019，2020a；林毅夫，2019；Qiu et al.，

2019；Ng，2020；胡鞍钢和谢宜泽，2020；Bekkers and Schroeter，2020；Cavallo et al.，2021）。第二类文献主要采用可计算一般均衡模型（Computable General Equilibrium Model，CGE）模拟或者结构性模型（Structural Model）量化中美贸易摩擦导致的福利影响（崔连标等，2018；李春顶等，2018；樊海潮和张丽娜，2018；倪红福等，2018；吕越等，2019；Guo et al.，2018；Li et al.，2019；Xia et al.，2019；Fajgelbaum et al.，2020；樊海潮等，2020；樊海潮等，2021；Fajgelbaum and Khandelwal，2021）。虽然两类文献所用研究方法不同，但是大部分文献研究结果均认为中美贸易摩擦不仅在一定程度上损害了中美两国利益，导致了无谓福利损失，使两国消费者福利下降，还会通过转移效应和溢出效应恶化全球贸易形势，对全球产业链及供应链的安全造成严重威胁，进而拖累全球贸易和世界经济增长，带来极大的不确定性。

（二）衡量贸易限制程度及其福利影响

由此可见，量化一国关税贸易政策引致的福利效应再次成为学术界研究的热点。但以上文献均未衡量一国关税壁垒引致的整体贸易限制程度，而如何准确度量关税壁垒引致的贸易限制程度长期以来是困扰学术界和政策制定者的一大难题，一直面临方法上的挑战（Goldberg and Pavcnik，2016；刘庆林等，2016）。已有实证文献大多采用简单平均关税和加权平均关税等反向指标来衡量一国贸易限制程度，但两者均不是衡量中国贸易限制程度的理想指标（Chen and Ma，2012b；倪红福等，2020）。原因主要有以下几点：首先，简单平均关税和加权平均关税都缺乏理论基础，没有具体的政治经济学含义；其次，简单平均关税忽略了进口商品之间进口额的巨大差异，没有考虑不同产品或行业的重要性，加权平均关税虽然以进口额为权重，考虑了不同产品或行业的重要性，但也忽视了关税在产品间的分配效应，因为商品关税越高，进口额越小，从而权重越低，有可能低估真实的关税贸易保护程度；最后，一国为了保护某些产业，关税设置有可能是战略性的，简单平均关税和加权平均关税都不能有效地衡量关税的战略意义（Chen et al.，2014）。另外，已有部分文献使用贸易便利化衡量贸易限制程度（Wilson et al.，2003；Persson，2013），构建一系列显性和隐性指标进行评价，但是无法克服指标选取的主观性和指标量化的客观性（李猛等，2021）。因此，使用缺乏理论基础的一系列指标来衡量贸易限制程度，进而研究其对社会经济的影响，可能会得出具有误导性的结论，影响一国贸易政策的制定（Rodríguez and Rodrik，2000）。

相较于关税税率的特定产品差异性，Anderson 和 Neary（1994，1996）开创性地在一般均衡框架下提出了贸易限制指数（Trade Restrictiveness Index，TRI），即通过找到与现行贸易关税结构相同的统一关税（Uniform Tariff）来衡量贸易限制程度。贸易限制指数可以准确地评估进口国贸易政策，实现与特定产品关税相同的福利水平。一方面，贸易限制指数具有贸易理论支撑和明显的经济学含义。另一方面，贸易限制指数实现了对特定产品关税税率的加总，弥补了简单平均关税和加权平均关税衡量方法的缺陷，并允许进行有意义的跨国比较。因此，贸易限制指数逐渐成为国际贸易福利效应分析的主要工具。但 Anderson 和 Neary（1994）通过可计算的一般均衡模型来计算贸易限制指数，该方法受到函数设定的影响并需要校准大量的模型参数，限制了贸易限制指数在经验估算中的使用。而 Feenstra（1995）在局部均衡框架下提出了关税福利效应的一般公式，极大简化了贸易限制指数的计算过程。Kee 等（2008）在估计进口需求弹性后计算了贸易限制指数和由关税壁垒引致的无谓福利损失，该方法得到了学术界的普遍认可，使贸易限制指数的福利效应分析得到广泛运用。

（三）理论及测算方法拓展

除了测算模型框架的简化，已有的理论和实证文献主要从以下两个方面对贸易限制指数与其相应的关税福利效应测算进行了拓展。

一方面，已有文献通过放松理论假设进行了拓展研究。虽然贸易结构模型已对进口国和出口国供给特征进行不同的假设（Anderson and Neary，2005），但在实证检验中，测算一国贸易限制指数与其相应的关税福利效应的标准估计方法依然是基于 Feenstra（1995）局部均衡框架及 Kee 等（2008）进口需求弹性估计方法，利用贸易限制指数与其相应的关税福利效应测算公式进行实证估算，如 Kee 等（2009）利用该标准估计方法估算了

20 世纪早期 78 个国家的贸易限制指数及其福利损失。但该方法建立在小国经济和出口国供给同质性的理论假设基础上，具有明显的理论缺陷：一是假设过于严格，与现实不符；二是小国经济假设下出口供给是完全弹性的，关税完全传递到进口国消费价格，导致消费者福利损失，并没有考虑关税引致的贸易条件收益（Broda et al.，2008；Irwin，2010），忽略了关税福利效应的重要影响渠道。Dakhlia 和 Temimi（2006）研究认为，放松小国经济假设可能会导致贸易限制指数不存在或存在多个解。Chen 等（2014）通过假设出口供给曲线向上倾斜，放松了小国经济假设，允许大国经济假设，在此基础上提出了广义贸易限制指数（Generalized Trade Restrictiveness Index，GTRI）的概念。而 Soderbery（2021）同样允许大国经济和出口国供给异质性假设，强调了进口国由于市场力量获得贸易条件收益的重要性，准确估计了关税价格传递弹性，并构建了多个贸易限制指数，分析了关税福利效应的影响渠道，而多个贸易限制指数也验证了 Costinot 和 Rodríguez-Clare（2014）提出的贸易限制指数非唯一性观点。

另一方面，在放松小国经济和出口国供给同质性假设基础上，对进口需求弹性的估计方法进行了拓展。进口需求弹性作为估算贸易限制指数与其相应的关税福利效应的关键参数之一，目前研究文献中主要提出了两种定义，并根据相应的估计方法对进口需求弹性进行估计。第一种定义表示为进口贸易量对于进口产品价格变动的反应程度，主要估计方法为 Kee 等（2008）提出的半弹性超越对数 GDP 函数方法（Semiflexible Translog GDP Function Approach），该方法同时考虑了价格因素和一国要素禀赋，通过产品的自身价格效应来估算进口需求弹性，但该方法需要估计大量的方程，估计工作量较为烦琐。第二种定义表示为进口产品内种类间的替代弹性，其传统标准估计方法是基于进口需求和出口供给方程，Feenstra（1994）及 Broda 和 Weinstein（2006）运用两阶段最小二乘法（2SLS）和格点搜索（Grid Search）的结构性估计方法进行估计，但标准估计方法并没有脱离出口供给同质性的假设。为了克服标准估计方法可能导致的小样本偏差和格点搜索的低效性，Soderbery（2015）利用有限信息极大似然法（LIML）和非线性有限信息极大似然法（NONLIML）相结合的混合估计方法（Hybrid Estimator）估计了进口产品内种类间的替代弹性。更进一步地，Soderbery（2018）放松了小国经济和出口国供给同质性假设，允许大国经济和出口国供给异质性假设，在 Soderbery（2015）混合估计方法基础上估计了特定进口国产品的进口需求弹性。值得注意的是，虽然理论上进口需求弹性和产品内种类间替代弹性的含义并不相同，但在 Dixit 和 Stiglitz（1977）的不变替代弹性（CES）框架下，二者是等价的（Chen et al.，2014）。

（四）国内相关研究

国内现有实证文献大多关注和讨论了中国进口贸易自由化带来的宏观和微观主体福利影响，如对经济发展（王洪波和陈明，2022）、市场扭曲程度（毛海涛等，2018）、劳动力市场（戴觅等，2019）、就业（毛其淋和许家云，2016）等方面的影响，以及基于一般均衡模型探究中国扩大进口战略的行业福利效应或总体经济效应（向洪金等，2019；李春顶等，2021）。然而，现有研究对中国贸易保护程度关注较少，目前关于中国贸易限制指数与其相应的关税福利效应的测算仍处于起步阶段，且相关研究大多采用小国经济假设下的标准估计方法，主要区别在于数据来源、研究区间以及进口需求弹性估计方法的不同。陈勇兵等（2014a）基于 Kee 等（2008）半弹性超越对数 GDP 函数方法，利用 CEPII-BACI 数据库中 1995~2010 年中国 HS6 位数进口产品数据估算了中国进口需求弹性，并在此基础上测算了中国进口贸易限制指数及其相应的福利损失，研究认为中国所有进口产品平均缺乏弹性，入世后，中国进口贸易限制指数总体上呈现下降趋势，引致的无谓福利损失占 GDP 的比重大幅减少。顾振华和沈瑶（2016）同样基于半弹性超越对数 GDP 函数方法，利用 UN Comtrade 数据库中 2003~2012 年中国与 40 个主要贸易国家 HS6 位数进口产品数据估计了中国进口产品需求弹性，研究认为中国大部分进口产品都是较有弹性的，中国进口贸易限制指数和无谓福利损失均呈现先下降后上升的趋势。王晓星和倪红福（2019）则将半弹性超越对数 GDP 函数方法从多边推广到双边层面，利用 CEPII-BACI 数据库中 2000~2016 年中国 HS6 位数进口产品数据估计了中国进口产品需求弹性，研究认为中国进口产品总体上富有弹性，入世后，中国进口贸易限制指数呈现先下降后上升的趋势，中美贸易摩擦使中国的无谓福利损失增加了 25.70 亿美元。刘瑶等（2022）则基于半弹性超越对数 GDP 函数方法，利用 CEPII-BACI 数据库中 2001~2018 年中国与"一带一路"共建国家 HS6 位数进口产品数据估计了中国进口需求弹性，研究认为中国从"一带一路"共建国家进口产品平均缺乏弹性，且略低于中国整体进口需求弹性，中国贸易限制指数呈现逐渐下降的趋势，中国对"一带一路"共建国家的关税减让使中国无谓福利损失占 GDP 的比重下降了 67.70%。另外，Chen 和 Ma（2012b）基于 Feenstra（1994）及 Broda 和 Weinstein（2006）产品内种类间替代弹性估计方法，利用中国海关数据库中 1997~2008 年 HS8 位数进口产品数据估计了中国产品内种类间替代弹性，研究认为中国进口产品种类间的平均替代弹性为 3.54，中国进口贸易限制指数呈现下降趋势，无谓福利损失由 2001 年占国民总收入（GNI）的 4.58% 下降到 2008 年的 0.73%。

上述关于中国进口贸易限制指数与其相应的关税福利效应的研究结论均是理论层面在小国经济和出口国供给同质性假设下的直接结果，即认为关税贸易保护只会导致无谓福利损失。但中国作为世界第二大经济体和第二大进口国，在国际贸易市场上具有较高的国际地位和较强的市场力量（Soderbery，2018）。Chen 等（2014）在大国经济假设下，认为出口供给不再是完全弹性的，出口国会吸收一部分关税，将关税转移到出口价格上，导致出口国效率损失，进口国获得一部分贸易条件收益，并根据理论假设提出了广义贸易限制指数的概念。基于 1997~2008 年中国海关数据测算了中国广义贸易限制指数与其相应的关税福利效应，研究表明 1997~2008 年中国广义贸易限制指数总体上处于下降趋势，中国无谓福利损失由 0.55 亿美元增至 1.47 亿美元，贸易条件收益由 91.37 亿美元增至 285.32 亿美元。但 Soderbery（2021）研究指出，Chen 等（2014）虽然在理论上放松了小国经济假设，但利用 Feenstra（1994）及 Broda 和 Weinstein（2006）替代弹性标准估计方法估计进口需求弹性和反向供给弹性，实际上依然隐含出口供给同质性的假设。

三 具体渠道对整体消费者福利的影响

已有关于具体渠道对整体消费者福利影响的研究文献主要集中在进口种类增长福利效应的估算方面，并不断将其他影响渠道纳入福利效应的分析。

（一）进口种类增长福利效应估算方法

自 Krugman（1979）开始，衡量垄断竞争框架下进口种类增长引致的整体消费者福利逐渐成为国际贸易福利研究的重点。受限于理论模型可操作性和数据可获得性，从经验上估计进口种类增长福利效应的发展却相对缓慢（Ardelean and Lugovskyy，2010）。早期文献为估算进口种类增长福利效应提供了几种可能的方法，但由于种种限制条件均不易推广。如 Romer（1994）利用数值模拟方法试图测度新产品种类增长的总福利效应，指出贸易壁垒会限制进口国新产品种类的增长，而在贸易自由化情形下，新产品种类增长会带来约相当于 20% GDP 的福利，但其假设产品间替代弹性相同与现实情况不符。Hausman（1999）使用 Hicks（1940）提出的"保留价格"方法测算了手机和早餐谷物食品种类增长对美国消费者福利的影响，但该方法需要对每个新产品种类的"保留价格"和实际价格进行计算，而现实中产品种类的多样性和微观数据的可获得性限制了该方法的推广。Klenow 和 Rodríguez-Clare（1997）利用一般均衡模型测算了哥斯达黎加进口种类增长的福利效应，研究认为进口种类增长可以提高贸易自由化福利达 50%～300%，但该方法只估计了消费品和中间品两个替代弹性，导致了结果缺乏解释力。

现有估算进口种类增长福利效应的标准估计方法来自 Feenstra（1994）及 Broda 和 Weinstein（2006）。Feenstra（1994）开创性地在 CES 框架下发展了允许新种类进入和原有种类退出的单一产品精确价格指数，在 Sato-Vartia 传统价格指数上加入种类调整项，首次构建了估算进口种类增长福利效应的理论方法，并利用该方法计算了美国 1964～1987 年 6 种制造业产品的精确价格指数，研究发现忽略产品种类增长会使传统价格指数向上偏误，消费者福利因进口种类增长而提高。自此之后，量化进口种类增长福利效应成为可能。而 Broda 和 Weinstein（2006）将 Feenstra（1994）的测算方法拓展到多产品框架，并给出了产品内种类间替代弹性的标准估计方法，在估算进口贸易福利方面实现了突破性进展，从而构建了估算进口种类增长福利效应的理论框架，并利用细分产品数据估算了 1972~2001 年美国进口种类增长的福利效应，研究发现在样本期间传统价格指数向上偏误 28%，平均每年向上偏误 1.2%，进口种类增长福利效应约占 GDP 的 2.6%。可以看出，标准估计方法将进口种类增长福利效应转变为消费者为获得更多进口产品种类消费而愿意付出的 GDP 份额。

（二）标准估计方法的国外研究

自此，一些国外学者应用标准估计方法对一国或地区进口种类增长福利效应进行了测算，研究结论也证实了进口种类增长福利效应确实存在。如 Gaulier 和 Méjean（2006）对 1994~2003 年 28 个经济体的研究发现，忽视进口产品种类增长将导致平均进口价格水平每年被高估 0.2%，其中新兴经济体获益更高。Cabral 和 Manteu（2010）对 1995~2007 年葡萄牙的研究发现，进口种类增长导致进口价格指数累计降低了 2.3%，获得的福利增长占 GDP 的 0.7%。Goldberg 等（2010）对 1989~2003 年印度的研究发现，考虑新进口产品种类，将使中间产品进口价格指数平均每年额外降低 4.7%。Minondo 和 Requena（2010）对 1988~2006 年西班牙的研究发现，进口种类增长福利效应相当于 GDP 的 1.2%。Blonigen 和 Soderbery（2010）对 1990~2006 年美国汽车市场的研究发现，由外国子公司引进的新汽车种类提供了约 70% 的福利收益。Mohler 和 Seitz（2012）对 1999~2008 年欧盟 27 国的研究发现，进口种类增长是重要的福利来源，但小型国家和新加入欧盟的国家从中获取更高的贸易福利。以上文献研究表明，进口种类增长福利效应虽然在不同经济体或国家存在大小规模的差异，但都无一例外承认进口种类增长确实带来了福利提升。

（三）理论及标准估计方法拓展

随着研究逐渐深入，部分文献对 Feenstra（1994）及 Broda 和 Weinstein

（2006）标准估计方法提出了挑战，并不断完善进口种类增长福利效应的估算理论，主要集中在以下三点。

首先，标准估计方法成立的前提假设是消费者偏好或产品质量保持不变，即假设消费者需求特征不随时间变化，该假设有可能会导致进口价格指数及福利效应估算出现偏差。随着进口产品质量成为消费者偏好和行为选择的一个重要维度，识别进口产品质量变化对进口贸易福利的影响成为福利效应分析中不可或缺的重要部分。Sheu（2014）利用 1996~2005 年印度进口打印机行业数据考察了产品质量变化对福利的影响，研究发现产品质量变化是消费者福利增长的主要来源，消费者如果要享受到 2005 年的产品质量水平，需要在 1996 年的价格基础上降低 65%。Benkovskis 和 Worz（2014）在 Hummels 和 Klenow（2005）及 Broda 和 Weinstein（2006）框架基础上构建了一个经质量调整的精确价格指数，考察了 1995~2012 年欧洲四国（德国、英国、法国及意大利）进口种类增长及进口质量变化引致的福利效应，认为忽略产品质量变化将导致进口价格指数向上偏误，低估消费者因质量变化而获得的福利收益。Redding 和 Weinstein（2016）进一步提出，需求变化不仅包括多样化偏好和产品质量升级，还包括社会发展趋势、生活方式改变和产品知识获取等方面，最终会体现在消费者终期支出份额中。忽略消费者需求特征的变化，不仅会导致理论和现实不相符，还会将随时间变化的需求残差项纳入模型，导致传统价格指数估算出现偏差。而 Redding 和 Weinstein（2020）在放松需求不变假设的同时，在 CES 模型框架下纳入需求参数并推导了需求变化情形下的产品精确价格指数和加总价格指数，随后证明了 Sato-Vartia 传统价格指数会导致需求冲击偏差（Taste-Shock Bias），是精确价格指数的一种特殊形式（即假设需求不变情形），并一般化了 Feenstra（1994）及 Broda 和 Weinstein（2006）的精确价格指数。

其次，标准估计方法还隐含假设国内产品种类不受进口种类增长影响，即忽略了进口产品种类与国内产品种类之间的相互影响。Melitz（2003）研究指出，贸易自由化在使进口产品种类增长的同时，国内产品种类会有所减少。Ardelean 和 Lugovskyy（2010）研究发现，当进口产品种类与国内产品种类之间存在非完全替代关系时，忽略两者之间的替代性，将导致估算结果出现严重偏差。Arkolakis 等（2008）和 Hsieh 等（2020）研究认为，如果进口种类增长获得的福利收益恰好被国内产品种类减少导致的损失相抵消，那么进口种类增长对最终总福利的影响将不会显著。而 Collie（2016）研究发现，当贸易成本很高且进口产品种类与国内产品种类存在替代关系时，进口种类增长带来的高贸易成本甚至会降低消费者福利。

最后，产品内种类间替代弹性作为国际经济学研究领域的关键参数之一，决定了相对需求对相对价格的反应力度，对进口种类增长福利效应的测算具有至关重要的作用（Feenstra et al.，2018）。由前文分析可知，其标准估计方法为 Feenstra（1994）及 Broda 和 Weinstein（2006）的结构性估计方法。其中，Feenstra（1994）运用 2SLS 估计替代弹性，而 Broda 和 Weinstein（2006）利用格点搜索的方法校正了替代弹性小于 1 的情况。Soderbery（2015）利用蒙特卡罗分析方法证明了 2SLS 会因为样本期间较短导致小样本偏差，格点搜索会因为对离群观测值的过度加权（Overweight Outlier Observations）而不能很好地识别离群双曲线导致偏差和低效性。Soderbery（2015）在标准估计方法的基础上使用有限信息极大似然法和非线性有限信息极大似然法相结合的混合估计方法，利用有限信息极大似然法估计出可行弹性值，对不可行弹性值使用非线性有限信息极大似然法进行最优化估计，克服了标准估计方法可能导致的小样本偏差和格点搜索的低效性。在校正标准估计方法的偏差后，Soderbery（2015）研究发现美国 1993~2007 年基于 HS8 位数产品层面的替代弹性中位数降低了 35%。Kancs 和 Persyn（2019）利用 Broda 和 Weinstein（2006）精确价格指数与 Soderbery（2015）替代弹性混合估计方法估算了 1988~1997 年爱沙尼亚、拉脱维亚和立陶宛从欧盟进口的产品种类增长引致的消费者福利，研究发现进口种类增长极大降低了消费者生活成本，消费者福利收益最大的为爱沙尼亚，占 GDP 的 1.28%，福利收益最小的为拉脱维亚，占 GDP 的 0.73%。

（四）国内相关研究

对中国进口种类增长福利效应的测算起步晚，且研究文献比较少，但随着测算理论的不断完善，进口种类增长成为目前中国进口贸易福利测算的研究热点之一。总体来看，研究文献主要可以分为两类。

第一类文献主要应用标准估计方法测算了中国进口种类增长的福利效应（陈勇兵等，2011；钱学锋等，2012；Chen and Ma，2012a；陈松和刘海云，2013；魏浩和付天，2016）。如陈勇兵等（2011）基于1995~2004年CEPII-BACI数据库HS6位数进口产品数据，研究发现中国进口种类增长导致传统价格指数平均每年向上偏误0.43%，消费者从进口种类增长获得的福利相当于GDP的0.84%。Chen和Ma（2012a）基于1997~2008年中国海关数据库HS8位数进口产品数据，研究发现中国进口种类增长福利占GDP的4.9%，平均每年占GDP的0.4%。魏浩和付天（2016）同时利用CEPII-BACI数据库HS6位数进口产品数据和中国海关数据库HS8位数进口产品数据，研究发现在不考虑汇率变化的情况下，中国进口种类增长福利效应比较明显，在考虑汇率变化时，进口种类增长福利效应仅会小幅上升。

第二类文献主要在放松产品质量不变、产品数目不变及消费者需求特征不变假设的情况下，测算了中国进口种类增长的福利效应。如陈勇兵等（2014c）利用Benkovskis和Worz（2014）的方法测算了纳入产品质量变化后中国1995~2011年进口种类增长福利效应，研究发现忽视质量变化将导致Broda和Weinstein（2006）的精确价格指数被高估19.90%，质量提升带来的贸易利得为2011年GDP的3.68%。张永亮和邹宗森（2018）通过构建嵌套Logit模型修正了传统价格指数，基于1994~2014年CEPII-BACI数据库HS6位数进口产品数据，研究发现由于质量升级获得的进口种类增长福利相当于2014年GDP的1.24%。谷克鉴和崔旭（2019）放松了产品数目不变假设，基于2002~2012年中国海关数据库HS6位数进口产品数据，研究发现纳入产品数目变化后，进口种类增长福利效应占2012年GDP的2.28%。徐小聪和符大海（2018）首次根据Redding和Weinstein（2016）的研究构建了需求变化情形下测算进口种类增长福利效应的统一价格指数，并估算了 1995~2010 年中国和其他 9 个国家的进口种类增长福利效应，研究发现在需求变化情形下，中国进口种类增长福利效应约为 2010 年 GDP 的 4.29%，相比需求不变情形增加了 0.94 个百分点，这表明需求不变情形低估了中国进口种类增长福利效应。许统生和方玉霞（2019）在使用标准估计方法的基础上，放松了质量不变假设，并使用 Soderbery（2015）替代弹性混合估计方法测算了 1998~2016 年中国 19 种农产品进口种类增长福利效应，研究发现在农产品质量不变和变化情形下，农产品进口种类增长均能增加福利，但质量变化情形下进口福利增加幅度小于质量不变情形。

四 异质性视角下个体层面贸易福利分配效应

自从 Stolper 和 Samuelson（1941）提出 S-S 定理以后，探求贸易自由化福利分配效应一直是各国经济学家关注的焦点问题之一。贸易自由化在使一个国家整体福利提升的同时，也会产生相应的赢家和输家。补偿机制的失灵导致贸易利益在个体层面出现不平等分配，利益受损群体的不满情绪达到高潮（Stiglitz，2007；Obstfeld，2016）。随着近年来全球经济发展疲软，国际贸易形势从贸易自由化政策向贸易保护主义转变，"逆全球化"趋势明显，各种形式贸易摩擦不断，"贸易不再重要"在某些发达国家成为普遍的观点（Goldberg and Pavcnik，2016；Pavcnik，2017）。Autor 等（2013）及 Pierce 和 Schott（2016）为这种观点提供了部分经验证据，认为在 20 世纪 90 年代和 21 世纪初，来自中国的进口竞争导致了美国制造业工作岗位大量流失。可以看出，贸易利益在国家之间和一个国家内部不同群体间的不公平分配已经成为"逆全球化"趋势和贸易保护主义的催化剂（Rodrik，2018；Pastor and Veronesi，2018）。

（一）异质性消费者理论假设

在国际贸易福利分析理论框架中，对需求侧消费者偏好的设定至关重要，而以往文献大多假定消费者具有代表性。在代表性消费者假定下，所有消费者具有同位偏好和同质性，相应的研究主体往往聚焦于国家层面，即在同质性框架下研究一国参与国际贸易的整体利益得失（Arkolakis et al.，

2012；Costinot and Rodríguez-Clare，2014；Felbelmayr et al.，2015；Melitz and Redding，2015；Balistreri and Tarr，2020），以及分析贸易福利各种可能的来源路径（Feenstra，2010；Holmes et al.，2014；Feenstra and Weinstein，2017；Feenstra，2018a，2018b；Arkolakis et al.，2019；Hsieh et al.，2020）。随着贸易自由化福利效应研究视角的深入以及现实情况下不平等现象的凸显，学术界的研究重点开始从宏观视角转向微观视角，将同位偏好下的代表性消费者假设转向非同位偏好下的异质性消费者假设。通过剖析不同群体在收入水平、消费支出结构等方面的差异，探讨贸易福利的异质性分配效应，强调在异质性框架下消费者个体的收入结构、偏好和支出结构的差异性，试图厘清贸易利益在个体层面的分配机制以及导致不平等的原因（Cho and Diaz，2011；Behrens and Murata，2012b；Nigai，2016；Galle et al.，2017；Helpman et al.，2017；Grossman and Helpman，2018；Carroll and Hur，2020）。在估计特定消费者群体贸易福利时，异质性消费者假设可以避免代表性消费者假设导致的测量误差，如 Nigai（2016）研究发现，在贸易成本下降相同水平时，代表性消费者假设会高估（低估）穷人（富人）的贸易福利收益，衡量误差区间在 $-6\% \sim 12\%$。可见，代表性消费者假设掩盖了贸易利益在不同消费者群体之间的真实分配问题（余淼杰和郭兰滨，2020），异质性消费者假设可以确保不同消费者群体具有唯一不同的收入水平和消费支出结构，更加贴近现实情况，也能使模型估计结果更加准确（Fajgelbaum and Khandelwal，2016）。

（二）贸易影响个体福利的渠道

已有文献研究认为贸易自由化会通过收入效应和消费效应影响个体福利。其中，收入效应主要指通过劳动力市场或贸易参与程度影响个体就业和工资，消费效应主要指通过消费品价格变化影响个体消费。从就业、工资等收入效应研究贸易利益在不同群体间的分配及相应劳动力市场调整的理论和实证文献已颇为丰富且相对成熟（Helpman et al.，2010；Amiti and Davis，2011；Han et al.，2011；韩军等，2015；张川川，2015；Dai and Xu，2017），而贸易自由化的消费效应却往往被忽略。相对于收入，消费在反映个体经营状况与衡量福利水平方面具有显著优势。一方面，消费能够全面地反映个体的经济状况，是衡量个体福利最合适的变量，也是个体效用水平的直接决定因素（Broda et al.，2009；Meyer et al.，2009；Meyer and Sullivan，2013）。另一方面，消费数据报告质量更高、稳定性和可测性较强，能更好地衡量和反映政策变化对个体福利的不平等影响（Aguiar and Bils，2015）。由于不同收入群体在产品部门或种类层面的消费支出结构存在明显的差异（Deaton and Muellbauer，1980；Cravino and Levchenko，2017；Li，2021），消费品价格变化将对不同收入群体产生异质性影响。因此，在福利分析中，有效衡量和准确评估贸易利益的消费者异质性效应就显得尤为重要（Hausman and Newey，2016）。

（三）关于影响渠道的国外研究

在相关实证层面，大型微观家庭调查数据的可获得性为研究贸易利益个体分配效应提供了数据支撑。基于贸易影响个体福利的渠道，现有文献主要可以分为两类。一类文献是同时考虑了收入效应和消费效应。Porto（2006）在 Deaton（1989）效用分析的基础上，构建了一个完全竞争框架下小国经济个体福利效应分析的局部均衡模型，通过对收入补偿变动等式（Compensating Variation）进行分解，将贸易利益个体分配效应分解为贸易品和非贸易品价格变化引致的消费效应与贸易品价格变化带来的收入效应，并利用阿根廷家庭调查数据和关税价格传递弹性估计了不同收入群体收入效应和消费效应的大小。自此，各国学者借鉴并拓展了 Porto（2006）的方法，研究分析了不同国家或地区贸易利益的个体分配效应。其中，文献包括对墨西哥（Nicita，2009；Porto，2015）、印度（Marchand，2012）、撒哈拉以南非洲（Nicita et al.，2014）、巴拉圭（Casabianca，2016）的相关研究。但上述实证文献结果却因国家或地区不同存在较大差异，贸易自由化究竟是有利于穷人（Pro-Poor）还是有利于富人（Pro-Rich）没有一致的结论，不同收入群体能否从贸易自由化中受益取决于收入效应和消费效应的符号和大小（Marchand，2017）。另一类文献仅考虑消费效应，研究贸易自由化引致的消费品价格变化对不同群体消费价格指数或生活成本指数的差异性影响。其中，文献包括对美国（Broda and Romalis，2009；Faber and Fally，2017；Amiti et al.，

2020b；Jaravel and Sager，2019）、墨西哥（Faber，2014；Atkin et al.，2018）、欧盟（Heins，2016）的相关研究。研究认为不同收入群体在贸易品和非贸易品、食品（农产品或非耐用品）和非食品（工业制成品或耐用品）、高质量产品和低质量产品、高价格产品和低价格产品等方面的消费支出不同，贸易自由化对不同群体的消费价格指数或生活成本指数的影响不同，从而导致贸易自由化的消费效应具有异质性影响。

以上文献主要关注了关税贸易政策的价格渠道对不同群体收入效应和消费效应的影响，而从消费层面研究进口商品价格变动对一国不同收入群体生活成本影响的文献还比较缺乏。进口价格变动同样影响国内消费品价格，可以通过价格传递机制影响不同收入群体的生活成本。如 Fajgelbaum 和 Khandelwal（2016）构建了部门层面的非同位引力方程，将 AIDS（Almost-Ideal Demand System）需求函数纳入 Armington 模型，估算了贸易引致的进口价格变化对不同收入群体生活成本的影响，研究认为在开放条件下，穷人生活成本下降幅度要大于富人，因为穷人更多消费低价格弹性的可贸易产品。Borusyak 和 Jaravel（2021）在测算进口消费份额的基础上研究了贸易成本下降 10% 对美国不同收入群体和教育群体消费价格指数的影响，研究认为贸易成本下降的价格效应趋向于中性。Hottman 和 Monarch（2018，2020）则构建了异质性视角下进口商品价格变动对不同收入群体生活成本影响的结构性理论框架，利用 1998~2014 年美国海关 HS10 位数进口产品数据和微观家庭支出数据，通过估算特定收入群体进口价格指数（Income Group-specific Import Price Index）研究了进口价格变动对不同收入群体生活成本的影响，分析了不同收入群体的进口价格通胀程度，研究认为低收入群体比高收入群体遭受了更高的进口通胀。

（四）国内相关研究

从国内研究来看，关于异质性视角下个体层面贸易福利分配效应的相关研究才刚刚起步，且研究文献较少。相关研究可以分为以下三类。第一类是基于关税价格传递机制，同时考虑贸易自由化的收入效应和消费效应。施炳展和张夏（2017）利用 1992~2011 年城市产品价格数据考察了中国关税削减对不同家庭收入和消费福利水平的影响，研究发现关税削减整体上提升了家庭福利水平，平均提升幅度达 29.32%，其中，收入效应占 17.49%，消费效应占 11.83%，低收入家庭比高收入家庭的提升幅度更大，有利于促进贸易福利分配公平化。第二类是基于关税价格传递机制，单独考虑贸易自由化的消费效应。Han 等（2016）利用 1992~2008 年中国城镇住户调查（UHS）数据考察了中国加入 WTO 后关税削减对家庭福利水平的影响，研究发现中国加入 WTO 提高了家庭的消费福利，家庭平均消费福利提升了 7.30%，而且分配效应更有利于穷人。王备和钱学锋（2020）基于生活成本指数视角，利用 1992~2009 年中国 UHS 数据分析了关税削减对城市不同收入群体生活成本指数的影响，研究发现关税削减整体上降低了中国城市居民家庭的生活成本，在一定程度上缩小了不同收入群体间的实际消费差距。钱学锋等（2021）利用 1992~2009 年中国 UHS 数据分析了中间品贸易自由化对中国城市不同家庭消费福利的影响，研究发现中间品关税削减使中国城市居民家庭消费福利提升了 8.18%，但中间品贸易自由化对福利的提升作用更有利于高收入家庭。刘铠豪等（2022）利用 1997~2009 年中国 UHS 数据考察了关税削减对家庭消费支出和消费结构的影响，研究发现关税削减对家庭消费支出和平均消费倾向均有抑制作用，并阻碍了家庭消费结构升级，即抑制了城市家庭发展型和享受型消费支出。第三类是基于进口商品价格变动角度，单独考虑消费效应。罗知和郭熙保（2010）利用 2001~2008 年中国省级月度数据和海关月度数据分析了进口商品价格变化对不同收入群体消费支出的影响，研究发现进口商品价格对国内消费品具有明显的传递效应，2001~2008 年进口价格上涨会使各收入群体受到一定程度的负面冲击，由于进口价格上涨对食品价格指数的传递效应更强，因此低收入群体受到的负面冲击更大。

五 异质性视角下地区层面贸易福利分配效应

除了个体层面，贸易福利的微观分配效应还包括地区层面的分配问题。消费者异质性的一个重要维度是空间地理分布上的异质性。对一个国家而言，贸易自由化会使国家内部一些区域受益，也会导致另一些区域处于边缘之外（Behrens，2011）。

（一）地区层面的空间分配理论

新经济地理学（New Economic Geography，NEG）将运输成本纳入贸易理论分析框架，在核心—外围模型基础上，强调了贸易政策的空间效应（Krugman，1991；Fujita et al.，1999）。其核心观点是降低国际贸易成本可能会导致一国内部产业生产活动的集聚和分散，而一国特定的内部地理结构会改变聚集力和分散力的相对力量，从而导致贸易政策对不同区域或城市的空间收入产生差异性影响（Krugman and Elizondo，1996；Behrens et al.，2003；Montfort and Nicolini，2000；Montfort and Van Ypersele，2003），特别是对于大国经济体来说，空间收入效应会更加显著（Fujita and Hu，2001；Martincus，2010）。后续越来越多的学者开始聚焦于一国对外贸易或贸易政策对地区收入差距的影响及机制分析，包括对地区工资、就业、人口迁移、劳动力市场调整的影响（Topalova，2010；Kovak，2013；Dix-Carneiro，2014；Acemoglu et al.，2016；Dix-Carneiro and Kovak，2017；Dai et al.，2018；Facchini et al.，2019；Helm，2020）。研究大多认为，一国不同地区之间基础设施、产业结构、行业分布、劳动力技能、劳动力需求及流动等不同，导致贸易政策冲击对地区收入水平产生异质性影响。但这些文献主要从贸易的空间收入效应解释空间差距，地区层面的空间消费效应差距却往往被忽略。在大国经济体内部，地区价格差异普遍存在（Deaton and Dupriez，2011），价格差异影响不同地区家庭的消费支出结构，形成了实际的消费不平等（Mishra and Ray，2014；Majumder et al.，2015）。

（二）关税贸易政策价格影响

目前相关文献强调了关税贸易政策对一个国家国内消费品价格的影响机制，即关税价格传递机制，试图解释关税削减对国内消费市场价格下降的影响程度，但关税价格传递弹性的大小取决于多种国内市场因素（Marchand，2017）。其中，一类文献研究了一个国家内部行业市场结构对关税传递机制的影响。Porto（2006）研究认为，在完全竞争市场的情形下，关税削减可以完全传递到国内消费产品价格上。而在不完全竞争市场的情形下，关税削减的价格下降效应将会被具有市场势力的外国出口商和国内中间商通过边际利润或市场加成部分吸收，导致关税的不完全传导（Feenstra，1989；Atkin and Donaldson，2015）。另一类文献研究了一个国家内部消费市场本身的异质性特征对关税传递机制的影响，如城市与边境的距离、主要高速公路或港口的距离（Nicita，2009；Mudenda，2015；Atkin and Donaldson，2015）、城市和农村的消费结构和地理位置（Marchand，2012）、城市铁路基础设施（Donaldson，2018）等因素都会导致关税削减对国内不同消费市场产品价格产生异质性影响。但现有研究忽略了其他国内市场特征对关税传递机制的影响，如城市规模和市场化程度。已有文献研究表明，城市规模会通过竞争效应和需求效应影响城市消费价格，但大城市价格更低还是小城市价格更低取决于两者效应的大小，目前尚未形成一致结论（Ellison et al.，2010；Handbury and Weinstein，2015；黄新飞等，2021；Handbury，2021），而城市的市场化程度决定了行业市场的竞争程度和产品市场的灵活性，进而会对消费市场价格产生影响（Bai et al.，2009；刘发跃和周彬，2014；Rickert et al.，2018）。

（三）非关税措施衡量及价格影响

长期以来，贸易政策的相关研究文献大多聚焦于关税政策。但随着双边或多边贸易中关税的大幅削减和非关税措施的快速增长，政策制定者和学术界开始越来越多地关注非关税措施的作用和影响（UNCTAD，2013）。非关税措施以一种合法的名义对一国进口贸易施加限制，如保护环境和消费者健康、追求国家安全等。由于隐蔽性强且难以量化，非关税措施实际上已经成为制造贸易摩擦和进行贸易保护的主要工具（Gawande et al.，2015；Ronen，2017；Niu et al.，2018）。总的来说，非关税措施包括技术性措施和非技术性措施等多种类别，其中，卫生和动植物检疫措施（Sanitary and Phytosanitary，SPS）和技术性贸易壁垒（Technical Barriers to Trade，TBTs）是各国使用最频繁和最主要的非关税措施（WTO，2012）。

目前研究文献大多聚焦于非关税措施对不同国家或经济体贸易流量的影

响，探讨了非关税措施的数量效应（Hoekman and Nicita，2011；Bao and Qiu，2010，2012；Crivelli and Groschl，2012；Bao and Chen，2013；Bao，2014；Bratt，2017；Kinzius et al.，2019；Grundke and Moser，2018），研究认为非关税措施的数量效应因非关税措施的类型、国家或经济体进口或出口产品结构的异质性而存在差异，贸易限制效应（Trade-restricting Effect）和贸易促进效应（Trade-enhancing Effect）都可能发生。例如，Crivelli 和Groschl（2012）研究发现，SPS 措施降低了贸易的可能性，减少了贸易产品的数量（即扩展边际），但在市场准入的条件下，其对整体贸易量具有正向的影响，增加了贸易产品的贸易量（即集约边际）；Bao 和 Chen（2013）研究发现，TBTs 同样会降低贸易的可能性，但会增加产品的贸易量，发达国家实施的非关税措施对扩展边际具有显著的负向影响，而发展中国家实施的非关税措施对集约边际具有显著的正向影响；Bao 和 Qiu（2010）以中国为研究对象，发现 TBTs 具有贸易促进效应，但存在产品异质性：TBTs 对农产品贸易具有限制作用，对工业制成品贸易具有促进作用。

而已有文献对非关税措施的价格效应研究相对较少，衡量或量化方法主要有以下两种。第一种是价格比较法，即利用已知的产品市场数据和关税数据计算国内价格与国际价格的差异，通过非关税措施的关税等价衡量隐含非关税措施的价格影响（Deardorff and Stern，1998；Bradford，2003，2005）。此方法的缺陷在于：首先，价格比较法是一种间接衡量方法，没有计算进口产品受非关税措施的影响比率，不能严格地区分国内价格与国际价格的差异到底是非关税措施导致的还是其他未观察到的影响因素导致的；其次，该方法需要产品层面的大量精确数据，如运输成本和分销成本、关税、相关的税费成本及生产成本（含补贴）等，而这些数据在一些国家和地区难以获取或难以保证准确性（Ferrantino，2006）。第二种是利用计量方法实证分析非关税措施的价格效应。Kee 等（2008，2009）通过设置进口产品是否受非关税措施影响的虚拟变量，在对数线性效用函数和对数线性规模报酬不变函数构成的一般均衡模型基础上（Leamer，1990；Trefler，1993），构建了非关税措施对贸易额变化的实证模型，利用估计的进口需求弹性将贸易额变化的数量效应转化为非关税措施的关税等价，并利用 Heckman 两阶段方法克服了非关税措施的内生性问题，估计了非关税措施的价格效应。但由于模型中缺乏价格数据，仍然属于间接衡量方法。Dean 等（2009）和 Knebel（2010）则在 Kee 等（2008，2009）实证方法的基础上，利用进口产品的非关税措施数据和零售价格，并利用工具变量方法解决了非关税措施的内生性问题，直接估计了多个国家非关税措施的价格效应，研究表明非关税措施的价格效应因国家、产品的不同有较大差异，理论上的价格增长效应并不总是存在，两者之间正相关和负相关都有可能。但两篇研究都是使用国家截面数据，而不是面板数据，并不能说明非关税措施价格效应的时变影响。

（四）价格指标选取

在产品价格指标的选取上，已有文献多使用产品单位价格、产品零售价格或消费者价格指数（CPI）来研究贸易政策的价格效应（Nicita，2009；Dean et al.，2009；Marchand，2012；Han et al.，2016），但由于产品零售价格难以准确获取、CPI 本身存在的替代偏差和民众感知偏差，两者都不是最合适的衡量指标，不能真实反映不同地区或不同消费群体的实际收入水平和消费模式（Broda and Romalis，2009；Coondoo et al.，2011；范志勇和宋佳音，2014；赵达和沈煌南，2021）。所以，选择合适且准确的价格指数衡量指标对于估计贸易政策的价格效应至关重要。而真实生活成本指数（Cost of Living Index，COL）则是在保持基准效用水平不变的前提下，以支出份额为权重，测算消费者在当期价格下最小支出与基期价格下最小支出的比值，包含了家庭消费水平和消费结构等信息（陈龙，2010），不仅能反映不同收入群体的真实消费差距（Mishra and Ray，2011；Lieu et al.，2013；Ogura，2017；Argente and Lee，2021），也能准确衡量国家内部区域或城市间的消费不平等水平（Majumder et al.，2012；Handbury and Weinstein，2015；Agarwal et al.，2017；Atkin et al.，2018；Handbury，2021），是分析一国内部空间价格差异以及估计贸易政策价格效应的理想指标（王备和钱学锋，2020）。

（五）国内相关研究

从国内研究来看，现有文献主要基于关税价格传递机制，并结合中国特定的空间结构差异，来探究关税削减在地区层面的消费效应，但研究文献还比较少，而且忽略了非关税措施的影响。相关研究结果均认为，贸易自由化引致的关税削减降低了国内消费品价格水平，提高了国内消费者福利，但是关税价格传递机制在中国不同地区或不同城市具有异质性特征。对于地域辽阔、经济特征千差万别的中国来说，地理空间上的价格差异是导致消费不平等的重要原因（宋泽等，2020）。Han 等（2016）研究认为，关税削减在私有部门规模较大的城市传递弹性较高。施炳展和张夏（2017）研究发现，关税价格传递机制在中国东部地区和沿海城市更加明显。孙浦阳和张甜甜（2019）研究发现，国际外部需求对关税价格传递机制具有阻碍作用，国际外部需求越高的地区，关税价格传递越弱。张甜甜和孙浦阳（2019）研究发现，城市房价对关税价格传递机制具有阻碍作用，房价越高的城市，关税价格传递越弱。孙浦阳等（2019）研究发现，高铁建设对关税价格传递机制具有明显的促进作用，但这种促进作用在沿海港口城市更加突出。高新和董兆艳（2022）研究发现，关税价格传递机制受不同地区制度环境的影响，而制度环境优化对关税价格传递机制具有促进作用，这种促进作用在沿海地区更为显著。高新和董兆艳（2023）研究发现，消费者注意力配置水平越高的城市，关税价格传递越强。

六　文献述评

随着近年来世界范围内贸易保护主义兴起，"逆全球化"趋势进一步加剧以及现实情况中广泛存在的不平等现象，贸易理论与福利测算逐渐从完全竞争理论向垄断竞争理论、从供给侧理论向需求侧理论、从同质性福利测算向异质性福利测算以及从出口福利测算向进口福利测算演进，从需求侧视角探究一国进口贸易引致的整体福利效应以及福利分配效应逐渐成为热点研究问题。通过对相关理论和实证文献进行系统回顾、归纳和总结，已有文献主要从进口贸易影响消费者福利的渠道及机制、进口贸易政策变动引致的整体消费者福利变化、具体渠道对整体消费者福利的影响以及异质性视角下个体层面和地区层面的贸易福利分配效应几个方面开展研究，得出了许多具有学术价值和实践价值的丰富成果，为本书的研究奠定了重要的基础。下面从已有研究的重要贡献、已有研究存在的不足及已有研究对本研究的启示三个方面进行归纳、总结及评述。

（一）已有研究的重要贡献

已有关于进口贸易对消费者福利影响的研究文献为本书奠定了重要的理论基础和提供了有益的方法借鉴，具有重要的参考价值。主要贡献有以下两点。

一是现有研究为深入探究进口贸易对消费者福利的影响奠定了重要的理论基础。通过回顾和梳理进口贸易影响消费者福利的渠道及机制、进口贸易政策变动引致的整体消费者福利变化、具体渠道对整体消费者福利的影响以及异质性视角下个体层面和地区层面的贸易福利分配效应的相关理论文献，发现进口贸易对消费者福利影响的相关研究理论在不断放松原有假设条件的基础上不断拓展和深化。例如，在衡量一国进口贸易限制指数与其相应的关税福利效应估算方面，放松了小国经济和出口国供给同质性的理论假设；在估算进口种类增长福利效应方面，放松了需求特征不随时间变化的理论假设；同时，福利分析框架下需求侧消费者偏好设定，从同位偏好下的代表性消费者转变为非同位偏好下的异质性消费者。这些理论层面的革新，使相应福利估算或异质性福利影响研究更加贴近现实情况，能更准确地探究进口贸易对整体消费者福利和异质性消费者福利的影响。相关研究理论的拓展和深化为本书对中国进口贸易引致的消费者福利研究提供了可靠的理论指导。

二是现有研究为深入探究进口贸易对消费者福利的影响提供了有益的方法借鉴。相关研究进口贸易对消费者福利的影响文献在理论拓展或纠正估计偏差的基础上改进了研究方法，如进口需求弹性估计方法由基于小国经济假设的 Kee 等（2008）半弹性超越对数 GDP 函数方法改进为基于大国经济假设的 Soderbery（2018）混合估计方法，产品（部门）内替代弹性估计方法由 Feenstra（1994）及 Broda 和 Weinstein（2006）标准估计方法改进为 Soderbery（2015）有限信息极大似然法和非线性有限信息极大似然法相结合的混合估计方法，估计方法的改进为准确估算进口贸易限制指数与其相应的关税福利效应、进口种类增长福利效应及进口贸易在个体层面的异质性福利效应提供了有益的方法借鉴。而非关税措施、生活成本指数的合理衡量以及关税价格传递机制实证方法的改进也为探究进口贸易在地区层面的异质性福利效应提供了可用的实证计量方法。

（二）已有研究存在的不足

通过对文献进行总结，发现已有关于进口贸易对消费者福利影响的研究还存在些许不足，仍有进一步拓展的必要。主要不足有以下两点。

第一，虽然理论层面的拓展为进口贸易对消费者福利的影响研究奠定了理论基础，但相关实证研究进展相对缓慢，且多数研究还没有形成一致性的结论，针对具体国家或地区的研究还需要进一步深化。如大国经济的假设为贸易限制指数和关税福利效应的估算提供了可靠的理论基础，消费者需求特征随时间变化的假设使进口种类增长的福利效应估算更加贴近现实情况，但相关实证研究进展较为缓慢，研究文献还比较少。又如由代表性消费者假设转向异质性消费者假设，能更好地分析一国贸易利益在不同群体或地区间的分配问题，衡量和反映进口贸易福利效应的异质性影响，但大多数研究依然聚焦于进口贸易对不同群体或地区收入效应的影响，消费效应却往往被忽略，且目前仅有的文献研究结论因国家或地区有较大的差异，没有达成一致。进一步地，基于价格传递机制研究进口贸易政策对一个国家国内消费品价格影响的文献，均忽略了非关税措施的价格影响，仅关注关税价格传递机制，而且忽略了进口价格变化对国内消费品价格的传递效应，以及由此对不同群体价格指数的影响，因此不能全面准确评估进口贸易对消费者福利的影响。

第二，针对以中国为样本的研究而言，从需求侧视角探究进口贸易对消费者福利影响的文献还比较缺乏，尚处在起步阶段，而且没有追踪最新的理论进展进行深入研究。如在贸易限制指数与其相应的关税福利效应估算方面，国内研究文献均利用传统的小国经济理论假设和标准估计方法进行估算，研究结论都认为关税贸易保护只会导致福利损失，忽略了大国经济假设下一国贸易条件收益的重要性，不能准确识别关税福利效应的影响机制，导致关税福利效应的估算存在偏差。在进口种类增长福利效应估算方面，国内已有文献大多根据 Feenstra（1994）及 Broda 和 Weinstein（2006）提出的传统标准估计方法和替代弹性标准估计方法进行估算，虽然在产品质量和需求特征变化等层面对现有方法进行了一定的拓展，但仍然存在不足之处。一是忽略了产品质量只是消费者需求特征变化的一个方面，单纯强调产品质量变化将导致估算方法与现实情况不符。二是在放松需求不变假设的同时，并没有从理论上证明忽视需求变化导致的需求冲击偏差。三是没有关注传统替代弹性估计方法可能出现的偏差，导致估算结果不准确。又如在研究进口贸易对个体层面消费者福利的影响方面，国内研究文献大多基于关税传递机制，利用价格传递弹性估计关税削减引致的收入效应和消费效应，忽略了进口价格变动对个体层面消费者福利的影响。在研究进口贸易对地区层面消费者福利的影响方面，国内已有文献主要从行业市场结构、地理位置、基础设施、消费者心理特征及制度环境等方面分析了关税传递机制的影响，不仅忽略了其他经济特征的影响，还忽略了中国非关税措施对国内不同区域消费品价格的影响。

（三）已有研究对本研究的启示

基于已有相关研究在理论拓展和实证研究层面存在的不足，特别是针对中国样本的局限性，现有研究为本书从需求侧视角出发，研究中国进口贸易对整体消费者福利和异质性消费者福利的影响奠定了可靠的研究基础，对本研究的顺利开展具有重要的启示，主要体现在以下四点。

一是在估算中国进口贸易限制指数与其相应的关税福利效应时，本书放松小国经济假设，允许大国经济假设，构建进口贸易限制指数与其相应的关税福利效应估算模型，探究关税福利效应的影响渠道，并结合大国经济假设下进口需求弹性混合估计方法，弥补传统标准估计方法的缺陷。在此基础上，利用中国 1996～2019 年长跨度进口产品数据和关税数据估算中国进口贸易限制指数与其相应的关税福利效应，总体衡量中国关税政策的有效性及扭曲程度，并从贸易伙伴国视角出发，估计主要贸易伙伴国和"一带一路"

共建国家的效率损失及对中国贸易条件收益的贡献，拓展相关理论和实证文献。

二是在估算中国进口种类增长的福利效应方面，本书放松消费者需求特征不随时间变化的假设，构建需求变化情形下进口种类增长福利效应估算模型，并从理论上证明忽视需求变化导致的需求冲击偏差，并结合产品内种类间替代弹性混合估计方法，提高进口种类增长福利效应估算的准确性。在此基础上，利用 1996~2019 年中国进口产品数据估算中国进口种类增长福利效应及福利效应在产品层面和行业层面的分解，拓展相关理论和实证文献。

三是在研究进口贸易对个体层面消费者福利的影响方面，本书主要关注进口商品价格变化对不同收入群体生活成本的影响，构建异质性框架下特定收入群体进口价格指数的结构性估算模型。在此基础上，利用中国进口产品数据和家庭微观调查数据测算中国入世后不同收入群体的进口价格指数，分析不同收入群体经历的进口价格通胀程度，拓展进口贸易对个体层面消费者福利影响的相关实证研究。

四是在研究进口贸易对地区层面消费者福利的影响方面，本书基于生活成本指数：首先，分析中国城市生活成本指数的变化趋势和地区差异；其次，同时考虑关税和非关税措施作为进口贸易自由化的衡量指标，全面考察进口贸易政策在地区层面的消费者福利影响；最后，结合中国特定的空间结构差异和消费差异，从消费结构、城市规模和市场化程度等方面研究进口贸易自由化对地区层面消费者福利的异质性影响，补充进口贸易对地区层面消费者福利影响的相关实证研究。

综上所述，本书在已有文献的基础上，以中国为研究样本，从大国经济假设下中国进口贸易限制指数与其相应的关税福利效应、需求变化情形下进口种类增长的福利效应、异质性视角下进口贸易对个体层面消费者福利影响，以及异质性视角下进口贸易对地区层面消费者福利影响四个方面分析中国进口贸易对整体消费者福利和异质性消费者福利的影响，研究结论为中国深化贸易自由化改革、实施积极扩大进口战略、构建双循环新发展格局及实现共同富裕目标提供了可供参考的政策建议。

第三节　研究问题及研究意义

一　研究问题

本书从理论分析、实证估算及检验、深入探讨三个层面对拟解决的关键问题进行梳理。首先，进口贸易通过什么渠道影响消费者福利？其中的影响机制是什么？其次，在宏观层面，中国进口贸易对整体消费者福利产生了怎样的影响？影响程度如何？在微观层面，中国进口贸易引致的福利效应在不同群体和不同地区间是否存在异质性？贸易福利在不同群体和不同地区间是如何分配的？最后，研究结论对推进中国贸易自由化改革和实现进口贸易高质量发展有什么政策启示？

（一）从理论层面探究进口贸易影响消费者福利的渠道及机制

传统国际贸易理论认为出口可以通过拉动就业、提高企业生产率等途径带动一国经济增长，因而主张要尽量减少进口。在国际贸易乘数理论中，进口被视为抵消出口的漏出项。随着新贸易理论的发展，理论界开始从供给侧视角来考察进口贸易的生产者福利效应，较少有理论文献从需求侧视角探究进口贸易引致的消费者福利效应。进口贸易通过什么渠道影响消费者福利？其中的影响机制是什么？本书将基于最新的贸易理论探究进口贸易影响消费者福利的渠道及机制。

（二）从宏观和微观层面考察中国进口贸易对消费者福利的影响

一方面，目前少量文献在代表性消费者理论框架下研究了进口贸易政策变动和进口种类增长对整体消费者福利的影响，但理论假设过于严格，可能会导致消费者福利效应的估算偏差。另一方面，随着异质性消费者理论的发展和微观数据可获得性的提升，进口贸易引致的异质性消费者福利逐渐成为研究热点，但鲜有文献探讨中国进口贸易及其政策变化对不同收入群体和不同地区消费者福利的影响。具体地，本书试图通过放松理论假设，从需求侧视角出发，探究中国进口贸易对整体消费者福利和异质性消费者福利的影响，从宏观和微观层面探究进口贸易的消费者福利效应。在宏观层面，中国进口贸易对整体消费者福利产生了怎样的影响？影响程度如何？在微观层面，中国进口贸易引致的福利效应在不同群体和不同地区间是否存在异质性？贸易福利在不同群体或不同地区间是如何分配的？本书将从不同角度全面深入系统地分析中国进口贸易对整体消费者福利和异质性消费者福利的影响。

（三）探究推进中国贸易自由化改革和实现进口贸易高质量发展的政策建议

本书尝试在分析贸易理论演进逻辑与福利测算方法以及进口贸易影响消费者福利的渠道及机制的基础上，构建本书的理论分析框架，并结合中国进口贸易发展实际情况，从宏观和微观层面对进口贸易引致的整体消费者福利和异质性消费者福利进行估算或实证分析，更好地理解和评价中国进口贸易的得失，根据本书研究结论从不同视角为中国深化贸易自由化改革、实施积极扩大进口战略、构建双循环新发展格局及实现共同富裕目标提供了可供参考的政策建议，为中国未来贸易政策调整和深化改革做出贡献。

二 研究意义

（一）理论意义

贸易福利及其分配效应一直是国际贸易相关研究领域的核心问题。相对于大量理论和实证文献聚焦于出口贸易对经济增长、企业生产率等方面的影响机制和作用，以及进口贸易的生产者福利效应研究，进口贸易引致的消费者福利及其分配效应经常被忽略。随着国际贸易环境变化和贸易福利理论研究的深入，国外不同学者开始从不同的研究视角关注并研究进口贸易及其政策变化对消费者福利的影响，强调进口贸易的整体消费者福利效应以及福利在个体、地区层面的分配问题，但针对中国这一重要的发展中国家的研究还较少。本书尝试以中国为研究对象，在分析贸易理论演进逻辑与福利测算方法以及进口贸易影响消费者福利的渠道及机制的基础上，借鉴和拓展现有理论分析框架，从宏观和微观层面分别构建进口贸易对消费者福利影响的理论分析框架，并结合中国进口贸易数据和大型微观调查数据，从宏观和微观层面对进口贸易引致的整体消费者福利和异质性消费者福利进行估算或实证分析，提供了来自中国的经验证据，明晰了进口贸易影响消费者福利的具体渠道及内在机制，有利于丰富和完善进口贸易福利效应的相关理论，为进一步深化相关方面的理论研究提供可行的研究思路，也为中国实施扩大进口战略和构建双循环新发展格局提供理论支持。

（二）现实意义

自改革开放以来，中国一直奉行"出口导向型"的贸易发展模式，进口贸易一直处于"为出口而进口"的从属地位。随着国际国内发展形势的深刻变化，中国"出口导向型"贸易发展模式难以为继，积极主动扩大进口、追求对外贸易平衡发展成为目前及未来贸易政策的着力点，而进口作为连接国内市场和国际市场的重要纽带，对挖掘中国内需潜力、有效扩大内需、构建双循环新发展格局具有重要作用。作为世界上第二大货物进口国，中国进口贸易已蓬勃发展四十多年，这期间中国进口贸易发展是否提升了社会的整体福利水平？影响程度有多大？进口贸易福利效应在不同地区、不同群体间是如何分配的？是否具有差异性？对这些问题的探讨和研究将有助于从宏观和微观两个层面加深对中国进口贸易发展历程的理解和把握，客观准确地评估中国进口贸易的消费者福利效应。本书采用不同的贸易数据（中国进口产品数据和微观家庭调查数据），通过严谨的理论推导和计量分析得到了较为准确可靠的结论，在估算或实证分析进口贸易对整体消费者福利和异质性消费者福利的影响基础上，很好地解释了不同地区、不同群体间的福利分配差异，对国家进口贸易的政策调整与实施和完善再分配政策都有一定的参考价值，也为中国深化贸易自由化改革、实施积极扩大进口战略、构建双循环新发展格局及实现共同富裕目标提供了可供参考的政策建议。

第四节 研究设计

一 概念界定

本部分主要从进口贸易、进口贸易限制指数、进口产品种类增长、进口贸易自由化、消费者、消费者福利及其指标等方面，对本书研究的进口贸易与消费者福利相关概念进行了详细界定，从而进一步聚焦研究内容。

（一）进口贸易相关概念

1. 进口贸易

进口贸易是指一个国家或地区购买或输入另一个国家或地区商品或服务的经济活动。本书进口贸易的研究范围界定在货物贸易，不包括服务贸易等相关内容。具体地，本书主要从进口贸易流量和政策变化两个角度进行分析。

2. 进口贸易限制指数

为了衡量一国征收关税对进口贸易的保护程度，Anderson 和 Neary（1994，1996）开创性地在理论层面提出了贸易限制指数，即通过找到与现行贸易关税结构相同的统一关税来衡量贸易限制程度。贸易限制指数可以克服关税税率的特定产品差异性，准确评估进口国贸易政策，达到与现行关税结构相同的福利水平。本书使用 Soderbery（2021）结构性理论方法来估算多项贸易限制指数，该方法放松了小国经济假设，在大国经济假设下强调了贸易条件收益的重要性。

3. 进口产品种类增长

进口产品（Import Goods）和种类（Varieties）是本书第四章的核心概念。在进口种类增长福利效应相关研究文献中，对进口产品和种类的定义比较一致，进口产品一般被定义为进口的某一特定产品，进口种类被定义为从某一特定国家进口的特定产品。但由于不同学者研究对象涉及的国家经济环境、贸易政策存在差异，且数据细分程度各有侧重，其对两者的定义略有不同。Feenstra（1994）将产品种类定义为美国从不同国家进口的六种工业品。Broda 和 Weinstein（2006）将产品种类定义为特定国家出口的七位数或十位数产品，其中，对中国的研究使用了海关数据库 HS8 位数产品。Blonigen 和 Soderbery（2010）对美国的研究使用了更加细分的数据，将产品种类定义在 HS10 位数产品层面。Mohler 和 Seitz（2012）对欧盟的研究采用了 CN-8 产品层面数据。对中国的研究，如陈勇兵等（2011，2014c）将产品种类定义在 CEPII-BACI 数据库 HS6 位数产品层面，Chen 和 Ma（2012a）将产品种类定义在海关数据库 HS8 位数产品层面，魏浩和付天（2016）将产品种类定义在 HS6 和 HS8 位数产品层面。

由于本章使用 CEPII-BACI 数据库中中国从其他国家或地区进口的 HS6 位数贸易流量数据，对进口产品和进口种类的定义遵循 Armington（1969）的做法，将进口产品定义为 HS6 位数进口产品，将进口种类定义为从某一特定国家或地区进口的 HS6 位数产品（Country-HS6 Pair）。另外，本书中进口种类增长定义为两时期进口来源地的产品种类增长，即从不同国家或地区进口的产品种类增长。

4. 进口贸易自由化

进口贸易自由化是指在经济全球化进程中，一国从其他各国进口商品或服务时，遵循 WTO 贸易自由化原则和国际惯例，逐步降低本国关税壁垒和非关税措施等歧视性贸易政策，扩大对外开放程度，通过双边、多边及区域贸易谈判等途径积极参与国际分工和合作的过程，是一国市场化趋势在国际贸易领域中的拓展体现。

长期以来，对进口贸易自由化进行精确的指标量化是学术界研究的重点之一，但还没有形成一致意见。文献中常用的指标有进口渗透率（Harrison，1994；Beyer et al.，1999；余淼杰，2010）和关税率（Amiti and Konings，2007；Yu，2014；盛斌和毛其淋，2015；毛其淋和许家云，2019）两种。其中，进口渗透率衡量了一个行业进口额占行业总产出的份额，但由于本地市场效应（Home Market Effect）的存在，进口渗透率并不能准确衡量进口贸易自由化程度。毛其淋和盛斌（2013）指出对经历重大贸易政策改革的国家，进口渗透率的参考价值有限。而关税率作为贸易自由化最直接的表现，数据易于获取，是目前主流文献中经常采用的指标（Irwin，2007），本书第六章使用关税率作为衡量进口贸易自由化的指标之一。另外，虽然非关税措施数据难以获取或处理，但其也是一国贸易政策的主要内容，第六章使用频率指数（Frequency Index，FI）来计算进口产品受非关税措施影响的程度，以此作为衡量进口贸易自由化的另一个指标。综上所述，本书同时考虑关税和非关税措施，考察进口贸易自由化对中国城市生活成本的影响。

（二）消费者福利相关概念

1. 消费者

在消费者理论中，消费者被定义为消费商品或服务的主体。在国际贸易理论福利分析框架中，以往文献大多假定消费者是代表性的（Arkolakis et al.，2012；Costinot and Rodríguez-Clare，2014；Felbermayr et al.，2015；Melitz and Redding，2015），即代表性消费者假设（Assumption of Representative Consumer，ARC）。在代表性消费者假设下，所有消费者具有同质性，相应的研究主体往往在国家层面，分析国际贸易对一个国家整体（所有消费者）福利的影响。随着贸易自由化福利效应研究视角的深入以及现实情况下观察到的不平等现象，部分文献开始探讨贸易福利在个体层面或地区层面的异质性分配效应，将代表性消费者假设转向异质性消费者假设，强调在异质性框架下消费者个体或所处地区的差异性偏好和消费结构带来的福利不平等（Nigai，2016；Fajgelbaum and Khandelwal，2016）。

本书同时使用代表性消费者和异质性消费者的假设。在第三章和第四章分别构建进口贸易限制指数与其相应的关税福利效应估算模型和需求变化视角下进口种类增长福利效应估算模型时，使用代表性消费者的假设，考察进口贸易对整体消费者福利的影响。在第五章估算不同收入群体进口价格指数时，使用收入层面异质性消费者假设。在第六章实证分析进口贸易自由化对中国城市生活成本的影响时，使用地区层面异质性消费者假设。通过消费者在个体层面和地区层面的异质性特征，考察进口贸易对异质性消费者福利的影响。

2. 消费者福利及其指标

福利经济学将福利定义为效用大小，体现了偏好的差异性。根据研究对象的不同，福利可分为社会福利、个人福利；根据研究范围的不同，福利又可分为经济福利、政治福利、环境福利、文化福利等。由于本书研究的是进口贸易引致的消费者福利问题，故属于经济福利范畴。

另外，福利效应概念多出现在宏观经济学和微观经济学相关研究中，是指某一经济活动或政策变化对整体或个人福利状况的冲击，即对福利增减状态的因果关系描述。在本书中，首先，将福利效应的范围界定为消费者福利效应，未将生产者福利效应纳入分析范畴。其次，将福利效应的因果关系界定为：进口贸易流量及其政策变化是因，由此引致的整体消费者福利效应或异质性福利分配效应是果，并基于这一因果关系研究进口贸易对整体消费者福利和异质性消费者福利的影响。最后，将整体消费者福利效应界定为货币形式的绝对值变化或者整体消费者福利占 GDP 的比例，将不同收入群体福利效应界定为进口价格指数的变化，将地区层面福利效应界定为城市或地区生活成本指数的变化。

二　理论视角

国际贸易福利效应自始至终是国际贸易理论研究的核心问题，对国际贸易福利的不同来源及内在影响机制的深入探究也是推动国际贸易理论演变的内在动力。相应地，国际贸易理论的演变历程也是对这一核心问题不断深化认识的过程。随着国际分工的深入演进，贸易现象或活动的性质也发生了深刻变化，主流国际贸易理论由此经历了传统古典贸易理论、新古典贸易理论、新贸易理论及新新贸易理论的发展历程，而贸易理论的演变逻辑正是对国际贸易福利效应深入理解的结果。

通过对相关理论文献进行梳理，本小节对贸易理论演进逻辑及贸易福利测算方法进行详细概述，致力于从研究视角及研究内容两个角度奠定本书研究的理论基础。

（一）完全竞争转向垄断竞争理论

无论是亚当·斯密（Adam Smith）的"绝对优势理论"、大卫·李嘉图（David Ricardo）的"比较优势理论"，还是伊莱·赫克歇尔（Eli Hechscher）和伯蒂尔·俄林（Bertil Ohlin）的"要素禀赋论"（H-O 理论），传统古典贸易理论和新古典贸易理论均在完全竞争理论框架下，基于有效的国际分工，从不同国家行业间的生产技术差距和要素禀赋差异出发，解释国际贸易发生的动因，并以行业间产品交换为主要贸易模式，从国际贸易后各国社会福利水平提高的角度来衡量贸易福利，进而解释贸易结果（任志成等，2013）。

而古典理论模型中完全竞争市场和规模报酬不变假设也为国际贸易理论体系的建立和拓展奠定了基础。

二战后，为了解释国际贸易中日益密集的行业内贸易现象，Krugman（1979，1980）在 Dixit 和 Stiglitz（1977）对垄断市场竞争模型分析的基础上，放松了完全竞争市场和规模报酬不变假设，在垄断竞争理论框架下创立了以规模经济和产品差异化为主要特征的新贸易理论。新贸易理论指出，即使贸易双方的要素禀赋相似（即不存在比较优势），规模经济以及消费者偏好多样性（Love of Variety）也可以共同构成行业内差异化产品贸易的动因。具体而言，贸易双方的产品差异化使行业内分工成为可能，而规模经济效应则促成了行业内贸易，国际贸易后消费者消费可行集的扩大则成为解释国际贸易福利的新渠道（陈勇兵等，2011）。可见，随着行业内贸易的发展以及垄断竞争理论框架下新贸易理论的构建，学界对贸易福利来源的认识也在逐渐深化。

20 世纪 90 年代，企业微观层面的数据揭示了企业异质性经验事实的存在。基于此，Melitz（2003）延续了新贸易理论的垄断竞争理论框架，放松了企业同质性假设，在垄断竞争理论框架下将企业生产率异质性和企业固定进入成本纳入模型，提出了异质性企业贸易理论，也称为新新贸易理论。新新贸易理论首次从微观视角解释了行业内企业间的贸易行为，认为在异质性企业情形下，贸易会产生自选择效应——高生产率企业开展国际贸易，而低生产率企业从事国内贸易，甚至退出市场，资源在产业内部企业间进行重新配置，提升了社会平均生产率，进而促进社会福利提高（崔凡和邓兴华，2014）。可见，贸易理论逐渐在垄断竞争理论框架下朝着更为微观的层面深入发展，而贸易福利的微观来源也逐渐被挖掘。

由以上分析可知，自新贸易理论开始，垄断竞争理论框架逐渐取代了完全竞争理论框架，成为近几十年来国际贸易理论的主流模型分析框架。Melitz 和 Trefler（2012）指出，国际贸易理论的重要突破是将垄断竞争理论框架纳入贸易理论模型，产业内贸易和企业异质性理论在很大程度上主导了当代国际贸易理论的发展。而 Feenstra（2010）和 Feenstra（2018a）研究表明，在垄断竞争理论框架下，国际贸易福利来源于三大渠道，分别是消费者可以消费更多的进口种类、企业的自选择效应提高生产率及贸易的促进竞争效应降低企业加成率。

（二）供给侧转向需求侧理论

从前文分析可知，无论是聚焦生产技术差距和要素禀赋差异的传统古典贸易理论和新古典贸易理论，还是以规模经济和产品差异化为主要特征的新贸易理论，抑或将生产率异质性和企业固定生产成本纳入模型分析的异质性企业理论，主流贸易理论通过不断放松生产者假设、要素市场假设及产品市场假设等，分别重点研究了国家宏观层面的行业间贸易、行业内贸易和微观层面的行业内企业间贸易。虽然在一般均衡分析框架中，理论模型通常将生产结构与需求结构相结合，但区分上述主流贸易理论模型的关键依然是生产方面（即供给侧的差异），而需求侧保持相对简单的一般化设定。由此可见，主流贸易理论的历史发展脉络始终聚焦于供给侧，而需求侧的差异未得到足够重视（钱学锋和裴婷，2022）。

为解释二战后出现的大规模行业内贸易，经济学家开始从需求层面思考这一贸易现象，关注各国国内需求与国际贸易的关系。Linder（1961）指出，贸易产生的基础是"重叠需求"，如果一国对某种产品具有广阔的国内市场需求，那么该国就应该生产并出口这种具有"代表性国内需求"的产品，这就是著名的林德假说（Linder Hypothesis）。而 Krugman（1980）同时考虑了供给和需求因素，不仅用本地市场效应（Home Market Effect）证实了林德假说，认为拥有更大国内市场的国家可以集中生产并降低运输成本，实现规模经济，还从产品差异化视角出发，认为代表性消费者偏好多样性是行业内差异化产品贸易的动因，贸易双方产品种类增长是贸易福利的来源。Weder（1996）研究认为，各国国内需求的差异对许多行业的国际贸易格局影响显著，而决定各国需求差异的因素不仅包括偏好不同，还包括收入、相对价格、政府法规、气候与地区等差异。另外，一国国内需求的动态变化，如国内消费者之间的学习和互相竞争以及消费需求升级等，会通过需求结构调整、需求模式的国际化以及产品质量升级等途径对资源配置产生重要影响。

随着非位似偏好（Non-Homothetic Preferences）被引入贸易模型，经济学家们开始进一步研究国家间或一国内部消费者收入分布对贸易模式和贸易福利的影响。相较于同位偏好（Homothetic Preferences），非位似偏好假设不同消费者的收入水平和消费支出份额存在差异，可以真实反映消费者消费模式或结构的异质性。Hunter（1991）假设国家间偏好相同但具有非位似性，即产品支出份额取决于人均收入，研究认为非位似偏好可能占行业间贸易流量的四分之一。Fieler（2011）基于非位似偏好假设的研究表明，随着贸易双方人均收入的增长，双边贸易流量将显著增加。Markusen（2013）将非位似偏好引入传统贸易模型，解释了一系列的贸易现象，研究认为人均收入水平与贸易呈正相关关系，由于消费者对高需求收入弹性产品、高质量产品或奢侈品有更高的消费偏好，高收入国家之间进行了更多的行业内贸易。更进一步地，随着理论研究的深入，一国内部个体消费者的需求异质性也逐渐受到关注，Deaton 和 Muellbauer（1980）研究认为不同收入水平消费者在消费结构和消费模式方面存在较大的差异，因此贸易对不同类型的消费者影响不同。Nigai（2016）研究指出，在考虑个体消费者异质性后，代表性消费者假设会高估（低估）穷人（富人）的贸易收益，导致严重的测量误差。因此，研究个体消费者需求异质性对贸易福利的影响至关重要，这有助于解释贸易福利在一国内部的分配效应（钱学锋和李莹，2017）。

由以上分析可知，虽然主流贸易理论研究的重点仍然是供给侧，但其已逐渐关注需求在解释贸易问题或贸易现象中的重要作用，理论研究开始从供给侧向需求侧转变。需求逐渐成为不同国家竞争优势的新来源，为贸易动因、贸易模式以及贸易利益提供了新的解释和内涵。从需求侧视角看，各国国内需求的差异性构成了贸易产生的基础，为贸易动因提供了新的阐释。而不同国家的需求差异或需求相似性为行业间或行业内贸易创造了可能性。产品需求收入弹性在行业间或行业内的差异，扩大了富国和富国、富国和穷国之间的贸易范围。另外，需求侧也提供了不同于供给侧的贸易福利来源。首先，具有广阔国内市场需求的行业或产品更容易进行专业化生产，实现规模经济效应。其次，各国消费者对高需求收入弹性产品、高质量产品或奢侈品的更高偏好，会推动国内需求结构调整，实现需求引致技术创新效应，从而促使贸易结构转型。最后，一国内部消费者需求的异质性也为贸易福利分配提供了一个新的视角，不同消费者消费结构或消费模式的差异，会导致不同的贸易福利分配效应。可见，贸易理论研究从供给侧向需求侧转变具有深刻的理论内涵和现实意义。

（三）同质性转向异质性福利测算

贸易福利作为贸易活动的最终结果，始终是国际贸易理论研究的核心问题，而贸易福利的测算也一直受到经济学家和政策制定者的密切关注。随着贸易理论研究从供给侧向需求侧转变，需求侧的相关理论研究为贸易福利来源及分配提供了新的研究视角。相应地，一国贸易开放后的贸易福利测算方法也逐渐从代表性消费者假设下的同质性框架向异质性消费者假设下的异质性框架转变，从宏观层面贸易整体福利效应的测算向微观层面贸易福利分配效应的测算转变，国际贸易的福利测算方法日趋丰富和多元化。

关于同质性框架下贸易整体福利问题的研究，最受关注的是 Arkolakis 等（2012）对 Armington（1969）、Eaton 和 Kortum（2002）、Krugman（1979）及 Melitz（2003）等一系列经典国际贸易理论模型福利测算问题的分析，研究认为贸易福利与具体的贸易模型无关，不论模型微观层面的假设如何，贸易福利仅取决于一国国内产品的支出份额和贸易成本弹性，因此认为贸易的微观基础对贸易福利的影响微乎其微。而该研究也受到了不少质疑，如 Melitz 和 Redding（2015）研究认为，当可变贸易成本下降时，异质性企业在出口市场上的自我选择行为会提高资源的配置效率和社会平均生产率，相较于同质性企业模型，可获得更高的贸易福利。Costinot 和 Rodríguez-Clare（2014）对此类文献进行了总结，并探讨了各种经济因素（市场结构、企业异质性、多部门、中间产品和多种生产要素）对贸易整体福利的影响，研究认为多部门和中间产品对贸易整体福利的影响最大。Felbermayr 等（2015）将关税与冰山贸易成本区分开来，研究认为相对于冰山贸易成本，关税会给政府带来收入，还进一步指出 Arkolakis 等（2012）的福利公式成立需要附加限定条件。Balistreri 和 Tarr（2020）利用一个包含十个地区和多个行业部门的全球贸易模型，比较 Armington、Krugman 和 Melitz 模型的福利测算结果，研究认为当贸易成本下降时，Melitz 模型测算的福利水平最高，其次是 Krugman 模型，最后是 Armington 模型。目前，虽然贸易模型微观基础对测算贸易整体福利的影响仍存在争议，但是国际贸易影响福利的来源与路径已在学术界达成普遍共识（李建萍，2021），即在完全竞争理论框架下的传统古典和新古典贸易理论中，以生产技术差距或要素禀赋差异为基础的比较优势是一国贸易福利的主要来源，而在垄断竞争理论框架下的新贸易理论和新新贸易理论中，进口种类增长、贸易促进竞争效应和企业的自选择效应是一国贸易福利的主要来源。

以上理论文献仅关注了国际贸易的整体福利结果，没有考虑一国贸易福利的分配效应。事实上，自从 Stolper 和 Samuelson（1941）提出 S-S 定理（出口行业密集使用的生产要素报酬上升，而进口竞争行业密集使用的生产要素报酬降低）以来，从收入渠道讨论贸易福利在个体层面分配效应的相关理论研究已经相对丰富和成熟（Goldberg and Pavcnik，2007；钱学锋和李莹，2017）。随着需求侧和消费者异质性层面的研究逐渐受到关注，在异质性框架下讨论贸易福利在微观消费者层面的分配效应已成为福利研究的主要方向之一。Fajgelbaum 和 Khandelwal（2016）构建了部门层面的非位似引力方程，将 AIDS 效用函数纳入 Armington 模型，计算不同收入水平消费者的福利变化，研究认为由于穷人在可贸易品上的支出份额要高于富人，贸易自由化对穷人的福利改善效果优于富人。Nigai（2016）结合嵌套的 Stone-Geary 效用函数，在非位似偏好假设下构建一个多国多部门的贸易模型来衡量代表性消费者在福利收益方面的衡量误差，研究认为代表性消费者的假设会高估（低估）穷人（富人）的贸易福利收益，衡量误差区间在 -6% ~ 12%。Carroll 和 Hur（2020）基于经典李嘉图模型，并结合 Stone-Geary 效用函数，在非位似偏好假设下考察贸易自由化在不同收入群体之间的福利分配，研究认为贸易成本下降可以为穷人带来更高的福利收益。Hottman 和 Monarch（2020）在 CES 框架下构建了进口价格变化对不同收入群体生活成本指数影响的局部均衡模型，研究认为低收入群体面临更高的进口价格通胀，进口价格上涨对低收入群体的负面冲击较大。

目前，理论研究中异质性消费者的来源主要集中在收入异质性，还有一部分理论文献在研究非位似偏好下的国家间异质性消费者贸易利益分配时，强调了异质性消费者的另一来源为产品垂直差异化框架下的质量异质性，认为随着收入水平的提高，消费者更倾向于购买高质量产品，收入水平与产品质量之间存在正相关关系（Fajgelbaum et al.，2011；Hallak and Schott，2011）。然而，无论是从收入异质性还是质量异质性角度强调异质性消费者的来源，两者都与消费者收入或者产品价格相关。事实上，消费者异质性是多维度的，如消费者的空间地理、年龄结构以及消费习惯或消费理念等差异都是不同消费者异质性的来源，都会对消费者偏好产生影响。而如何在理论研究中纳入和分析其他异质性来源在贸易分配效应中的影响，尚缺乏系统的理论模型（钱学锋和裴婷，2022）。

由以上分析可知，目前贸易福利测算方法开始从同质性框架向异质性框架转变，从贸易整体福利测算向贸易福利分配效应测算转变。特别是在异质性框架下，讨论贸易福利在微观消费者层面的分配效应已成为主要趋势。但在甄别消费者异质性的来源、厘清贸易利益在异质性消费者之间分配效应的传导机制以及对异质性消费者福利效应的精准化度量等方面，还需要在理论上进一步深入研究。

（四）出口转向进口福利测算

长期以来，进口贸易的地位和作用一直被认为低于出口贸易，处于附属地位。主流贸易理论主要从出口贸易的角度探究贸易福利问题，并构建了相对完善的研究体系，但对进口贸易重视不够（陶爱萍和吴文韬，2020）。然而，要深入探究进口贸易的内涵与作用，必须从国际贸易理论的发展历程与国际分工的演进两个角度出发。

一方面，从国际贸易理论的发展历程来看，重商主义学派认为出口贸易会带来财富，而进口贸易会使财富流失，因此主张在对外贸易中出口超过进口、保持贸易顺差，并鼓励出口、限制进口，采取保护关税政策。虽然此观点受到自由贸易学派的严厉批判，但无论是以保护本国幼稚产业为目的并主张以关税和非关税措施实施进口限制的贸易保护主义，还是以保护本国就业为目的并主张以绿色壁垒、技术壁垒等实施进口限制的新贸易保护主义，都大致认为进口是一国产出的流失，不利于经济增长。相对于出口对经济增长的正向作用，进口会导致总产出下降从而对经济增长产生负向作用。此观点的经典代表就是凯恩斯的国际贸易乘数理论，该理论认为进口是抵消出口的漏出项。可以看出，虽然贸易保护主义与重商主义的理论逻辑不同，但本质上并无区别，对进口不利于经济增长的思想认识未发生根本性改变，甚至以限制中国经济发展为目的的国际经济保护主义（佟家栋，2017）以及各国频繁对中国发起的贸易摩擦，都是这种观点的延续（戴翔，2019）。

另一方面，从国际分工的演进来看，在以最终产品交换为基础的传统国际分工视角下，自由贸易学派认为对外贸易的职能是遵循比较优势的互通有无或优势互补，进口贸易不仅可以获得本国无法生产或价格更为低廉的产品，提高消费者福利水平，还可以将资源集中在优势部门生产，使资源从低效率生产部门向高效率生产部门流动，实现资源优化配置。另外，进口贸易也可以通过技术外溢和外部刺激促进生产率的提高，进而提高生产者福利水平和促进经济增长（海闻，1995）。20 世纪 80 年代以来，生产要素跨国流动性日益增强，国际分工形式发生了根本性的变化，由以最终产品交换的传统分工模式向以要素分工为主流的新型国际分工模式转变（戴翔和张二震，2017），进口贸易的内涵与作用也随之发生了深刻变化，进口贸易在很大程度上已经演变为全球生产的一个环节和阶段（戴翔，2019）。在传统产品分工和新型要素分工并存且要素分工占据主流的背景下，从需求侧视角出发，一部分最终产品的进口可以通过进口产品种类增长和降低产品价格等机制来提高消费者福利水平，但从供给侧视角出发，大量的中间产品进口则可以通过促进企业生产率的提高和降低企业价格成本加成等机制提高生产者福利水平（陈勇兵等，2014b）。

可以看出，随着国际贸易理论的发展以及国际分工模式的转变，进口贸易的作用日趋重要，贸易福利理论及经验研究的重点逐渐从出口向进口转变，而进口贸易福利主要可以分为生产者福利和消费者福利两个层面，但无论是从文献数量还是深度来说，目前文献更多地集中在进口贸易的生产者福利效应，对进口贸易引致的消费者福利效应缺乏足够的研究。就生产者福利而言，进口贸易可以通过提高企业生产率和资源配置效率等方式提高生产者福利水平。例如，Amiti 和 Konings（2007）研究认为，进口中间品关税下降可以通过学习效应、种类效应和质量效应提高企业生产率；Halpern 等（2015）研究认为，进口中间品可以通过质量提升以及进口与国内中间品的互补机制提高企业生产率；Behrens 和 Murata（2012a）研究认为，进口贸易在发挥促进竞争效应的同时，也伴随着企业平均产出的增加，进而推动企业实现规模经济，提高资源配置效率；Feenstra 和 Weinstein（2017）研究认为，贸易壁垒降低可以使更多企业进入，通过促进竞争效应降低企业价格成本加成，从而提高企业资源配置效率。

从贸易理论演进逻辑及福利测算方法的分析可知，主流贸易理论及经验文献大多聚焦于供给侧视角，研究一国出口贸易的福利效应以及进口贸易引致的生产者福利效应。虽然从需求侧视角研究进口贸易引致的消费者福利逐渐成为贸易福利分析的主要趋势之一，但其研究数量及深度还没有达到生产者福利的广度和深度。目前文献主要在自由贸易情形下，从进口种类增长、产品质量及价格等渠道分析进口贸易对消费者福利的影响，却忽视了进口贸易影响因素（如贸易自由化便利化程度以及进口国国内不同市场特征的差异性等）对消费者福利的动态影响（高新和徐静，2020）。另外，由于消费者异质性来源的多元化，进口贸易对异质性消费者福利的影响可能不同，而此方面的研究同样较为匮乏（钱学锋和李莹，2017；钱学锋和裴婷，2022）。因此，进口贸易对整体消费者福利和异质性消费者福利的影响渠道及传导机制还需要进一步完善和深入研究。

三 研究目的

一是在回顾现有理论和实证文献的基础上，论述研究进口贸易引致的消费者福利及其分配效应的必要性和可行性，构建进口贸易对消费者福利影响的理论分析框架，试图厘清进口贸易对消费者福利的影响机制。

二是利用理论分析框架和中国进口贸易流量及其政策变化，从需求侧视角全方位深入系统地研究中国进口贸易对整体消费者福利和异质性消费者福利的影响。具体而言，从宏观层面测算中国进口贸易引致的整体消费者福利效应，同时从微观层面研究中国进口贸易引致的消费者福利效应在不同群体间和不同地区间的分配。

三是根据本书研究结论并结合国家发展战略，尝试提出深化贸易自由化改革、实施积极扩大进口战略、构建双循环新发展格局及实现共同富裕目标的具体政策建议，做出自己的边际贡献。

四 研究方法

（一）文献综述法

通过对国内外文献资料进行梳理和总结，了解并掌握贸易理论演进逻辑和贸易福利测算方法以及国内外关于进口贸易对整体消费者福利和异质性消费者福利影响的相关理论与实证文献，分析目前相关研究成果、采用的理论分析框架和实证分析方法，并总结已有研究的贡献、存在的不足及对本研究的启示，更加全面了解研究问题的历史和现状，在此基础上提出本研究的核心问题与研究思路。

（二）宏观与微观分析相结合的方法

宏观分析方面，在消费者同质性框架下，从进口贸易限制指数与其相应的关税福利效应和需求变化情形下进口种类增长福利效应两个角度研究中国进口贸易对整体消费者福利的影响。微观分析方面，在消费者异质性框架下，从不同收入群体进口价格指数和进口贸易自由化对中国城市生活成本的影响两个角度考察中国进口贸易对异质性消费者福利的影响。通过宏观与微观分析相结合的方法，对进口贸易引致的消费者福利效应进行全面的研究。

（三）理论与实证分析相结合的方法

理论分析方面，通过构建进口贸易限制指数与其相应的关税福利效应、需求变化情形下进口种类增长福利效应以及特定收入群体进口价格指数的估算模型，探究进口贸易对消费者福利的影响机制，估算中国关税福利效应、需求变化下进口种类增长福利效应和不同收入群体的进口价格指数。实证分析方面，通过分析进口贸易自由化对城市生活成本的影响机制，在生活成本指数视角下，利用多维面板固定效应模型和动态面板模型实证分析进口贸易自由化对中国城市生活成本的影响。

（四）对比分析法

为了更好地与现有文献相关研究主题进行对比，并全面详细地考察宏观与微观层面中国进口贸易对整体消费者福利和异质性消费者福利的影响，本书运用对比分析法。具体而言，在估算大国经济假设下中国进口贸易限制指数与其相应的关税福利效应时，与小国经济假设下标准估计方法估算结果进行对比；在利用替代弹性混合估计方法估算需求变化下中国进口种类增长福利效应时，与替代弹性标准估计方法估计结果进行对比；在估算不同群体进口价格指数时，运用已有文献不同的进口产品替代弹性，对比相对应的估算结果；在实证分析进口贸易自由化对中国城市生活成本的影响时，运用不同生活成本指数衡量指标，对比相对应的实证结果。通过对比分析法的运用，丰富并深化本书的研究方法及研究内涵。

五 分析框架

本书依据"提出问题—分析问题—解决问题"的研究思路，在国际国内发展形势发生深刻变化的背景下，从需求侧视角出发，在宏观和微观层面对中国进口贸易引致的消费者福利效应进行多角度的研究。首先，本书系统地回顾国际贸易理论演进逻辑与贸易福利测算方法以及国内外关于进口贸易对整体消费者福利和异质性消费者福利影响的相关理论和实证文献，对目前的研究文献进行详细的梳理和总结，掌握进口贸易与消费者福利等方面的研究进展。其次，在消费者同质性框架下，分别构建大国经济假设下进口贸易限制指数与其相应的关税福利效应估算模型和需求变化情形下进口种类增长福利效应估算模型，探究关税福利效应和需求变化情形下进口种类增长福利效应的影响机制，并在此基础上对进口贸易的整体消费者福利进行测算。在消费者异质性框架下，构建特定收入群体进口价格指数的结构性估算模型，对中国不同收入群体进口价格指数进行测算，分析不同收入群体面临的进口价格通胀程度，考察进口价格变化对中国不同收入群体生活成本的影响，并从部门消费异质性视角分析不同收入群体进口价格通胀的影响机制。进一步地，基于生活成本指数，同时纳入关税和非关税措施，利用价格传递机制实证分析进口贸易自由化对中国不同城市生活成本的影响，并从空间效应、需求效应和竞争效应三重视角探究进口贸易自由化对城市生活成本的影响机制。最后，根据本书的研究结论，为中国深化贸易自由化改革、实施积极扩大进口战略、构建双循环新发展格局及实现共同富裕目标提供可供参考的政策建议，讨论研究结论的政策启示，进一步分析本书研究的局限性以及未来可拓展的研究方向。

基于上述分析，本书主要从需求侧视角出发，以中国进口贸易对整体消费者福利和异质性消费者福利的影响为主要研究内容，共分为七章，具体结构安排如下。

第一章为绪论。首先，从国际国内发展发生深刻变化的形势出发，并结合当前中国积极扩大进口战略、构建双循环新发展格局和贸易福利相关研究现状，分析本书的研究背景。其次，基于本书的研究背景，从进口贸易影响消费者福利的渠道及机制、进口贸易政策变动引致的整体消费者福利变化、具体渠道对整体消费者福利的影响以及异质性视角下个体层面和地区层面的贸易福利分配效应等几个方面对相关研究文献进行全方位梳理和归纳，总结和掌握进口贸易与消费者福利等方面的研究进展，并对相关研究文献进行全面述评，梳理已有研究的重要贡献、存在的不足，并分析了已有研究对本研究的启示。再次，从研究背景和相关文献综述出发，进一步有针对性地提出本书所要研究的问题，并探讨本书研究问题所体现的理论和现实意义。最后，对研究涉及的主要相关概念（进口贸易、进口贸易自由化、消费者福利等）进行界定，明确研究对象的概念边界。基于理论视角，从完全竞争转向垄断竞争理论、从供给侧转向需求侧理论、从同质性转向异质性福利测算以及从出口转向进口福利测算四个方面分析贸易理论演进逻辑及福利测算方法，奠定本书研究的理论基础。在此基础上，对本书的研究目的、研究方法、分析框架及创新之处进行了重点阐述，从整体上把握研究方向，构建起本书研究的理论依据和经验支撑。

第二章为进口贸易影响消费者福利的理论分析。从需求侧视角出发，本章主要在消费者同质性和异质性框架下分别构建进口贸易对消费者福利影响的理论分析框架，探究进口贸易引致的宏观和微观消费者福利效应。一方面，在消费者同质性框架下，首先，通过放松小国经济假设，允许大国经济假设，构建进口贸易限制指数与其相应的关税福利效应估算模型，探究关税福利效应的影响机制。其次，通过放松消费者需求特征不随时间变化的假设，构建需求变化情形下进口种类增长福利效应估算模型，并从理论上证明需求不变情形下估算模型导致的需求冲击偏差，分析需求变化情形下进口种类增长福利效应的影响机制。另一方面，在消费者异质性框架下，首先，构建异质性视角下特定收入群体进口价格指数的结构性估算模型，考察进口价格变化对不同收入群体生活成本的影响。其次，基于生活成本指数，同时纳入关税和非关税措施，利用价格传递机制分析进口贸易自由化对中国不同城市生活成本的影响。本章的研究为后续章节的具体估算或实证分析提供理论分析框架。

第三章为中国进口贸易限制指数与关税福利效应。本章主要利用第二章大国经济假设下进口贸易限制指数与其相应的关税福利效应估算模型，并结合 1996~2019 年中国 HS4 位数进口产品数据和关税数据，估算中国进口贸易限制指数与其相应的关税福利效应，并与小国经济假设下标准估计方法进行对比，衡量中国关税政策的有效性及扭曲程度，探究关税福利效应的影响机制，从进口贸易限制指数与关税福利效应角度研究中国进口贸易对整体消费者福利的影响。

第四章为需求变化情形下中国进口种类增长福利效应。本章主要利用第二章需求变化视角下进口种类增长福利效应估算模型及替代弹性混合估计方法，并结合 1996~2019 年中国 HS6 位数进口产品数据，测算需求变化情形下中国进口种类增长引致的消费者福利效应，并与替代弹性标准估计方法估算结果进行对比，探究需求变化情形下进口种类增长福利效应的影响机制，从需求变化情形下进口种类增长福利效应角度研究中国进口贸易对整体消费者福利的影响。

第五章为中国不同收入群体的进口价格指数估算。本章主要利用第二章异质性视角下特定收入群体进口价格指数估算模型，并结合中国 HS6 位数进口产品数据和中国 UHS 数据，测算中国不同收入群体的进口价格指数，分析不同收入群体面临的进口价格通胀程度，考察进口商品价格变化对中国不同收入群体生活成本的影响，从个体层面不同收入群体进口价格指数视角研究中国进口贸易对异质性消费者福利的影响。

第六章为进口贸易自由化对中国城市生活成本的影响。本章主要在第二章进口贸易自由化对城市生活成本影响的理论分析基础上，从生活成本指数视角构建多维面板固定效应和动态面板实证计量模型，利用关税数据、非关税措施数据和中国 UHS 数据，实证分析中国进口贸易自由化对城市生活成本的影响，从地区层面生活成本指数视角考察中国进口贸易对异质性消费者福利的影响。

第七章为结论与展望。结合第三至六章的研究，本章先归纳总结消费者同质性和异质性框架下进口贸易对消费者福利影响的研究结论，并为中国深化贸易自由化改革、实施积极扩大进口战略、构建双循环发展格局及实现共同富裕目标提供可供参考的政策建议，讨论研究结论的政策启示，最后分析本研究的局限性以及未来可拓展的研究方向。

六　创新之处

本书尝试以中国为研究对象，在分析贸易理论演进逻辑及福利测算方法以及国内外关于进口贸易对整体消费者福利和异质性消费者福利影响的相关理论和实证文献基础上，构建本书的理论分析框架，并结合中国进口贸易发展实际情况，从宏观和微观层面全面系统地考察进口贸易对整体消费者福利和异质性消费者福利的影响。力图实现的研究创新如下。

一是从需求侧视角出发，在宏观和微观层面多视角系统地研究进口贸易对消费者福利的影响。通过对相关研究进行整理和总结发现，现有对贸易福利效应的研究多集中于出口贸易福利效应和进口贸易的生产者福利效应，对进口贸易的消费者福利效应研究相当有限，缺乏多视角和系统性分析。基于此，本书从需求侧视角出发，在宏观层面从中国进口贸易限制指数与其相应的关税福利效应和需求变化情形下进口种类增长福利效应两个视角考察中国进口贸易对整体消费者福利的影响；在微观层面从不同收入群体进口价格指数和进口贸易自由化对城市生活成本的影响两个视角分析中国进口贸易对异质性消费者福利的影响，系统地衡量了中国进口贸易引致的消费者福利及其分配效应。

二是对传统贸易理论的标准估计方法进行理论拓展。在研究进口贸易限制指数与其相应的关税福利效应时，本书放松小国经济假设，在大国经济假设下构建进口贸易限制指数与其相应的关税福利效应估算模型，强调贸易条件收益的重要性，探究关税福利效应的影响机制，并与小国经济假设下传统标准估计方法进行对比分析。在研究进口种类增长福利效应时，本书放松消费者需求特征不随时间变化的理论假设，构建需求变化情形下进口种类增长福利效应估算模型，并从理论上证明忽视需求变化导致的需求冲击偏差，探究需求变化情形下进口种类增长福利效应的影响机制，并将替代弹性混合估计方法与标准估计方法相关估算结果进行对比分析，提高估计的准确性。在估算不同收入群体进口价格指数时，构建异质性视角下特定收入群体进口价格指数估算模型，并利用替代弹性混合估计方法，首次估算中国不同收入群体进口价格指数，从部门消费异质性视角分析不同收入群体进口价格通胀的影响机制。

三是对实证分析方法进行改进。在实证分析进口贸易自由化对中国城市生活成本的影响时，首先，相对于以往大多文献利用关税来衡量进口贸易自由化，本书采用关税和非关税措施作为进口贸易自由化的衡量指标。其次，相对于大多文献利用具体商品价格来考察关税价格传递机制，本书基于生活成本指数，利用 Törnqvist 价格指数和 Laspeyres 价格指数作为生活成本指数的衡量指标。最后，从空间效应、需求效应和竞争效应三重视角探究进口贸易自由化对城市生活成本的影响机制，在地区层面考察中国进口贸易对异质性消费者福利的影响。

第二章

进口贸易影响消费者福利的理论分析

通过第一章对贸易理论演进逻辑及福利测算方法以及进口贸易对消费者福利影响的相关文献进行综述，本章从需求侧视角出发，在消费者同质性和异质性框架下分别构建进口贸易对消费者福利影响的理论分析框架。在消费者同质性框架下，从进口贸易限制指数与其相应的关税福利效应和需求变化视角下进口种类增长福利效应分析进口贸易对整体消费者福利的影响。在消费者异质性框架下，从个体层面不同收入群体进口价格指数和地区层面进口贸易自由化对城市生活成本的影响分析进口贸易对异质性消费者福利的影响，以期从需求侧视角探究进口贸易引致的宏观和微观消费者福利。本章理论分析框架如图 2-1 所示。

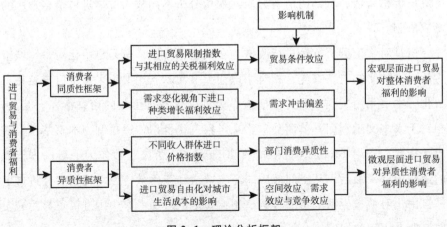

图 2-1　理论分析框架

第一节 同质性框架下进口贸易对整体消费者福利的影响

在本节中，本研究将分别从进口贸易限制指数与其相应的关税福利效应和需求变化视角下进口种类增长福利效应两个方面构建估算模型，分析消费者同质性框架下进口贸易对整体消费者福利的影响。具体地，在估算进口贸易限制指数与其相应的关税福利效应时，放松小国经济假设，允许大国经济假设，构建进口贸易限制指数与其相应的关税福利效应估算模型，探究关税福利效应的影响机制。在估算进口种类增长的福利效应时，放松消费者需求特征不随时间变化的假设，构建需求变化情形下进口种类增长福利效应估算模型，并从理论上证明忽视需求变化导致的需求冲击偏差，探究需求变化情形下进口种类增长福利效应的影响机制。

一 进口贸易限制指数与其相应的关税福利效应估算模型

（一）关税福利效应

本小节利用 Pugel（2016）和 Amiti 等（2019）的研究，从出口供给和进口需求两个方面分别对小国经济假设下的关税福利效应和大国经济假设下的关税福利效应进行理论分析。

1. 小国经济假设下关税福利效应

小国经济假设下，进口国作为价格接受者，对世界价格不产生影响。如图 2-2 所示，小国经济假设下出口供给完全弹性，出口供给曲线是一条水平线，表明无论进口国进口量为多少，均不影响世界价格。进口需求曲线向右下方倾斜，表明产品价格上升时，进口需求减少，而国内生产厂商增加生产（为了简化分析，图 2-2 没有画出国内供给曲线和需求曲线）。

当进口国不对产品征收关税时（自由贸易情形），市场均衡条件下国内产品价格（p_0）等于均衡价格（p_0^*），等于出口供给价格（p_1^*），进口需求

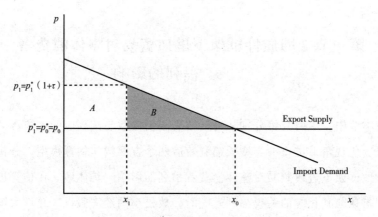

图2-2 小国经济假设下关税福利效应

数量等于出口供给数量（x_0），市场出清。

当进口国对产品征收少量关税 τ 时（非自由贸易情形），出口供给价格依然为 p_1^*，此时国内产品价格上升到 p_1 [$p_1 = p_1^*(1+\tau)$]。由于产品价格上升，进口需求数量从 x_0 降至 x_1。在新的产品价格下，国内生产厂商增加生产，增加了生产者剩余（Producer Surplus），而消费者剩余（Consumer Surplus）下降了A+B区域，具体地，A区域表示由消费者剩余转为政府关税收入，B区域表示进口减少和被国内生产取代导致的无谓福利损失（Deadweight Loss），即关税导致了国内生产与消费的扭曲。虽然征收关税为进口国带来了政府关税收入（A区域），但政府关税收入会被生产者剩余（同时也是消费者福利损失）完全抵消，从而导致了无谓福利损失（B区域），即净消费者福利损失。

由此可见，在小国经济假设下，出口供给完全弹性，进口国对产品征收少量关税时，仅会导致进口国净消费者福利损失。

2. 大国经济假设下关税福利效应

大国经济假设下，进口国在国际市场上具有较强的市场势力，将会对世界价格产生较大的影响。如图2-3所示，大国经济假设下出口供给不再是完全弹性，出口供给曲线向右上方倾斜，表明产品价格上升将导致出口商增加生产，而国外消费者消费减少。进口需求曲线依然向右下方倾斜，表明产品价格上升导致进口需求减少，而国内生产厂商增加生产（为了简化分析，图 2-3 没有画出国内供给曲线和需求曲线）。

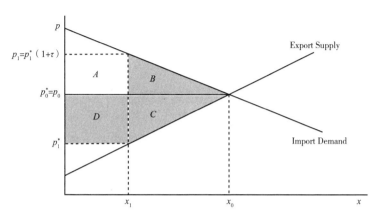

图 2-3　大国经济假设下关税福利效应

当进口国不对产品征收关税时（自由贸易情形），市场均衡条件下国内产品价格（p_0）等于均衡价格（p_0^*），进口需求数量等于出口供给数量（x_0），市场出清。

当进口国对产品征收少量关税 τ 时（非自由贸易情形），由于进口国具有较强的市场势力，出口供给厂商为了维持出口，将会吸收一部分关税，将出口供给价格下降到 p_1^*，国内产品价格上升到 p_1 [$p_1=p_1^*$（$1+\tau$）]。由于产品价格上升，进口需求数量从 x_0 降至 x_1。在新的产品价格下，国内生产厂商增加生产，增加了生产者剩余，而消费者剩余下降了 A+B 区域，具体地，A 区域表示由消费者剩余转为政府关税收入，B 区域表示进口减少和被国内生产取代导致的无谓福利损失，即关税导致了国内生产与消费的扭曲。政府总关税收入包括 A+D 区域，其中，D 区域表示出口国供给价格下降为进口国带来的贸易条件收益。进口国征收关税导致的净福利效应为政府总关税收入减去消费者剩余损失，即贸易条件收益（D 区域）与无谓福利损失（B 区域）之间的差。但出口供给厂商的损失却不只有 D 区域（进口国的贸易条件收益相当于出口国的贸易条件损失），还会因为进口需求减少导致无谓福利损失（C 区域），即进口国征收关税导致了国外生产与消费的扭曲。

由此可见，在大国经济假设下，由于进口国具有较强的市场实力，出口供给不再完全弹性，进口国征收关税会导致进口国无谓福利损失和贸易条件收益，也会导致出口国无谓福利损失。其中，进口国和出口国无谓福利损失（B+C 区域）也被称为总体效率损失，即由于征收关税而导致的进口国国内生产、出口国出口厂商生产与国内消费之间的市场扭曲。进口国贸易条件收益和出口国福利损失（D+C 区域）被称为总体贸易条件扭曲，即由于进口国征收关税而导致的出口国出口价格下降和出口数量减少的市场扭曲。

（二）关税福利效应估算模型

本小节在 Feenstra（1995）一般福利公式和 Soderbery（2021）结构性方法的基础上拓展了关税福利效应分析，放松了小国经济假设，允许大国经济和出口供给异质性假设，推导出关税福利效应估算公式，研究关税引致的效率损失和贸易条件效应对进口国消费者福利总额的影响。

在福利可分性的假设下，Feenstra（1995）研究表明，关税变化对福利的边际影响为：

$$\frac{\partial W^I}{\partial \tau^I_{gv}} = \tau^I_{gv} \, p^*_{gv} \, \frac{\partial x^I_{gv}}{\partial \tau^I_{gv}} - x^I_{gv} \, \frac{\partial p^*_{gv}}{\partial \tau^I_{gv}} \qquad (2.1)$$

其中，W^I 表示进口国 I 福利收益。τ^I_{gv} 为进口国 I 对产品 g 种类 v 征收的关税。假设 $\tau^I_{gv} = \tau^I_g$，表示进口国 I 对产品 g 不同种类征收相同的关税水平，不讨论对特定产品不同来源国征收不同关税水平的情况。x^I_{gv} 表示进口国 I 对产品 g 种类 v 的进口数量。p^*_{gv} 表示产品 g 种类 v 的世界价格。在实际运用中，将式（2.1）改写为进口价值和贸易弹性的表达式：[①]

$$\frac{\partial W^I}{\partial \tau^I_g} = \tau^I_g \, p^*_{gv} \, x^I_{gv} \, \frac{\partial \log(x^I_{gv})}{\partial \log(p^I_{gv})} \frac{\partial \log(p^I_{gv})}{\partial \tau^I_g} - p^*_{gv} \, x^I_{gv} \, \frac{\partial \log(p^*_{gv})}{\partial \tau^I_g} \qquad (2.2)$$

---

① 详细见 Feenstra（1995）第 1560 页说明。

其中，$p_{gv}^{I} = (1 + \tau_{g}^{I}) p_{gv}^{*}$，表示产品 g 种类 v 的国内消费价格。式 (2.2) 第一项表示征收关税导致产品 g 种类 v 的国内消费价格上升，从而产生效率损失。第二项表示由于出口国可能吸收一部分关税，进口国获得的贸易条件收益。具体地，如果出口供给曲线向上倾斜，那么关税的价格传递就是非完全性的，即出口国会降低出口产品的世界价格，进口国会通过关税产生贸易条件收益。[①]

标准估计方法在小国经济假设下认为出口供给是完全弹性的 $\left[\dfrac{\partial \log(p_{gv}^{*})}{\partial \tau_{g}^{I}} = 0 \right]$，通过出口供给和进口需求曲线的一阶近似简化了福利计算（即线性出口供给和进口需求假定）。为了计算式 (2.2) 关税福利效应，遵循一般性理论假设，假设出口供给曲线向上倾斜 (Ludema and Mayda, 2013)，并假设进口国需求偏好为 CES 效用函数 (Broda et al., 2008)。[②] 在此基础上，通过对福利效应和贸易限制指数进行估计，说明标准估计方法在多大程度上忽略了影响福利效应的重要渠道。具体地，设定进口国消费者消费进口产品和国内产品的效用函数为 Cobb-Douglas 效用函数，消费进口产品种类的子效用函数为 CES 效用函数，具体设定为：

$$U^{I} = c_{0}^{I} + \xi_{X}^{I} \sum_{g \in G^{I}} \varphi_{g}^{I} \log \left\{ \left[\sum_{v \in J_{g}^{I}} (b_{gv}^{I})^{\frac{1}{\sigma_{g}^{I}}} (x_{gv}^{I})^{\frac{\sigma_{g}^{I}-1}{\sigma_{g}^{I}}} \right]^{\frac{\sigma_{g}^{I}}{\sigma_{g}^{I}-1}} \right\} + \xi_{D}^{I} \log(D^{I}) \qquad (2.3)$$

其中，c_{0}^{I} 表示消费者消费的 1 单位标准产品，ξ_{X}^{I} 和 ξ_{D}^{I} 分别表示进口产品和国内产品的消费份额，G^{I} 和 J_{g}^{I} 分别表示消费者消费的进口产品和进口种类集合。φ_{g}^{I} 为产品 g 所有种类的消费份额，b_{gv}^{I} 为需求特征参数，σ_{g}^{I} 为产品 g

---

① 需要说明的是，定量模型描述的是进口国和出口国之间产品贸易流量的总变化，目标是在福利公式基础上，着重分析因关税政策导致的进口国和出口国福利变化及其分解，并没有考虑微观经济主体对福利的影响（如企业的进入和退出、要素分配等）。

② Costinot 等 (2019) 研究表明，美国药品行业的出口供给曲线是向下倾斜的，并在对称性假设和局部均衡下证明了这一结果。对具体行业出口供给分别假设超出了本书的研究范围，没有纳入考虑。

种类间的替代弹性，即进口需求弹性。① 求解效用最大化问题，可得消费者对产品 g 种类 v 的进口需求曲线为：

$$x_{gv}^I = \xi_X^I \varphi_g^I (p_{gv}^I)^{-\sigma_g^I} (P_g^I)^{\sigma_g^I - 1} \tag{2.4}$$

其中，$P_g^I = \left[\sum_v b_{gv}^I (p_{gv}^I)^{1-\sigma_g^I} \right]^{\frac{1}{1-\sigma_g^I}}$ 为标准 CES 理论框架下产品 g 总体价格指数。

借鉴 Soderbery（2021）的做法，将向上倾斜的出口供给曲线设定为：

$$p_{gv}^* = \exp(\eta_{gv}^I) (x_{gv}^I)^{\omega_{gv}^I} \tag{2.5}$$

其中，η_{gv}^I 为未观察到的特定种类供给技术参数。ω_{gv}^I 为出口到特定目标国种类（Destination-Variety-Specific）的反向供给弹性。这与标准估计方法简单地设定特定进口种类（Importer-Variety-Specific）的出口供给弹性（ω_g^I）或者假设出口供给具有完全弹性的情形不同。由式（2.5）可知，产品 g 的每个出口国由于特定供给条件（如产品边际成本、国内要素流动性以及规模报酬等）以及目标国市场力量等因素的影响，有唯一的供给曲线，允许出口供给因目标国和产品而异。

贸易均衡条件下，进口需求和出口供给市场出清，两者相等为：

$$\xi_X^I \varphi_g^I b_{gv}^I (p_{gv}^I)^{-\sigma_g^I} (P_g^I)^{\sigma_g^I - 1} = \left[\exp(\eta_{gv}^I) p_{gv}^* \right]^{\frac{1}{\omega_{gv}^I}} \tag{2.6}$$

求解式（2.6）可得产品 g 种类 v 的世界价格 p_{gv}^* 为：

$$p_{gv}^* = \left[\varphi_{gv} (1 + \tau_g^I)^{-\sigma_g^I} (P_g^I)^{\sigma_g^I - 1} \right]^{\frac{\omega_{gv}^I}{1+\omega_{gv}^I \sigma_g^I}} \tag{2.7}$$

其中，$\varphi_{gv} \equiv \dfrac{\xi_X^I \varphi_g^I b_{gv}^I}{\exp\left(\dfrac{-\eta_{gv}^I}{\omega_{gv}^I}\right)}$，表示与关税无关的未被观察到的特定种类冲击参

① 值得注意的是，本书的进口需求弹性与 Kee 等（2009）估计含义不同，Soderbery（2018）估计的进口需求弹性为 HS4 位数产品层面替代弹性。Chen 等（2014）指出，虽然理论上替代弹性与需求弹性并不相同，但在 Dixit 和 Stiglitz（1977）CES 效用假设下，两者是等价的。

数。为了将 p_{gv}^* 表示为关税的函数，还需要进一步将式（2.7）单一种类价格进行加总来求解产品 g 总体价格指数 P_g^l。为此，定义一个平均品种（Average Variety），其价格等于价格指数，反向供给弹性为 $\bar{\omega}_{go}^l \equiv \dfrac{\sum_v p_{gv}^l x_{gv}^l \omega_{gv}^l}{\sum_v p_{gv}^l x_{gv}^l}$，关税为

$$\bar{\tau}_{go}^l \equiv \frac{\sum_v p_{gv}^l x_{gv}^l \tau_{gv}^l}{\sum_v p_{gv}^l x_{gv}^l} = \tau_g^l，为 \omega_{gv}^l 和 \tau_{gv}^l 的加权平均。通过式（2.7）对产品种类进$$

行加总及对平均品种进行定义，求得产品 g 总体价格指数为：[1]

$$P_g^l = (1 + \tau_g^l)^{\frac{1}{1 + \bar{\omega}_{go}^l}} \Phi_g \tag{2.8}$$

其中，$\Phi_g \equiv \varphi_{go}^{\frac{\bar{\omega}_{go}^l}{1+\bar{\omega}_{go}^l}}$，表示与关税无关的需求和供给冲击参数。结合式（2.7）和式（2.8），整理可得：

$$p_{gv}^* = (1 + \tau_g^l)^{\frac{-\omega_{gv}^l(1+\bar{\omega}_{go}^l \sigma_g^l)}{(1+\bar{\omega}_{go}^l)(1+\omega_{gv}^l \sigma_g^l)}} (\varphi_{gv} \Phi_g^{\sigma_g^l-1})^{\frac{\omega_{gv}^l}{1+\omega_{gv}^l \sigma_g^l}} \tag{2.9}$$

由式（2.9）可知，出口供给弹性的异质性导致了不同进口种类对关税的不同价格反应，[2] 这也是与标准估计方法相比最重要的差别。

同样地，将式（2.8）和式（2.9）代入式（2.4），可将进口需求表示为关税和冲击参数的函数形式：

$$x_{gv}^l = (1 + \tau_g^l)^{\frac{-\omega_{gv}^l(1+\bar{\omega}_{go}^l \sigma_g^l)}{(1+\bar{\omega}_{go}^l)(1+\omega_{gv}^l \sigma_g^l)}} \exp(-\eta_{gv}^l) (\varphi_{gv} \Phi_g^{\sigma_g^l-1})^{\frac{1}{1+\omega_{gv}^l \sigma_g^l}} \tag{2.10}$$

其中，式（2.9）和式（2.10）出口供给和进口需求函数一般化了 Feenstra（1995）和 Kee 等（2009）小国经济假设下的经典福利公式，[3] 即

---

[1]　具体推导证明见 Soderbery（2018）附件 D.1。

[2]　由式（2.9）推导种类价格对关税的弹性为 $\dfrac{\partial \log(p_{gv}^*)}{\partial \tau_g^l}\Big|_{\tau_g^l=0} = \dfrac{-\omega_{gv}^l(1+\bar{\omega}_{go}^l \sigma_g^l)}{(1+\bar{\omega}_{go}^l)(1+\omega_{gv}^l \sigma_g^l)}$。

[3]　当 $\omega_{gv}^l = 0 \ \forall v$，$\dfrac{\partial \log(p_{gv}^*)}{\partial \tau_g^l}\Big|_{\tau_g^l=0} = 0$，$\dfrac{\partial \log(p_{gv}^l)}{\partial \tau_g^l}\Big|_{\tau_g^l=0} = 1$，$\dfrac{\partial \log(x_{gv}^l)}{\partial \log(p_{gv}^l)} = \sigma_g^l$。

排除出口供给弹性异质性后，式（2.2）关税变化对福利的影响退化为

$\frac{\partial W^l}{\partial \tau_g^l} = \tau_g^l p_{gv}^* x_{gv}^l \sigma_g^l$，小国经济假设排除了进口国贸易条件对福利的影响。放松

这一假设后，向上倾斜的出口供给曲线将会影响福利效应。定义 $\Lambda_{gv}^l =$

$\frac{\omega_{gv}^l (1+\bar{\omega}_{go}^l \sigma_g^l)}{(1+\omega_{go}^l)(1+\omega_{gv}^l \sigma_g^l)} \in [0, 1]$，由式（2.9）可知 Λ_{gv}^l 为出口种类价格的关

税传递弹性,[①] 而国内消费价格的关税传递弹性为 $1-\Lambda_{gv}^l$。

将式（2.9）和式（2.10）代入式（2.2），整理可得关税变化对福利的
影响为：

$$\frac{\partial W^l}{\partial \tau_g^l} = -\tau_g^l p_{gv}^* x_{gv}^l \sigma_g^l (1 - \Lambda_{gv}^l) + p_{gv}^* x_{gv}^l \Lambda_{gv}^l \tag{2.11}$$

为了得到关税变化导致的整体福利变化，根据福利可加可分性假设，将
式（2.7）在 $(0, \tau_g^l)$ 区间进行积分并对所有进口种类及进口产品进行
加总：

$$\Delta W^l \equiv \sum_g \sum_v \int_0^{\tau_g^l} \frac{\partial W^l}{\partial \tau_g^l} = \sum_g \sum_v \left[-\int_0^{\tau_g^l} p_{gv}^* x_{gv}^l \sigma_g^l (1 - \Lambda_{gv}^l) \tau_g^l d\tau_g^l + \int_0^{\tau_g^l} p_{gv}^* x_{gv}^l \Lambda_{gv}^l d\tau_g^l \right]$$
$$\tag{2.12}$$

求解可得关税引致的整体福利变化为：

$$\Delta W^l = -\frac{1}{2} \sum_g \sum_v p_{gv}^* x_{gv}^l \sigma_g^l (1 - \Lambda_{gv}^l)(\tau_g^l)^2 + \sum_g \sum_v p_{gv}^* x_{gv}^l \Lambda_{gv}^l \tau_g^l \tag{2.13}$$

结合图 2-2 可知，式（2.13）第一项为所有种类和产品导致的进口
国和出口国的效率损失。第二项为进口国贸易条件收益和出口国的效率
损失。当 $\Lambda_{gv}^l = 0$ 时，征收关税使国内消费价格上升，福利变化仅仅包括

---

① Soderbery（2021）认为 Chen 等（2014）在假设出口供给曲线向上倾斜的基础上，定义 $\Lambda^l =$
$\frac{\sigma_g}{\omega_g} + \sigma_g$，但 ω_g 的假定表明不同出口国出口种类的供给弹性是同质的，并没有真正纳入出口
弹性异质性分析。

进口国效率损失。式（2.13）则退化为 Feenstra（1995）传统加总福利公式。当 Λ_{gv}^l 上升时，即出口种类关税价格传递弹性增大，出口种类价格吸收了更大部分关税，总体效率损失将相对减少，而进口国贸易条件收益将增加。

为了更深入了解关税变化对福利变化的影响渠道及与标准估计方法估计结果作对比，结合图 2-2 和式（2.13），对整体福利变化进一步分解：

$$\Delta Eff^{\,l} = -\frac{1}{2}\sum_g \sum_v p_{gv}^* \, x_{gv}^l \, \sigma_g^l \, (1 - \Lambda_{gv}^l)^2 \, (\tau_g^l)^2 \tag{2.14}$$

$$\Delta Eff^* = -\frac{1}{2}\sum_g \sum_v p_{gv}^* \, x_{gv}^l \, \sigma_g^l (1 - \Lambda_{gv}^l)(\Lambda_{gv}^l) \, (\tau_g^l)^2 \tag{2.15}$$

$$\Delta AggEff^{\,l} = -\frac{1}{2}\sum_g \sum_v p_{gv}^* \, x_{gv}^l \, \sigma_g^l (1 - \Lambda_{gv}^l) \, (\tau_g^l)^2 \tag{2.16}$$

$$\Delta AggTOT^l = \sum_g \sum_v p_{gv}^* \, x_{gv}^l \, \Lambda_{gv}^l \, \tau_g^l \tag{2.17}$$

其中，$\Delta Eff^{\,l}$ 表示进口国效率损失，ΔEff^* 表示出口国效率损失，$\Delta AggEff^l = \Delta Eff^{\,l} + \Delta Eff^*$ 表示进口国和出口国的整体效率损失。$\Delta AggTOT^l = \Delta TOT^l + \Delta Eff^*$ 表示关税引致的总体贸易条件扭曲。

Soderbery（2021）指出，以往文献仅以进口国效率损失衡量贸易保护成本来评估贸易政策是不全面的。在制定贸易政策时，出口国效率损失既可以为双边贸易谈判提供数据支撑，又可以作为衡量贸易条件扭曲程度的指标。另外，虽然模型计算的是总体福利，但模型具有足够的灵活性，可以用来计算每个进口产品的经济效率损失和贸易条件收益。

（三）进口贸易限制指数估算模型

通过关税福利效应的分解公式，可以计算相应的多个贸易限制指数，即确定何种统一关税政策会与种类及产品差别化关税产生相同的进口国效率损失和贸易条件收益，以此评估现有关税结构和贸易政策。基于福利分解公式，分别构建相对应的多个贸易限制指数：

$$TRI_{Eff^I} = \left[\frac{\sum_g \sum_v p_{gv}^* x_{gv}^I \sigma_g^I (1 - \Lambda_{gv}^I)^2 (\tau_g^I)^2}{\sum_g \sum_v p_{gv}^* x_{gv}^I \sigma_g^I (1 - \Lambda_{gv}^I)^2} \right]^{\frac{1}{2}} \tag{2.18}$$

$$TRI_{Eff^*} = \left[\frac{\sum_g \sum_v p_{gv}^* x_{gv}^I \sigma_g^I (1 - \Lambda_{gv}^I)(\Lambda_{gv}^I)(\tau_g^I)^2}{\sum_g \sum_v p_{gv}^* x_{gv}^I \sigma_g^I (1 - \Lambda_{gv}^I)(\Lambda_{gv}^I)} \right]^{\frac{1}{2}} \tag{2.19}$$

$$TRI_{AggEff^I} = \left[\frac{\sum_g \sum_v p_{gv}^* x_{gv}^I \sigma_g^I (1 - \Lambda_{gv}^I)(\tau_g^I)^2}{\sum_g \sum_v p_{gv}^* x_{gv}^I \sigma_g^I (1 - \Lambda_{gv}^I)} \right]^{\frac{1}{2}} \tag{2.20}$$

$$TRI_{AggTOT^I} = \frac{\sum_g \sum_v p_{gv}^* x_{gv}^I \Lambda_g^I \tau_g^I}{\sum_g \sum_v p_{gv}^* x_{gv}^I \Lambda_g^I} \tag{2.21}$$

其中，TRI_{Eff^I} 表示进口国效率损失贸易限制指数；TRI_{Eff^*} 表示出口国效率损失贸易限制指数；TRI_{AggEff^I} 表示整体效率损失贸易限制指数；TRI_{AggTOT^I} 表示总体贸易条件扭曲贸易限制指数。

由于以上贸易限制指数共同通过关税政策相互作用，可以定义净贸易限制指数（TRI_{Net^I}）。定义 $\Psi = \dfrac{\sum_g \sum_v p_{gv}^* x_{gv}^I \Lambda_{gv}^I}{\sum_g \sum_v p_{gv}^* x_{gv}^I \sigma_g^I (1 - \Lambda_{gv}^I)}$，表示相对于关税效率损失的贸易条件边际收益，则净贸易限制指数为：

$$TRI_{Net^I} = \Psi \pm \sqrt{\Psi^2 + (TRI_{AggEff^I})^2 - 2\Psi(TRI_{AggTOT^I})} \tag{2.22}$$

净贸易限制指数（TRI_{Net^I}）表示扣除出口国效率损失，为进口国带来与所有种类及产品差别化关税相同福利水平的贸易限制指数。值得注意的是，净贸易限制指数的值有两个。因为出口供给曲线向上倾斜，福利效应不再随着关税增加严格递减。Dakhlia 和 Temimi（2006）指出，对于大国经济体，向上倾斜的出口供给曲线会给进口国带来贸易条件收益，贸易限制指数的定义应该做出相应修改。当出口供给完全弹性时，TRI 被定义为贸易保护程度，因为福利随着正关税而单调下降（Anderson and Neary，1996）。正如上文所述，随着福利不再单调递减，贸易限制指数被分解为多个

（Multiple TRIs）。$TRI_{Net^I}^+$表示所有种类及产品关税水平带来的最大扭曲，$TRI_{Net^I}^-$表示与所有种类及产品关税产生相同福利水平的最小扭曲，两种衡量方式为量化贸易限制指数和评估贸易政策提供了非常重要的工具。Costinot 和 Rodríguez-Clare（2014）指出，贸易限制指数的非唯一性反映了引力模型中一般均衡效应的重要性。多个贸易限制指数是进口国贸易条件收益的结果（Soderbery，2021）。

（四）小国经济假设下标准估计方法

为了更好地理解小国经济假设下标准估计方法的缺陷，将标准估计方法的进口国贸易限制指数和由此导致的无谓损失与本章 TRI_{Eff^I} 和 $\Delta Eff^{\ I}$ 进行对比。

Feenstra（1995）和 Kee 等（2008）指出，在局部均衡设定下，进口国贸易限制指数为：

$$TRI_{canon}^I = \left[\frac{\sum_g s_g \sigma_g^I (\tau_{gv}^I)^2}{\sum_g s_g \sigma_g^I} \right]^{\frac{1}{2}} \tag{2.23}$$

其中，$s_g = \dfrac{\sum_v p_{gv}^* x_{gv}^I}{GDP_I}$，为产品 g 总进口价值占进口国 GDP 的份额。

关税带来的无谓损失为：

$$\Delta W_{canon}^I = -\frac{1}{2} (TRI_{canon}^I)^2 GDP_I \sum_g \sum_v s_{gv} \sigma_g^I \tag{2.24}$$

其中，$s_{gv} = \dfrac{p_{gv}^* x_{gv}^I}{\sum_v p_{gv}^* x_{gv}^I}$，为进口种类 v 占进口产品 g 的份额。

首先，将式（2.23）与式（2.18）进口国效率损失贸易限制指数 TRI_{Eff^I} 进行对比。当出口供给完全弹性时，即 $\omega_{gv}^I = 0$，则出口种类价格的关税传递弹性 $\Lambda_{gv}^I = 0$，也就是国内消费价格的关税传递弹性 $1 - \Lambda_{gv}^I = 1$，关税完全传递到国内消费价格上。利用假设 $\tau_{gv}^I = \tau_g^I$ 和进口份额 s_g，式（2.18）将退化为标准估计方法的贸易限制指数式（2.23）。

其次，将式（2.24）与式（2.14）进口国效率损失 ΔEff^{I} 进行对比。利用式（2.23）及 $s_g = \sum_v s_{gv}$，将式（2.24）改写为：

$$\Delta W^I_{canon} = -\frac{1}{2}\left[\sum_g s_g \sigma^I_g (\tau^I_{gv})^2\right] GDP_I \tag{2.25}$$

当国内消费价格的关税传递弹性 $1-\Lambda^I_{gv}=1$ 时，利用假设 $\tau^I_{gv}=\tau^I_g$ 和进口份额 s_g，式（2.14）将退化为式（2.25）。

通过对比式（2.13）、式（2.14）和式（2.25）可以看出，当出口供给异质性时，标准估计方法的福利效应忽略了进口国贸易条件收益和出口国效率损失，认为进口国关税完全传递到国内消费价格（$1-\Lambda^I_{gv}=1$），最终关税仅仅导致了进口国无谓损失。

二 需求变化视角下进口种类增长福利效应估算模型

本节借鉴 Redding 和 Weinstein（2020）及徐小聪和符大海（2018）的做法，在 CES 效用函数的基础上推导需求变化情形下的产品精确价格指数及加总价格指数。为了更好地说明需求变化情形下进口种类增长引致的价格指数变化，对精确价格指数与 Sato-Vartia 传统价格指数进行对比，在理论层面推导出需求冲击偏差，厘清需求变化情形下传统价格指数导致偏误的内在影响机制。最后，得出价格偏误指数和进口种类增长福利效应的估算及分解公式。对产品和种类的定义遵从 Armington（1969）的做法，将产品定义为 HS6 位数层面产品，将种类定义为从某一特定国家进口的 HS6 位数产品。

（一）需求变化情形下精确价格指数

在同位偏好假设下，CES 效用函数设定为：

$$U_{gt} = \left[\sum_{v \in I_{gt}} (\varphi_{gvt} C_{gvt})^{\frac{(\sigma_g-1)}{\sigma_g}}\right]^{\frac{\sigma_g}{(\sigma_g-1)}} \tag{2.26}$$

其中，I_{gt} 表示 t 时期进口产品 g 的进口种类集合；φ_{gvt} 为 t 时期产品 g 种类 v 的需求参数，且 $\varphi_{gvt}>0$；C_{gvt} 表示 t 时期产品 g 种类 v 的消费数量；σ_g 为

产品 g 种类间替代弹性，且 $\sigma_g>0$。

式（2.26）所对应的单位成本函数为：

$$P_{gt} = \left[\sum_{v \in I_{gt}} \left(\frac{p_{gvt}}{\varphi_{gvt}} \right)^{1-\sigma_g} \right]^{\frac{1}{(1-\sigma_g)}} \qquad (2.27)$$

其中，p_{gvt} 表示 t 时期产品 g 种类 v 的价格。

对式（2.27）利用谢波德引理，可得进口产品 g 种类 v 的支出份额为：

$$s_{gvt} \equiv \frac{p_{gvt} x_{gvt}}{\sum_{v \in I_{gt}} p_{gvt} x_{gvt}} = \frac{\left(\frac{p_{gvt}}{\varphi_{gvt}} \right)^{1-\sigma_g}}{\sum_{v \in I_{gt}} \left(\frac{p_{gvt}}{\varphi_{gvt}} \right)^{1-\sigma_g}} = \frac{\left(\frac{p_{gvt}}{\varphi_{gvt}} \right)^{1-\sigma_g}}{P_{gt}^{1-\sigma_g}} \qquad (2.28)$$

其中，x_{gvt} 为产品 g 种类 v 的进口数量。

结合式（2.27）和式（2.28），产品 g 的单位成本函数改写为：

$$P_{gt} = \frac{p_{gvt}}{\varphi_{gvt}} s_{gvt}^{\frac{1}{\sigma_g^{-1}}} \qquad (2.29)$$

由于产品种类的进入和退出，定义 t 期和 $t-1$ 期的共有种类（I_g^*）为两期都进口的种类（$I_g^* = I_{gt} \cap I_{g,t-1}$）。可得共有种类在 t 期和 $t-1$ 期的所占支出份额为：

$$\lambda_{gt} = \frac{\sum_{v \in I_g^*} p_{gvt} x_{gvt}}{\sum_{v \in I_{gt}} p_{gvt} x_{gvt}} = \frac{\sum_{v \in I_g^*} \left(\frac{p_{gvt}}{\varphi_{gvt}} \right)^{1-\sigma_g}}{\sum_{v \in I_{gt}} \left(\frac{p_{gvt}}{\varphi_{gvt}} \right)^{1-\sigma_g}}$$

$$\lambda_{g,t-1} = \frac{\sum_{v \in I_g^*} p_{gv,t-1} x_{gv,t-1}}{\sum_{v \in I_{gt}} p_{gv,t-1} x_{gv,t-1}} = \frac{\sum_{v \in I_g^*} \left(\frac{p_{gv,t-1}}{\varphi_{gv,t-1}} \right)^{1-\sigma_g}}{\sum_{v \in I_{gt}} \left(\frac{p_{gv,t-1}}{\varphi_{gv,t-1}} \right)^{1-\sigma_g}}$$

$$(2.30)$$

由式（2.30）可以看出，λ_{gt} 和 $\lambda_{g,t-1}$ 衡量了新进入种类和退出种类的影响，λ_{gt} 随新种类的出现而降低，$\lambda_{g,t-1}$ 随原有种类的消失而增大。

利用式（2.28）和式（2.30），产品 g 种类 v 的支出份额 s_{gvt} 改写为：

$$s_{gvt} = \lambda_{gt} \, s_{gvt}^* = \lambda_{gt} \frac{\left(\frac{p_{gvt}}{\varphi_{gvt}}\right)^{1-\sigma_g}}{\sum_{v \in I_g^*} \left(\frac{p_{gvt}}{\varphi_{gvt}}\right)^{1-\sigma_g}} \tag{2.31}$$

$$s_{gvt}^* = \frac{p_{gvt} x_{gvt}}{\sum_{v \in I_g^*} p_{gvt} x_{gvt}} = \frac{\left(\frac{p_{gvt}}{\varphi_{gvt}}\right)^{1-\sigma_g}}{\sum_{v \in I_g^*} \left(\frac{p_{gvt}}{\varphi_{gvt}}\right)^{1-\sigma_g}}, v \in I_g^*$$

其中，上标星号代表共有种类 $v \in I_g^*$ 的变量值，s_{gvt}^* 表示共有产品 g 种类 v 的支出份额。

由式（2.29）和式（2.31），整理可得产品 g 的精确价格指数为：

$$P_{g,RW} = \frac{P_{gt}}{P_{g,t-1}} = \frac{p_{gvt}}{\varphi_{gvt}} \frac{\varphi_{gv,t-1}}{p_{gv,t-1}} \left(\frac{\lambda_{gt}}{\lambda_{g,t-1}} \frac{s_{gvt}^*}{s_{gv,t-1}^*}\right)^{\frac{1}{\sigma_g-1}}, v \in I_g^* \tag{2.32}$$

由式（2.32）可知，产品 g 的精确价格指数包含两时期种类 v 的价格变化 $\left(\frac{p_{gvt}}{p_{gv,t-1}}\right)$、需求参数变化 $\left(\frac{\varphi_{gvt}}{\varphi_{gv,t-1}}\right)$、支出份额变化 $\left(\frac{s_{gvt}^*}{s_{gv,t-1}^*}\right)$ 和共有种类支出份额变化 $\left(\frac{\lambda_{gt}}{\lambda_{g,t-1}}\right)$。对式（2.32）改写为：

$$P_{g,RW} = \frac{P_{gt}}{P_{g,t-1}} = \frac{p_{gvt}}{\varphi_{gvt}} \frac{\varphi_{gv,t-1}}{p_{gv,t-1}} \left(\frac{s_{gvt}^*}{s_{gv,t-1}^*}\right)^{\frac{1}{\sigma_g-1}} \left(\frac{\lambda_{gt}}{\lambda_{g,t-1}}\right)^{\frac{1}{\sigma_g-1}}, v \in I_g^* \tag{2.33}$$

根据式（2.33），设共有种类的精确价格指数为：

$$\psi_g^* = \frac{P_{gt}^*}{P_{g,t-1}^*} = \frac{p_{gvt}}{\varphi_{gvt}} \frac{\varphi_{gv,t-1}}{p_{gv,t-1}} \left(\frac{s_{gvt}^*}{s_{gv,t-1}^*}\right)^{\frac{1}{\sigma_g-1}}, v \in I_g^* \tag{2.34}$$

对式（2.34）两边取对数可得：

$$\ln \psi_g^* = \ln\left(\frac{P_{gt}^*}{P_{g,t-1}^*}\right) = \ln\left(\frac{p_{gvt}}{p_{gv,t-1}}\right) - \ln\left(\frac{\varphi_{gvt}}{\varphi_{gv,t-1}}\right) + \frac{1}{\sigma_g-1}\ln\left(\frac{s_{gvt}^*}{s_{gv,t-1}^*}\right) \tag{2.35}$$

进一步地，对需求参数进行标准化，即假设共有种类需求参数的几何均值是常数：

$$\tilde{\varphi}_{gt} = \prod_{v \in I_g^*} (\varphi_{gvt})^{\frac{1}{N_g^*}} = \prod_{v \in I_g^*} (\varphi_{gv,t-1})^{\frac{1}{N_g^*}} = \tilde{\varphi}_{g,t-1}, \text{即} \ln\left(\frac{\tilde{\varphi}_{gt}}{\tilde{\varphi}_{g,t-1}}\right) = 0 \qquad (2.36)$$

利用式（2.31）共有种类的支出份额 s_{gvt}^*，先除以其几何平均，对两边取对数并进行一阶差分，并利用式（2.36）需求参数进行标准化，整理可得：

$$\ln\left(\frac{\varphi_{gct}}{\varphi_{gv,t-1}}\right) = \ln\left(\frac{p_{gvt}}{\tilde{p}_{gt}^*}\frac{\tilde{p}_{g,t-1}^*}{p_{gv,t-1}}\right) + \frac{1}{\sigma_g - 1}\ln\left(\frac{s_{gvt}^*}{\tilde{s}_{gt}^*}\frac{\tilde{s}_{g,t-1}^*}{s_{gv,t-1}^*}\right) \qquad (2.37)$$

其中，$\tilde{p}_{gr}^* = \left(\prod_{v \in I_g^*} p_{gvr}\right)^{\frac{1}{N_g^*}}$，$\tilde{s}_{gr}^* = \left(\prod_{v \in I_g^*} s_{gvr}^*\right)^{\frac{1}{N_g^*}}$，$r = t$，$t-1$，$N_g^*$ 是两期共有产品 g 种类 v 的数量。

将式（2.37）代入式（2.35），整理可得：

$$\ln \psi_g^* = \ln\left(\frac{P_{gt}^*}{P_{g,t-1}^*}\right) = \ln\left(\frac{\tilde{p}_{gt}^*}{\tilde{p}_{g,t-1}^*}\right) + \frac{1}{\sigma_g - 1}\ln\left(\frac{\tilde{S}_{gt}^*}{\tilde{S}_{g,t-1}^*}\right) \qquad (2.38)$$

进一步整理可得：

$$\psi_g^* = \frac{\tilde{p}_{gt}^*}{\tilde{p}_{g,t-1}^*}\left(\frac{\tilde{s}_{gt}^*}{\tilde{s}_{g,t-1}^*}\right)^{\frac{1}{\sigma_g - 1}} \qquad (2.39)$$

将式（2.39）代入式（2.33），可得需求变化情形下产品 g 的精确价格指数为：

$$P_{g,RW} = \frac{\tilde{p}_{gt}^*}{\tilde{p}_{g,t-1}^*}\left(\frac{\tilde{s}_{gt}^*}{\tilde{s}_{g,t-1}^*}\right)^{\frac{1}{\sigma_g - 1}}\left(\frac{\lambda_{gt}}{\lambda_{g,t-1}}\right)^{\frac{1}{\sigma_g - 1}} \qquad (2.40)$$

其中，需要说明的是：虽然 λ 比率的最终大小取决于新进入种类和退出种类的相对支出比重。但当新进入种类较退出种类更有吸引力时，意味着产品 g 种类 v 经需求调整的价格 $\left(\frac{p_{gvt}}{\varphi_{gvt}}\right)$ 会降低，t 时期共有种类的所占份额会小于 $t-1$ 期，即 $\frac{\lambda_{gt}}{\lambda_{g,t-1}}<1$，又因为 $\sigma_g>1$，因此 λ 比率会降低产品 g 的价格指数，而价格指数的向下调整作用正是垄断竞争框架下进口种类增长会引起福利增加的根本原因。

将式（2.40）的产品价格指数几何加总到进口产品总体价格指数，表示为：

$$\Pi_{RW} = \prod_{g \in G} (P_{g,RW})^{\omega_{gt}^*} = \prod_{g \in G} \left[\frac{\tilde{P}_{gt}^*}{\tilde{P}_{g,t-1}^*} \left(\frac{\tilde{S}_{gt}^*}{\tilde{S}_{g,t-1}^*} \right)^{\frac{1}{\sigma_g - 1}} \left(\frac{\lambda_{gt}}{\lambda_{g,t-1}} \right)^{\frac{1}{(\sigma_g - 1)}} \right]^{\omega_{gt}^*} \tag{2.41}$$

其中，G 为进口产品 g 的集合。权重 ω_{gt}^* 是每一产品的理想对数变换权

重，给定为 $\omega_{gt}^* = \dfrac{\dfrac{(s_{gt}^* - s_{g,t-1}^*)}{(\ln s_{gt}^* - \ln s_{g,t-1}^*)}}{\sum_{g \in G} \left[\dfrac{(s_{gt}^* - s_{g,t-1}^*)}{(\ln s_{gt}^* - \ln s_{g,t-1}^*)} \right]}$，$s_{gt}^* = \dfrac{\sum_{v \in I_g^*} p_{gvt} x_{gvt}}{\sum_{g \in G} \sum_{v \in I_g^*} p_{gvt} x_{gvt}}$。

（二）传统价格指数

当不考虑进口种类增长时，在同位 CES 偏好框架下，产品 g 的 Sato-Vartia 传统价格指数为：

$$P_{g,SV} = \prod_{v \in I_g^*} \left(\frac{p_{gvt}}{p_{gv,t-1}} \right)^{\omega_{gvt}^*} \tag{2.42}$$

其中，I_g^* 为两期共有种类集合。权重 ω_{gvt}^* 是利用两时期种类 v 支出份额计算的理想对数变换权重，给定为：

$$\omega_{gvt}^* = \frac{\dfrac{(s_{gvt}^* - s_{gv,t-1}^*)}{(\ln s_{gvt}^* - \ln s_{gv,t-1}^*)}}{\sum_{v \in I_g^*} \left[\dfrac{(s_{gvt}^* - s_{gv,t-1}^*)}{(\ln s_{gvt}^* - \ln s_{gv,t-1}^*)} \right]}, \quad \sum_{v \in I_g^*} \omega_{gvt}^* = 1 \tag{2.43}$$

将式（2.42）的产品价格指数几何加总到进口产品总体价格指数：

$$\Pi_{SV} = \prod_{g \in G} (P_{g,SV})^{\omega_{gt}^*} = \prod_{g \in G} \left[\prod_{v \in I_g^*} \left(\frac{p_{gvt}}{p_{gv,t-1}} \right)^{\omega_{gvt}^*} \right]^{\omega_{gt}^*} \tag{2.44}$$

（三）需求冲击偏差

为了更好地说明需求变化情形下进口种类增长引致的价格指数变化，对

精确价格指数与 Sato-Vartia 传统价格指数进行对比，并在此基础上推导出需求冲击偏差。

首先，比较需求变化情形下共有种类的精确价格指数与 Sato-Vartia 传统价格指数。

将式（2.35）共有种类的精确价格指数对数形式改写为：

$$\frac{\ln\left(\frac{P_{gt}^{*}}{P_{g,t-1}^{*}}\right) - \ln\left(\frac{\frac{p_{gvt}}{\varphi_{gvt}}}{\frac{p_{gv,t-1}}{\varphi_{gv,t-1}}}\right)}{\ln\left(\frac{s_{gvt}^{*}}{s_{gv,t-1}^{*}}\right)} = \frac{1}{\sigma_g - 1} \quad (2.45)$$

对式（2.45）两边同时乘以（$s_{gvt}^{*} - s_{gv,t-1}^{*}$），并对产品 g 所有种类进行加总，可得：

$$\sum_{v \in I_g^{*}} (s_{gvt}^{*} - s_{gv,t-1}^{*}) \frac{\ln\left(\frac{P_{gt}^{*}}{P_{g,t-1}^{*}}\right) - \ln\left(\frac{\frac{p_{gvt}}{\varphi_{gvt}}}{\frac{p_{gv,t-1}}{\varphi_{gv,t-1}}}\right)}{\ln\left(\frac{s_{gvt}^{*}}{s_{gv,t-1}^{*}}\right)} = 0 \quad (2.46)$$

进一步整理可得：

$$\sum_{v \in I_g^{*}} \left(\frac{s_{gvt}^{*} - s_{gv,t-1}^{*}}{\ln s_{gvt}^{*} - \ln s_{gv,t-1}^{*}}\right) \ln\left(\frac{P_{gt}^{*}}{P_{g,t-1}^{*}}\right) = \sum_{v \in I_g^{*}} \left(\frac{s_{gvt}^{*} - s_{gv,t-1}^{*}}{\ln s_{gvt}^{*} - \ln s_{gv,t-1}^{*}}\right) \ln\left(\frac{\frac{p_{gvt}}{\varphi_{gvt}}}{\frac{p_{gv,t-1}}{\varphi_{gv,t-1}}}\right) \quad (2.47)$$

根据式（2.43）理想对数变换权重 ω_{gvt}^{*} 对式（2.47）进行调整，可得：

$$\ln\left(\frac{P_{gt}^{*}}{P_{g,t-1}^{*}}\right) = \left[\sum_{v \in I_g^{*}} \omega_{gvt}^{*} \ln\left(\frac{p_{gvt}}{p_{gv,t-1}}\right)\right] - \left[\sum_{v \in I_g^{*}} \omega_{gvt}^{*} \ln\left(\frac{\varphi_{gvt}}{\varphi_{gv,t-1}}\right)\right] \quad (2.48)$$

由式（2.42）可知，式（2.48）右边第一项为 Sato-Vartia 传统价格指数的对数形式，结合式（2.38）可得：

$$\ln\left(\frac{P_{gt}^*}{P_{g,t-1}^*}\right) = \ln\psi_g^* = \ln P_{g,SV} - \left[\sum_{v\in I_g^*}\omega_{gvt}^*\ln\left(\frac{\varphi_{gvt}}{\varphi_{gv,t-1}}\right)\right] \tag{2.49}$$

其中，$\left[\sum_{v\in I_g^*}\omega_{gvt}^*\ln\left(\frac{\varphi_{gvt}}{\varphi_{gv,t-1}}\right)\right]$ 为需求冲击偏差。从式（2.49）可以看出，当 ω_{gvt}^* 和 $\ln\left(\frac{\varphi_{gvt}}{\varphi_{gv,t-1}}\right)$ 正交（Orthogonality）时，需求变化情形下共有种类的精确价格指数就等于 Sato-Vartia 传统价格指数，当两者正相关时，Sato-Vartia 传统价格指数则向上偏误，当两者负相关时，Sato-Vartia 传统价格指数则向下偏误。

其次，考虑加入进口种类调整项的需求变化情形下精确价格指数与传统价格指数的对比，利用式（2.49）结合式（2.40）和式（2.42），可得：

$$\ln P_{g,RW} = \ln P_{g,SV}\left(\frac{\lambda_{gt}}{\lambda_{g,t-1}}\right)^{\frac{1}{\sigma_g-1}} - \left[\sum_{v\in I_g^*}\omega_{gvt}^*\ln\left(\frac{\varphi_{gvt}}{\varphi_{gv,t-1}}\right)\right] \tag{2.50}$$

其中，$P_{g,SV}\left(\frac{\lambda_{gt}}{\lambda_{g,t-1}}\right)^{\frac{1}{(\sigma_g-1)}}$ 为 Feenstra（1994）及 Broda 和 Weinstein（2006）提出的含进口种类变化的精确价格指数。从式（2.50）可以看出，当需求变化和包含进口种类变化时，Sato-Vartia 传统价格指数不但因种类变化造成偏误（即种类变化对价格指数的影响），而且造成需求冲击偏差（即需求变化对价格指数的影响）。而 Redding 和 Weinstein（2020）指出，虽然理论上 ω_{gvt}^* 和 $\ln\left(\frac{\varphi_{gvt}}{\varphi_{gv,t-1}}\right)$ 出现正相关和负相关的情况都有可能，但由于支出份额权重 ω_{gvt}^* 本身就是需求参数 φ_{gvt} 的函数，两者会出现正相关的机制力（Mechanical Force）。特别地，当某一种类出现正向需求冲击时，消费者会增加该种类的支出份额权重，并降低其他种类的支出份额权重，[①] 即：

$$\frac{\mathrm{d}\omega_{gvt}^*}{\mathrm{d}\varphi_{gvt}}\frac{\varphi_{gvt}}{\omega_{gvt}^*} > 0, \quad \frac{\mathrm{d}\omega_{gkt}^*}{\mathrm{d}\varphi_{gkt}}\frac{\varphi_{gkt}}{\omega_{gkt}^*} < 0, \forall v \neq k \tag{2.51}$$

---

① 详细推导见 Redding 和 Weinstein（2020）附件 A.3 的证明。

（四）价格偏误指数和福利效应

1. 福利效应公式

为了估算进口种类增长福利效应，还需要将进口产品总体价格指数加总到所有产品（进口产品和国内产品）。具体地，将 Sato-Vartia 传统价格指数和精确价格指数分别加总到所有产品。

所有产品的总体价格指数表示为：

$$P = \left(\frac{P_{t,D}}{P_{t-1,D}}\right)^{\omega_{t,D}} \left(\prod_M\right)^{\omega_{t,M}} \tag{2.52}$$

其中，$P_{t,D}$ 为 t 时期复合国内产品的价格，$\prod_M$ 表示进口产品总体价格指数，包括 $\prod_{RW}$ 和 $\prod_{SV}$。根据式（2.41）和式（2.44），将两种进口产品总体价格指数所对应的所有产品总体价格指数分别表示为 P^{RW} 和 P^{SV}。$\omega_{t,D}$ 为国内生产部门的相应权重；$\omega_{t,M}$ 为两时期进口占国内生产总值比重的对数平均：

$$\omega_{t,M} = \frac{s_{Mt} - s_{M,t-1}}{\ln s_{Mt} - \ln s_{M,t-1}}, s_{Mr} = \frac{\sum_{g \in G} \sum_{v \in I_g} p_{gvr} x_{gvr}}{GDP_r}, r = t, t-1 \tag{2.53}$$

根据 Broda 和 Weistein（2006）的研究，进口价格偏误指数为考虑进口种类进入和退出的进口产品总体价格指数与 Sato-Vartia 传统价格指数之比。当进口价格偏误指数小于 1 时，意味着传统价格指数高估了进口价格，进口种类增长会降低传统价格指数，即进口种类增长会导致贸易福利增加（陈勇兵等，2011）。

结合式（2.41）和式（2.44）可得需求变化情形下进口种类增长引致的进口价格偏误指数为：

$$Bias = \frac{\prod_{RW}}{\prod_{SV}} = \prod_{g \in G} \left[\frac{\dfrac{\tilde{P}_{gt}^*}{\tilde{P}_{g,t-1}^*}\left(\dfrac{\tilde{S}_{gt}^*}{\tilde{S}_{g,t-1}^*}\right)^{\frac{1}{\sigma_g - 1}}\left(\dfrac{\lambda_{gt}}{\lambda_{g,t-1}}\right)^{\frac{1}{(\sigma_g - 1)}}}{\prod_{v \in I_g^*}\left(\dfrac{p_{gvt}}{p_{gv,t-1}}\right)^{\omega_{gvt}^*}}\right]^{\omega_{gt}^*} \tag{2.54}$$

结合式（2.52）和式（2.54）可得进口种类增长福利效应（Gains from

Variety）为：

$$GFV = \frac{P^{SV} - P^{RW}}{P^{RW}} = \left(\frac{\Pi_{SV}}{\Pi_{RW}}\right)^{\omega_{t,M}} - 1 = \left(\frac{1}{Bias}\right)^{\omega_{t,M}} - 1 \tag{2.55}$$

2. 福利效应分解公式

为揭示需求变化情形下进口种类增长引致福利变化的微观机制，借鉴陈勇兵等（2011）、徐小聪和符大海（2018）及谷克鉴和崔旭（2019）的做法，对进口种类增长引致的福利效应在 HS6 位数产品层面、ISIC2 位数行业层面、广义经济类别（BEC）分类层面［包括国民账户体系（SNA）和产品生产阶段］进行更为细致具体的分解，以期更直观地理解福利效应的来源。

HS6 位数产品层面福利分解。结合式（2.54）需求变化情形下的进口价格偏误指数和式（2.55）福利效应公式，可得需求变化情形下进口种类增长福利效应在 HS6 位数产品层面的分解公式为：

$$
\begin{aligned}
\ln(GFV + 1) &= \omega_{t,M}\ln\left\{\left[\frac{\prod_{v \in I_1^*}\left(\frac{p_{1vt}}{p_{1v,t-1}}\right)^{\omega_{1ct}^*}}{\frac{\tilde{P}_{1t}^*}{\tilde{P}_{1,t-1}^*}\left(\frac{\tilde{S}_{1t}^*}{\tilde{S}_{1,t-1}^*}\right)^{\frac{1}{\sigma_1-1}}}\right]^{\omega_{1t}^*}\left(\frac{\lambda_{1,t-1}}{\lambda_{1t}}\right)^{\frac{\omega_{1t}^*}{(\sigma_1-1)}}\right\} \\
&+ \omega_{t,M}\ln\left\{\left[\frac{\prod_{v \in I_2^*}\left(\frac{p_{2vt}}{p_{2v,t-1}}\right)^{\omega_{2ct}^*}}{\frac{\tilde{P}_{2t}^*}{\tilde{P}_{2,t-1}^*}\left(\frac{\tilde{S}_{2t}^*}{\tilde{S}_{2,t-1}^*}\right)^{\frac{1}{\sigma_2-1}}}\right]^{\omega_{2t}^*}\left(\frac{\lambda_{2,t-1}}{\lambda_{2t}}\right)^{\frac{\omega_{2t}^*}{(\sigma_2-1)}}\right\} + \cdots \\
&+ \omega_{t,M}\ln\left\{\left[\frac{\prod_{v \in I_L^*}\left(\frac{p_{Lvt}}{p_{Lv,t-1}}\right)^{\omega_{Lvt}^*}}{\frac{\tilde{P}_{Lt}^*}{\tilde{P}_{L,t-1}^*}\left(\frac{\tilde{S}_{Lt}^*}{\tilde{S}_{L,t-1}^*}\right)^{\frac{1}{\sigma_L-1}}}\right]^{\omega_{Lt}^*}\left(\frac{\lambda_{L,t-1}}{\lambda_{Lt}}\right)^{\frac{\omega_{Lt}^*}{(\sigma_L-1)}}\right\}
\end{aligned} \tag{2.56}
$$

其中，$\omega_{t,M}\ln\left\{\left[\frac{\prod_{v \in I_g^*}\left(\frac{p_{gvt}}{p_{gv,t-1}}\right)^{\omega_{gvt}^*}}{\frac{\tilde{P}_{gt}^*}{\tilde{P}_{g,t-1}^*}\left(\frac{\tilde{S}_{gt}^*}{\tilde{S}_{g,t-1}^*}\right)^{\frac{1}{\sigma_g-1}}}\right]^{\omega_{gt}^*}\left(\frac{\lambda_{g,t-1}}{\lambda_{gt}}\right)^{\frac{\omega_{gt}^*}{(g-1)}}\right\}$ 为需求变化情形下的

HS6 位数产品 g 所带来的福利贡献。进一步地，可以将需求变化情形下进口

种类增长福利效应分解为需求变化效应 $\left[\omega_{t,M}\ln\left[\dfrac{\prod_{v\in l_g^*}\left(\dfrac{p_{gvt}}{p_{gv,t-1}}\right)^{\omega_{gvt}^*}}{\dfrac{\tilde{P}_{gt}^*}{\tilde{P}_{g,t-1}^*}\left(\dfrac{\tilde{S}_{gt}^*}{\tilde{S}_{g,t-1}^*}\right)^{\frac{1}{\sigma_g-1}}}\right]^{\omega_{gt}^*}\right]$ 和种

类变化效应 $\left[\omega_{t,M}\ln\left(\dfrac{\lambda_{g,t-1}}{\lambda_{gt}}\right)^{\frac{\omega_{gt}^*}{(\sigma_g-1)}}\right]$。而当 $\varphi_{gvt}=\varphi_{gv,t-1}$ 时，产品 g 的需求变化效

应为 0，此时只有种类变化效应，即福利分解公式退化为 $\omega_{t,M}\ln\left(\dfrac{\lambda_{gt}}{\lambda_{g,t-1}}\right)^{\frac{\omega_{gt}^*}{(\sigma_g-1)}}$。

ISIC 2 位数行业层面和 BEC 分类层面福利分解。首先，对福利效应在国际标准产业分类 ISIC 2 位数行业层面进行分解，了解福利的行业分布。其次，对福利效应在 BEC 分类的基础上按照 SNA 和产业生产阶段两个标准进行福利分解，了解福利具体体现在哪些产品大类和处在什么生产阶段。分解公式在式（2.56）的基础上进行分类加总，即对于某一行业或生产阶段 k，需求变化情形下福利分解公式为：

$$GFV_k = \sum_{g\in k}\omega_{t,M}\ln\left\{\left[\frac{\prod_{v\in l_g^*}\left(\dfrac{p_{gvt}}{p_{gv,t-1}}\right)^{\omega_{gvt}^*}}{\dfrac{\tilde{P}_{gt}^*}{\tilde{P}_{g,t-1}^*}\left(\dfrac{\tilde{S}_{gt}^*}{\tilde{S}_{g,t-1}^*}\right)^{\frac{1}{\sigma_g-1}}}\right]^{\omega_{gt}^*}\left(\frac{\lambda_{g,t-1}}{\lambda_{gt}}\right)^{\frac{\omega_{gt}^*}{(\sigma_g-1)}}\right\} \tag{2.57}$$

（五）替代弹性估计

产品内种类间替代弹性是估算进口种类增长福利效应的关键参数之一。借鉴 Soderbery（2015）混合估计方法，即有限信息极大似然法和非线性有限信息极大似然法相结合的方法估计替代弹性。混合估计方法可以有效更正 Feenstra（1994）及 Broda 和 Weistein（2006）利用 2SLS 和格点搜索的方法导致的小样本偏差（Small Sample Bias）和搜索低效性（Grid Search Inefficiencies）。为了减少单位价值测量误差的影响，使用支出份额而不是消费数量来设定需求和供给函数。

首先，对式（2.28）支出份额进行对数差分可得需求方程：

$$\Delta\ln s_{gvt} = \vartheta_{gt} - (\sigma_g - 1)\Delta\ln p_{gvt} + \varepsilon_{gvt} \qquad (2.58)$$

其中，$\vartheta_{gt} = (\sigma_g - 1)\ln P_{gt}(\varphi_{gt}) / P_{g,t-1}(\varphi_{g,t-1})$，$\varepsilon_{gvt} = (\sigma_g - 1)\Delta\ln\varphi_{gvt}$ 为误差项。

供给方程设定为：

$$\Delta\ln p_{gvt} = \psi_{gt} + \frac{\omega_g}{1+\omega_g}\Delta\ln s_{gvt} + \delta_{gvt} \qquad (2.59)$$

其中，$\omega_g \geq 0$ 为逆供给弹性，$\psi_{gt} = \frac{-\omega_g\Delta\ln E_{gt}}{1+\omega_g}$，$E_{gt} = \frac{p_{gvt}x_{gvt}}{s_{gvt}}$ 为产品 g 的支出。$\delta_{gvt} = \frac{\Delta\ln v_{gvt}}{1+\omega_g}$ 为捕捉技术因素 v_{gvt} 的任何随机变化。

假设 ε_{gvt} 和 δ_{gvt} 相互独立，即 $E(\varepsilon_{gvt}\delta_{gvt}) = 0$。为了消除 ϑ_{gt} 和 ψ_{gt}，选取进口时间最长或进口价值最大的国家为基准国 k。并对式（2.58）和式（2.59）进行差分，可得：

$$\Delta^k\ln s_{gvt} \equiv -(\sigma_g - 1)\Delta^k\ln p_{gvt} + \varepsilon_{gvt}^k \qquad (2.60)$$

$$\Delta^k\ln p_{gvt} \equiv \frac{\omega_g}{1+\omega_g}\Delta^k\ln s_{gvt} + \delta_{gvt}^k \qquad (2.61)$$

其中，$\Delta^k x_{gvt} = x_{gvt} - x_{gkt}$，$\varepsilon_{gvt}^k = \varepsilon_{gvt} - \varepsilon_{gkt}$，$\delta_{gvt}^k = \delta_{gvt} - \delta_{gkt}$，为了利用 $E(\varepsilon_{gvt}^k\delta_{gvt}^k) = 0$，令 $\rho_g \equiv \frac{\omega_g(\sigma_g-1)}{1+\omega_g\sigma_g} \in \left[0, \frac{\sigma_g-1}{\sigma_g}\right]$，将式（2.60）和式（2.61）相乘后除以 $(1-\rho_g)$ 可得：

$$Y_{gvt} = \theta_{1g}X_{1gvt} + \theta_{2g}X_{2gvt} + \mu_{gvt}$$
$$Y_{gvt} \equiv (\Delta^k\ln p_{gvt})^2, X_{1gvt} \equiv (\Delta^k\ln s_{gvt})^2$$
$$X_{2gvt} \equiv (\Delta^k\ln p_{gvt})(\Delta^k\ln s_{gvt}), \mu_{gvt} = \frac{\varepsilon_{gvt}^k\delta_{gvt}^k}{(1-\rho_g)} \qquad (2.62)$$

其中，系数 θ_{1g} 和 θ_{2g} 为 σ_g 和 ρ_g 的非线性方程：

$$\theta_{1g} \equiv \frac{\rho_g}{(\sigma_g - 1)^2 (1 - \rho_g)}, \theta_{2g} \equiv \frac{2\rho_g - 1}{(\sigma_g - 1)(1 - \rho_g)} \tag{2.63}$$

其次，对式（2.62）进行有限信息极大似然法估计，求出 θ_{1g} 和 θ_{2g} 的估计值，依据其不同符号，进而利用以下公式求出 σ_g 和 ρ_g 的估计值。

当 $\hat{\theta}_{1g} > 0$ 且 $\hat{\theta}_{2g} > 0$ 时，则根据式（2.64）求出 σ_g 和 ρ_g 的估计值：

$$\hat{\rho}_g = \frac{1}{2} + \left[\frac{1}{4} - \frac{1}{4 + \left(\frac{\hat{\theta}_{2g}}{\hat{\theta}_{1g}} \right)} \right]^{\frac{1}{2}}, \hat{\sigma}_g = 1 + \frac{1}{\hat{\theta}_{2g}} \left(\frac{2\hat{\rho}_g - 1}{1 - \hat{\rho}_g} \right) \tag{2.64}$$

当 $\hat{\theta}_{1g} > 0$ 且 $\hat{\theta}_{2g} < 0$ 时，则根据式（2.65）求出 σ_g 和 ρ_g 的估计值：

$$\hat{\rho}_g = \frac{1}{2} - \left[\frac{1}{4} - \frac{1}{4 + \left(\frac{\hat{\theta}_{2g}}{\hat{\theta}_{1g}} \right)} \right]^{\frac{1}{2}}, \hat{\sigma}_g = 1 + \frac{1}{\hat{\theta}_{2g}} \left(\frac{2\hat{\rho}_g - 1}{1 - \hat{\rho}_g} \right) \tag{2.65}$$

通过求出的 σ_g 和 ρ_g 估计值满足 $0 \leqslant \hat{\rho}_g < 1$，$\hat{\sigma}_g > 1$，此时 $\hat{\rho}_g$ 和 $\hat{\sigma}_g$ 为可行值。

如果估计出的 $\hat{\theta}_{1g}$ 值出现 $\hat{\theta}_{1g} < 0$ 的情况，则 σ_g 和 ρ_g 的估计值不能满足 $0 \leqslant \hat{\rho}_g < 1$，$\hat{\sigma}_g > 1$，即 $\hat{\rho}_g$ 和 $\hat{\sigma}_g$ 不是可行值。采用 Soderbery（2015）非线性有限信息极大似然法进行最优化估计，并将 $\hat{\sigma}_g$ 的估计值限定在 ［1.05，131.05］，将替代弹性设置在 131.05 以下不会对确定种类变化带来的福利造成实质性的偏差（Broda and Weinstein，2006），进而得到 $\hat{\rho}_g$ 和 $\hat{\sigma}_g$ 的可行值。

第二节 异质性框架下进口贸易对微观消费者福利的影响

在本节中，本研究在消费者异质性框架下从个体层面和地区层面分析进口贸易对异质性消费者福利的影响。具体地，在个体层面，通过构建异质性视角下特定收入群体进口价格指数的结构性估算模型，考察进口价格变化对不同收入群体生活成本的影响。在地区层面，基于生活成本指数，同时纳入关税和非关税措施，利用价格传递机制分析进口贸易自由化对城市生活成本的影响。

一　特定收入群体进口价格指数

（一）特定收入群体进口价格指数估算模型

本小节借鉴 Hottman 和 Monarch（2020）的做法，在两层不变替代弹性（CES）框架下构建特定收入群体进口价格指数估算模型。其中，在上层 CES 框架下，异质性来源于收入群体在部门层面的特定消费需求；在下层 CES 框架下，不同收入群体根据特定部门替代弹性购买进口种类。对进口种类的定义遵从 Armington（1969）的做法，将种类定义为从某一特定国家进口的 HS6 位数产品。不同于 Hottman 和 Monarch（2020）将进口部门定义在 HS4 位数层面，本研究将每个进口种类划分为一个更广泛的部门，分别为食品饮料及烟草、衣着、家具及家用设备三个部门。

1. 需求设定

两层 CES 框架设定为：上层 CES 效用函数为特定家庭消费所有进口部门获得的总效用，下层 CES 效用函数为特定家庭消费具体进口部门的效用。

在上层，消费者对部门消费具有 CES 偏好，t 时期特定家庭 h 的效用函数设定为：

$$V_{ht} = \left(\sum_{s \in S} \varphi_{hst}^{\frac{\sigma-1}{\sigma}} Q_{hst}^{\frac{\sigma-1}{\sigma}} \right)^{\frac{\sigma}{\sigma-1}} \tag{2.66}$$

其中，V_{ht} 为 t 时期特定家庭 h 消费进口部门消费品的总效用，Q_{hst} 为 t 时期特定家庭 h 消费进口部门 s 的上层效用，φ_{hst} 为 t 时期特定家庭 h 对进口部门 s 的需求参数，且 $\varphi_{hst} > 0$。σ 为部门间替代弹性，且 $\sigma > 0$。S 为进口部门 s 的集合。

在下层，t 时期特定家庭 h 消费进口部门 s 的效用函数设定为：

$$Q_{hst} = \left(\sum_{v \in G_s} \varphi_{vt}^{\frac{\sigma^s-1}{\sigma^s}} q_{hvt}^{\frac{\sigma^s-1}{\sigma^s}} \right)^{\frac{\sigma^s}{\sigma^s-1}} \tag{2.67}$$

其中，q_{hvt} 为 t 时期特定家庭 h 消费部门 s 进口种类 v 的数量；φ_{vt} 为 t 时期进口种类 v 的需求参数，① 且 $\varphi_{vt} > 0$；σ^s 为部门 s 种类间替代弹性，且 $\sigma^s > 0$；G_s 为进口部门 s 的进口种类集合。

对 CES 效用函数求解效用最大化，可得 t 时期特定家庭 h 消费部门 s 进口种类 v 的消费数量为：

$$q_{hvt} = \left(\frac{p_{vt}^{-\sigma^s} \varphi_{vt}^{\sigma^s - 1}}{P_{st}^{1 - \sigma^s}} \right) Y_{hst} \tag{2.68}$$

其中，p_{vt} 为 t 时期种类 v 的进口价格，Y_{hst} 为 t 时期特定家庭 h 在进口部门 s 的支出金额。P_{st} 为 t 时期进口部门 s 的价格指数，具体为：

$$P_{st} = \left(\sum_{v \in G_s} p_{vt}^{1 - \sigma^s} \varphi_{vt}^{\sigma^s - 1} \right)^{\frac{1}{1 - \sigma^s}} \tag{2.69}$$

效用最大化下 t 时期特定家庭 h 在进口部门 s 的支出金额为：

$$Y_{hst} = \frac{\varphi_{hst}^{\sigma - 1} P_{st}^{1 - \sigma}}{\sum_{r \in S} \varphi_{hrt}^{\sigma - 1} P_{rt}^{1 - \sigma}} Y_{ht} \tag{2.70}$$

其中，Y_{ht} 为 t 时期特定家庭 h 在所有进口部门的总支出金额。由于允许部门层面需求参数 φ_{hst} 因收入不同而异，式（2.70）表明特定家庭部门消费偏好具有异质性。

由此，可以得到特定家庭 h 的进口价格指数为：

$$P_{ht} \equiv \left(\sum_{s \in S} \varphi_{hst}^{\sigma - 1} P_{st}^{1 - \sigma} \right)^{\frac{1}{1 - \sigma}} \tag{2.71}$$

特定家庭 h 的进口价格指数从 t 到 $t + i$ 期的变化（即进口价格通胀）为：

---

① 由于没有特定家庭购买进口种类的具体数据，所以没有允许种类的需求参数随特定家庭而变，即 $\varphi_{hvt} = \varphi_{vt}$。

$$\frac{P_{ht+i}}{P_{ht}} = \frac{\left(\sum_{s \in S} \varphi_{hst+i}{}^{\sigma-1} P_{st+i}{}^{1-\sigma}\right)^{\frac{1}{1-\sigma}}}{\left(\sum_{s \in S} \varphi_{hst}{}^{\sigma-1} P_{st}{}^{1-\sigma}\right)^{\frac{1}{1-\sigma}}} \tag{2.72}$$

2. 供给设定

对于出口国企业供给行为，假设出口国有多个企业向进口国每一个进口部门 s 出口不同产品，且每个企业只提供一种进口种类 v，每个企业均参与垄断竞争，并假定部门价格指数和部门支出已知。

设定 t 时期进口部门 s 进口种类 v 的总体市场需求为：

$$q_{vt} = \left(\frac{p_{vt}{}^{-\sigma^s} \varphi_{vt}{}^{\sigma^s-1}}{P_{st}{}^{1-\sigma^s}}\right) Y_{st} \tag{2.73}$$

其中，$q_{vt} = \sum_h q_{hvt}$ 为 t 时期所有家庭在进口种类 v 的总体消费需求，$Y_{st} = \sum_h Y_{hst}$ 为 t 时期所有家庭在进口部门 s 的总体支出。

给定市场需求，每个出口国企业对出口种类 v 设定一个不变加成 $\frac{\sigma^s}{\sigma^s-1}$，则进口价格 p_{vt} 可表示为：

$$p_{vt} = \frac{\sigma^s}{\sigma^s-1} c_{vt} \tag{2.74}$$

其中，c_{vt} 为 t 时期进口种类 v 的可变边际成本，随出口量增加而弱增加，并给定为：

$$c_{vt} = \delta_{vt}(1 + \omega^s) q_{vt}{}^{\omega^s} \tag{2.75}$$

其中，$\omega^s \geq 0$ 为逆供给弹性，δ_{vt} 为 t 时期进口种类 v 的成本参数。

通过式（2.74）和式（2.75），可以得到 t 时期进口种类 v 的进口价格为：

$$p_{vt} = \frac{\sigma^s}{\sigma^s-1}[\delta_{vt}(1 + \omega^s) q_{vt}{}^{\omega^s}] \tag{2.76}$$

从需求和供给设定可以看出，本研究构建了一个局部均衡模型而不是一般均衡模型，并没有依赖企业生产率分布假设或生产函数的性质。在以下章节中，利用这一局部均衡模型来估计需要的重要参数。

（二）替代弹性估计

为计算 t 时期特定家庭 h 的进口价格指数，需要估计部门 s 种类间替代弹性 σ^s 和部门间替代弹性 σ。

首先，相较于 Hottman 和 Monarch（2020）使用 Feenstra（1994）与 Broda 和 Weinstein（2006）2SLS 估计部门 s 种类间的替代弹性 σ^s，本研究使用 Soderbery（2015）的混合估计方法，即有限信息极大似然法和非线性有限信息极大似然法相结合的方法估计 σ^s，利用有限信息极大似然法估计出"可行"弹性值，对"不可行"弹性值使用非线性有限信息极大似然法进行最优化估计。[①]

对于进口部门 s，根据式（2.73）t 时期进口种类 v 的总体市场需求函数，令两边同乘以 p_{vt}，取对数差分，选取进口时间最长或进口价格最大的进口种类 k 作为基准种类，并对基准种类进行差分，整理可得：

$$\Delta^{k,t}\ln(p_{vt}\,q_{vt}) = (1 - \sigma^s)\,\Delta^{k,t}\ln p_{vt} + \vartheta_{vt} \tag{2.77}$$

其中，$\Delta^{k,t}$ 表示对时间 t 和基准种类 k 进行双重差分，$\vartheta_{vt} = (1-\sigma^s)$ $(\Delta^t\ln\varphi_{kt}-\Delta^t\ln\varphi_{vt})$ 为未观察到的误差项，Δ^t 表示对时间 t 进行差分。

另外，根据式（2.76）t 时期进口种类 v 的反向供给函数，令两边同乘以 $p_{vt}^{\omega^s}$，取对数，并进行时间 t 和基准种类 k 双重差分，整理可得：

$$\Delta^{k,t}\ln p_{vt} = \frac{\omega^s}{1 + \omega^s}\Delta^{k,t}\ln(p_{vt}\,q_{vt}) + \kappa_{vt} \tag{2.78}$$

其中，$\kappa_{vt} = \dfrac{1}{1+\omega^s}(\Delta^t\ln\delta_{vt}-\Delta^t\ln\delta_{kt})$ 为未观察到的误差项。

假设未观察到的误差项 ϑ_{vt} 和 κ_{vt} 满足正交性条件（Orthogonality Condition），即 $E(\vartheta_{vt}\kappa_{vt}) = 0$。令 $\rho_s \equiv \dfrac{\omega^s(\sigma^s-1)}{1+\omega^s\sigma^s} \in \left[0, \dfrac{\sigma^s-1}{\sigma^s}\right]$，将式（2.77）和式

———

[①] 实际估算研究数据区间为 2002~2009 年，样本期较短，使用 Feenstra（1994）与 Broda 和 Weinstein（2006）的替代弹性估计方法有可能会导致小样本偏差，所以使用 Soderbery（2015）的混合估计方法能使替代弹性估计更加准确。

（2.78）相乘后除以（$1-\rho_s$），整理可得：

$$Y_{vt} = \theta_1 X_{1vt} + \theta_2 X_{2vt} + \mu_{vt}$$

$$Y_{vt} \equiv (\Delta^{k,t}\ln p_{vt})^2, X_{1vt} \equiv [\Delta^{k,t}\ln(p_{vt} q_{vt})]^2 \tag{2.79}$$

$$X_{2vt} \equiv (\Delta^{k,t}\ln p_{vt})[\Delta^{k,t}\ln(p_{vt} q_{vt})], \mu_{vt} = \frac{\vartheta_{vt} \kappa_{vt}}{1-\rho_s}$$

其中，系数 θ_1 和 θ_2 为 σ^s 和 ρ_s 的非线性方程：

$$\theta_1 \equiv \frac{\rho_s}{(\sigma^s - 1)^2 (1-\rho_s)}, \theta_2 \equiv \frac{2\rho_s - 1}{(\sigma^s - 1)(1-\rho_s)} \tag{2.80}$$

对式（2.79）进行有限信息极大似然法估计，求出 θ_1 和 θ_2 的估计值，依据其不同符号，进而利用以下公式求出 σ^s 和 ρ_s 的估计值。

当 $\hat{\theta}_1 > 0$ 且 $\hat{\theta}_2 > 0$ 时，根据式（2.81）求出 σ^s 和 ρ_s 的估计值：

$$\hat{\rho}_s = \frac{1}{2} + \left[\frac{1}{4} - \frac{1}{4+\left(\frac{\hat{\theta}_2}{\hat{\theta}_1}\right)}\right]^{\frac{1}{2}}, \hat{\sigma^s} = 1 + \frac{1}{\hat{\theta}_2}\left(\frac{2\hat{\rho}_s - 1}{1-\hat{\rho}_s}\right) \tag{2.81}$$

当 $\hat{\theta}_1 > 0$ 且 $\hat{\theta}_2 < 0$ 时，则根据式（2.82）求出 σ^s 和 ρ_s 的估计值：

$$\hat{\rho}_s = \frac{1}{2} - \left[\frac{1}{4} - \frac{1}{4+\left(\frac{\hat{\theta}_2}{\hat{\theta}_1}\right)}\right]^{\frac{1}{2}}, \hat{\sigma^s} = 1 + \frac{1}{\hat{\theta}_2}\left(\frac{2\hat{\rho}_s - 1}{1-\hat{\rho}_s}\right) \tag{2.82}$$

σ^s 和 ρ_s 的估计值满足 $0 \leqslant \hat{\rho}_s < 1$，$\hat{\sigma^s} > 1$，此时 $\hat{\rho}_s$ 和 $\hat{\sigma^s}$ 为可行值。

如果 $\hat{\theta}_1$ 值出现 $\hat{\theta}_1 < 0$ 的情况，则 σ^s 和 ρ_s 的估计值不能满足 $0 \leqslant \hat{\rho}_s < 1$，$\hat{\sigma^s} > 1$，即 $\hat{\rho}_s$ 和 $\hat{\sigma^s}$ 不是可行值。则采用非线性有限信息极大似然法进行最优化估计，进而得到 $\hat{\rho}_s$ 和 $\hat{\sigma^s}$ 的可行值。

其次，借鉴 Hottman 和 Monarch（2020）2SLS 对进口部门间替代弹性 σ 进行估计。对式（2.70）取对数进行时间 t 差分，选取食品饮料及烟草部门作为基准部门 l 并进行基准部门差分，整理可得：

$$\Delta^{l,t}\ln(Y_{hst}) = (1-\sigma)\Delta^{l,t}\ln(P_{st}) + \vartheta_{hst} \tag{2.83}$$

其中，$\vartheta_{hst} = (\sigma-1)(\Delta^{l,t}\ln\varphi_{hst})$ 为未观察到的误差项。值得注意的是，由于式（2.83）只取决于变量的相对对数形式变化，因此部门间随时间变化的差异不会影响方程的估计结果。

由于部门价格指数 P_{st} 与误差项 ϑ_{hst} 可能存在内生性问题，对式（2.83）进行 OLS 估计不会得到替代弹性 σ 的一致估计，为了解决内生性可能导致的估计偏差，借鉴 Hottman 等（2016）的工具变量方法进行 2SLS 估计。他们指出，部门价格指数 P_{st} 的对数变化可以线性分解为以下四项：

$$\Delta^{l,t}\ln(P_{st}) = \Delta^{l,t}\left(\frac{1}{N_{st}^v}\sum_{v\in G_{st}}\ln p_{vt}\right) - \Delta^{l,t}\left(\frac{1}{N_{st}^v}\sum_{v\in G_{st}}\ln\varphi_{vt}\right)$$

$$-\Delta^{l,t}\frac{1}{\sigma^s-1}\ln N_{st}^v - \Delta^{l,t}\frac{1}{\sigma^s-1}\ln\left[\frac{1}{N_{st}^v}\sum_{v\in G_{st}}\frac{\left(\frac{p_{vt}}{\varphi_{vt}}\right)^{1-\sigma^s}}{\widetilde{\left(\frac{p_{vt}}{\varphi_{vt}}\right)^{1-\sigma^s}}}\right] \quad (2.84)$$

其中，N_{st}^v 为 t 时期部门 s 包含的进口种类数，波浪号表示变量的几何平均。选取式（2.84）右边第四项作为式（2.82）部门价格指数的工具变量，因为它衡量了经质量调整后部门内种类价格的离散变化情况，与部门需求参数 φ_{hst} 无关。而右边第一项和第三项可能与部门需求参数 φ_{hst} 相关，因为平均价格上涨和种类的进入与退出都有可能导致需求参数发生变化，而需求参数变化又会对种类价格和进入与退出产生影响。基于上述分析，对部门间替代弹性的估计采用 2SLS。

（三）需求参数估计

得到替代弹性 σ^s 和 σ 的估计后，可以计算 t 时期种类需求参数 φ_{vt} 和特定家庭 h 部门 s 的需求参数 φ_{hst}。虽然以往文献在构建进口价格指数时假设需求参数不随时间而变化（Amiti et al.，2019），但 Redding 和 Weinstein（2016，2020）研究发现，在需求参数随时间变化的情况下，假设需求参数在平均意义上不变，得到的进口价格指数依然具有良好的性质，即对需求参数进行标准化设定，假设需求参数的几何均值为 1 （$\widetilde{\varphi_{kt}} = \widetilde{\varphi_k} = 1$；$\widetilde{\varphi_{hkt}} = \widetilde{\varphi_{hk}} = 1$）。在对需求参数进行标准化设定后，利用式（2.73）两边同乘以 p_{vt}，然后与其几何均值进行差分，整理可得：

$$\varphi_{vt} = \exp\left[\frac{\ln(p_{vt}q_{vt}) - \ln(\widetilde{p_{vt}q_{vt}}) + (\sigma^s - 1)(\ln p_{vt} - \ln \widetilde{p_{vt}})}{(\sigma^s - 1)}\right] \tag{2.85}$$

其中，波浪号表示变量的几何平均，即 $\widetilde{p_{vt}q_{vt}} = (\prod_{v \in G_{st}} p_{vt}q_{vt})^{\frac{1}{N_{st}^v}}$，$\widetilde{p_{vt}} = (\prod_{v \in G_{st}} p_{vt})^{\frac{1}{N_{st}^v}}$；$N_{st}^v$ 表示 t 时期部门 s 包含的进口种类数。

同样地，利用式（2.70）与其几何均值进行差分，整理可得：

$$\varphi_{hst} = \exp\left[\frac{\ln Y_{hst} - \ln \widetilde{Y_{hst}} + (\sigma - 1)(\ln P_{st} - \ln \widetilde{P_{st}})}{(\sigma - 1)}\right] \tag{2.86}$$

从式（2.86）可以看出，部门层面的需求参数是该部门的家庭进口支出和部门进口价格指数相对于其几何均值的函数，也是模型中家庭异质性的关键决定因素，决定了不同收入群体进口价格指数的差异性特征。

二　进口贸易自由化对城市生活成本的影响

（一）理论分析

探究关税和非关税措施等进口贸易自由化政策对国内消费品价格或生活成本的影响通常是复杂的。一方面，一个大型发展中国家内部不同地理区域可能是被分割的（Nicita，2009）。对可贸易商品而言，距离边境较远区域的商品价格可能对进口贸易自由化政策的反应程度较低。因此，国内不同区域的商品价格对贸易冲击的反应可能有所不同。另一方面，对非关税措施的精准量化并非易事。相对于关税，非关税措施包含了大量且具有异质性的政策措施（UNCTAD，2013），每项具体的非关税措施都有可能对不同商品价格产生异质性的影响。所以，为了准确揭示非关税措施对国内消费品价格产生的影响，直接且有效地量化非关税措施至关重要。

一般来讲，进口贸易政策通过在边境上对商品实施进口限制，会直接影响进口商品价格，进而影响外国出口商的相关贸易成本。对进口贸易政策的价格传递机制而言，在完全竞争情形下，进口贸易政策完全传导至国内价格。在不完全竞争情形下，即国内市场或区域市场存在不完全竞争，则不同地区或城市的市场价格对特定贸易政策的反应程度可能会受运输成本、地理位置、市场结构等诸多因素的影响（Trefler，1993；Lee and Swagel，1997；Knebel，2010；Marchand，2017），导致进口贸易政策的不完全传导。另外，已有研究认为可贸易消费品价格可以通过需求弹性的变动影响服务性消费（如交通和通信、医疗、教育及居住服务等）价格（Porto，2006；Casabianca，2016；Han et al.，2016）。更进一步地，针对不同类别商品而言，由于进口渗透率和需求弹性的差异，进口贸易政策可能对农产品和工业制成品的价格产生异质性影响。由此可见，由于存在空间效应、需求效应和竞争效应，进口贸易自由化对城市商品价格的影响可能具有异质性特征。

（二）进口贸易自由化衡量指标

使用关税和非关税措施衡量进口贸易自由化程度。其中，使用频率指数（Frequency Index，FI）量化非关税措施。频率指数衡量了进口产品至少受一种非关税措施影响的比重（Nicita and Gourdon，2013），能够克服非关税措施的异质性特征和产品非关税措施实施信息的缺失。更重要的是，频率指数量化方法可以使非关税措施以类似关税的方式纳入实证模型。

t 时期消费项目 i 的频率指数定义为：

$$FI_{it} = \frac{\sum D_{ht} M_{ht}}{\sum M_{ht}} \tag{2.87}$$

其中，h 是消费项目 i 中包含的 HS6 位数产品。如果 t 时期商品 h 受一种或一种以上非关税措施影响，则虚拟变量 D_{ht} 取值为 1，否则取值为 0。如果 t 时期商品 h 存在进口，则虚拟变量 M_{ht} 取值为 1，否则取值为 0。根据式（2.87）可以看出，频率指数的取值范围在 0 和 1 之间，取值越接近 1，说明相应消费项目受非关税措施影响的可能性越大，消费项目包含商品的贸易自由化程度越低；取值越接近于 0，说明相应消费项目受非关税措施影响的可能性越小，消费项目包含商品的贸易自由化程度越高。

（三）生活成本指数衡量指标

使用 Törnqvist 价格指数（Törnqvist Price Index，TPI）和 Laspeyres 价格指数（Laspeyres Price Index，LPI）衡量城市产品层面的生活成本指数（Cost of Living Index，COL）。Argente 和 Lee（2021）研究指出 TPI 和 LPI 都可一阶近似于生活成本指数。其中，相比较而言，TPI 被定义为"超级指数"，因为 TPI 与真实生活成本指数完全等价，一方面 TPI 可以避免替代偏差问题，另一方面 TPI 可以使用价格和支出数据进行直接计算，不需要复杂的计量经济学方法（Lieu et al.，2013），而 LPI 会产生替代偏差并高估真实的生活成本指数（Unayama，2008）。同时选择 TPI 和 LPI 作为生活成本指数的衡量指标，是为了对两者测算结果进行对比及对模型回归结果进行稳健性检验。

根据 Lieu 等（2013）的研究，TPI 的计算公式如下：

$$P^T(\boldsymbol{P^t}, \boldsymbol{P^0}, \boldsymbol{Q^t}, \boldsymbol{Q^0}) \equiv \prod_{i \in \Omega} \left(\frac{p_{i,t}}{p_{i,0}} \right)^{\frac{(s_{i,t}+s_{i,0})}{2}} \tag{2.88}$$

其中，$\boldsymbol{P^t}$，$\boldsymbol{P^0}$，$\boldsymbol{Q^t}$，$\boldsymbol{Q^0}$ 分别代表 t 时期和 0 时期的数量和价格向量，$p_{i,t}$ 和 $p_{i,0}$ 代表消费项目 i 在 t 时期和 0 时期的价格水平，$s_{i,t}$ 和 $s_{i,0}$ 代表消费项目 i 在 t 时期和 0 时期的消费支出份额，$\frac{(s_{i,t}+s_{i,0})}{2}$ 为消费项目 i 的相对支出份额。

需要指出的是，式（2.87）只能用于总体生活成本指数的计算，没有解决 TPI 的可加性问题。因此，为了准确识别和分析每个消费项目 i 对总体生活成本指数的贡献程度，使用 Reinsdorf 等（2002）的可加性分解公式将式（2.88）转化为式（2.89）：

$$P^T(\boldsymbol{P^t},\boldsymbol{P^0},\boldsymbol{Q^t},\boldsymbol{Q^0}) \equiv \prod_{i \in \Omega} \left(\frac{p_{i,t}}{p_{i,0}}\right)^{\frac{(s_{i,t}+s_{i,0})}{2}} = \sum_i \lambda_i\left(\frac{p_{i,t}}{p_{i,0}}\right) \tag{2.89}$$

其中，

$$\lambda_i = \frac{\dfrac{p_{i,0}\left(\dfrac{(s_{i,t}+s_{i,0})}{2}\right)}{m(p_{i,t},P^T p_{i,0})}}{\dfrac{\sum_j p_{j,0}\left(\dfrac{(s_{j,t}+s_{j,0})}{2}\right)}{m(p_{j,t},P^T p_{j,0})}} \tag{2.90}$$

将对数平均方程 m（a，b）定义为（a，b）$= \dfrac{(a-b)}{(\log a - \log b)}$，或者当 $a=b$ 时，m（a，b）$= a$。

另外，LPI 的函数形式及可加性分解公式如下：

$$P^L(\boldsymbol{P^t},\boldsymbol{P^0},\boldsymbol{Q^t},\boldsymbol{Q^0}) = \frac{P^t Q^0}{P^0 Q^0} = \frac{\sum_i p_{i,t} q_{i,0}}{\sum_i p_{i,0} q_{i,0}} = \sum_i s_{i,0}\left(\frac{p_{i,t}}{p_{i,0}}\right) \tag{2.91}$$

其中，

$$s_{i,0} = \frac{p_{i,0} q_{i,0}}{\sum_j p_{j,0} q_{j,0}} \tag{2.92}$$

（四）进口贸易自由化对城市生活成本的影响

借鉴王备和钱学锋（2020）分析关税削减对家庭生活成本指数的影响，考察进口贸易自由化对城市生活成本指数的影响。

首先，基于城市层面生活成本指数（TPI 和 LPI）的可加性分解形式，可以得到 t 时期城市 c 消费品 i 的生活成本指数为：

$$COL_{ict} = \lambda_{ict}\left(\frac{p_{i,t}}{p_{i,0}}\right) \tag{2.93}$$

其中，λ_{ict} 为 t 时期城市 c 消费品 i 的相对支出权重。

其次，当进口消费品包含关税和非关税措施时，国内相对应消费品的价格p_{it}为：

$$p_{it} = wp_{it}(1 + tariff_{it})(1 + NTM_{it}) \tag{2.94}$$

其中，$tariff_{it}$为t时期消费品i的进口关税税率，NTM_{it}是以频率指数量化的t时期消费i的非关税措施，wp_{it}是t时期消费品i的世界价格。

结合式（2.93）和式（2.94），可得关税和非关税措施对城市生活成本指数的影响为：

$$COL_{ict} = \lambda_{ict} \left(\frac{p_{i,t}}{p_{i,0}} \right) = \lambda_{ict} \left[\frac{wp_{it}(1 + tariff_{it})(1 + NTM_{it})}{wp_{i0}(1 + tariff_{i0})(1 + NTM_{i0})} \right] \tag{2.95}$$

第三节　本章小结

本章主要从需求侧视角出发，在消费者同质性和异质性框架下分别构建了进口贸易对消费者福利影响的理论分析框架。首先，在消费者同质性框架下，从进口贸易限制指数与其相应的关税福利效应和需求变化视角下进口种类增长福利效应分析了进口贸易对整体消费者福利的影响。其次，在消费者异质性框架下，从个体层面不同收入群体进口价格指数和地区层面进口贸易自由化对城市生活成本的影响分析了进口贸易对异质性消费者福利的影响，从需求侧视角探究进口贸易引致的宏观和微观消费者福利效应。

一方面，在消费者同质性框架下，首先，通过放松小国经济假设，允许大国经济假设，构建了进口贸易限制指数与其相应的关税福利效应估算模型，强调了大国经济假设下进口国贸易条件收益的重要性，探究了关税福利效应的影响机制。其次，通过放松消费者需求特征不随时间变化的假设，构建了需求变化情形下进口种类增长福利效应估算模型，并从理论上证明了忽视需求变化导致的需求冲击偏差，探究了需求变化情形下进口种类增长福利效应的影响机制。另一方面，在消费者异质性框架下，首先，构建了异质性视角下特定收入群体进口价格指数的结构性估算模型，从部门消费异质性视角分析了不同收入群体价格通胀的影响机制，从个体层面考察了进口价格变化对不同收入群体生活成本的影响。其次，基于生活成本指数，同时纳入关税和非关税措施，利用价格传递机制，从空间效应、需求效应和竞争效应三重视角探究了进口贸易自由化对城市生活成本的影响机制，从地区层面考察了进口贸易对异质性消费者福利的影响。本章的研究为后续章节的具体估算或实证分析提供了具体的理论分析框架。

第三章
中国进口贸易限制指数
与关税福利效应

第一节　问题的提出

近年来，随着贸易保护主义兴起，加征关税成为许多国家重要的贸易保护措施。从定量角度衡量关税的贸易限制程度及其导致的福利变化尤为重要，这已成为学术界研究的热点问题。相较于关税税率的特定产品差异性，进口贸易限制指数通过在理论层面找到与现行关税结构相同的统一关税，弥补了简单平均关税和加权平均关税衡量贸易保护程度的缺陷，可以准确地评估进口国贸易政策，实现与特定产品关税相同的福利效应。那么，中国现行关税结构贸易保护程度有多高？实施关税保护将会对消费者福利产生多大的影响？对以上问题的回答，可以为中国制定进口贸易政策和进行双边或多边贸易谈判提供重要的经验证据。

本章主要利用第二章大国经济假设下进口贸易限制指数与其相应的关税福利效应估算模型，并结合 1996～2019 年中国 HS4 位数进口产品数据和关税数据，估算中国 1996～2019 年的进口贸易限制指数与其相应的关税福利效应，并与小国经济假设下传统标准估计方法测算结果进行对比，衡量中国关税政策的有效性及扭曲程度，探究关税福利效应的影响渠道，从进口贸易限制指数与其相应的关税福利效应角度研究中国进口贸易对整体消费者福利的影响。进一步地，从贸易伙伴国出发，估计主要贸易伙伴国和"一带一路"共建国家的效率损失及对中国贸易条件收益的贡献，分析中国关税政策对贸易伙伴国的福利影响。

第二节 数据说明及特征事实分析

一 数据说明

为了估算进口贸易限制指数与其相应的关税福利效应，需要进口贸易流量数据、进口需求和出口供给弹性以及关税数据。

首先，最大的挑战在于估计每个 HS4 位数产品的进口需求和反向出口供给弹性，为此，借鉴 Soderbery（2018）对 1984~2007 年中国 HS4 位数产品层面进口需求和反向出口供给弹性的估计结果。Soderbery（2018）在 Soderbery（2015）混合估计方法基础上估计了特定进口国产品的进口需求弹性和特定出口国反向出口供给弹性，与本章 CES 框架下进口需求弹性（σ_g^I）假设和异质性出口供给弹性（ω_{gv}^I）假设相同。需要注意的是，Soderbery（2018，2021）假定了进口需求弹性（σ_g^I）、异质性出口供给弹性（ω_{gv}^I）、进口需求参数（b_{gv}^I）和特定种类供给参数（η_{gv}^I）不随时间变化。

其次，中国进口贸易流量数据来自 UN Comtrade 数据库，同样选取 HS4 位数产品层面的贸易流量数据，原因在于如果用 HS6 位数产品层面数据匹配 HS4 位数产品层面数据，会高估产品带来的贸易利益（陈勇兵等，2011）。关税数据来自 WITS 数据库和 WTO 数据库，由于 WITS 数据库缺少 2012 年和 2013 年关税数据，使用 WTO 数据库补充相关时段关税数据。将弹性数据、贸易流量数据和关税数据进行匹配，最终得到了中国 1996~2019 年 383800 条"年份—出口国—产品"三维非平衡面板进口数据。

二 特征事实分析

表 3-1 汇报了 1996~2019 年中国 GDP、进出口额及世界排名情况。[①] 可以看出,中国 GDP 从 1996 年的 8560.85 亿美元上升到 2019 年的 143429.03 亿美元,年均增速为 13.04%,排名从世界第七上升到第二。进口额从 1996 年的 1388.33 亿美元上升到 2019 年的 20689.50 亿美元,年均增速为 12.46%,从 2009 年开始中国超越德国成为仅次于美国的世界第二大进口国。出口额从 1996 年的 1510.47 亿美元上升到 2019 年的 24985.70 亿美元,年均增速为 12.97%,中国自 2009 年之后一直是世界第一大出口国。上述一系列数据表明,中国在国际贸易市场上具有较强的市场力量。Broda 等(2008)和 Soderbery(2018,2021)均指出,一个在国际贸易中拥有市场力量的国家可能从贸易保护中获益,虽然关税会造成消费和生产的扭曲,但如果出口供给不是完全弹性的,关税同样可以为拥有市场力量的进口国提供贸易条件收益。

表 3-1 1996~2019 年中国 GDP、进出口额及世界排名情况

单位:亿美元

年份	GDP	世界排名	进口额	世界排名	出口额	世界排名
1996	8560.85	7	1388.33	12	1510.47	11
1997	9526.53	7	1423.70	12	1827.92	10
1998	10194.62	7	1402.37	11	1838.09	8
1999	10832.79	7	1656.99	10	1949.31	8
2000	11984.75	6	2250.94	8	2492.03	7
2001	13248.07	6	2435.53	6	2660.98	6
2002	14538.28	6	2951.70	6	3255.96	4
2003	16409.59	6	4127.60	4	4382.28	4
2004	19316.44	6	5612.29	3	5933.26	3
2005	22569.03	5	6599.53	3	7619.53	3

---

① 由于本章分析数据主要来自 UN Comtrade 数据库,进出口额数据与国家统计局相关数据有略微不同。

年份	GDP	世界排名	进口额	世界排名	出口额	世界排名
2006	27129.51	4	7914.61	3	9689.36	3
2007	34940.56	3	9561.15	3	12200.60	2
2008	45218.27	3	11325.62	3	14306.93	2
2009	49902.33	3	10055.55	2	12016.47	1
2010	59305.02	2	13960.02	2	15777.64	1
2011	73218.92	2	17433.95	2	18983.88	1
2012	82294.90	2	18181.99	2	20487.82	1
2013	92402.71	2	19499.92	2	22090.07	1
2014	104823.71	2	19592.35	2	23422.93	1
2015	110646.65	2	16795.64	2	22734.68	1
2016	111991.45	2	15879.21	2	20976.37	1
2017	123104.09	2	18437.93	2	22633.71	1
2018	138948.18	2	21349.83	2	24942.30	1
2019	143429.03	2	20689.50	2	24985.70	1

资料来源：GDP数据来自 CEPII 数据库；进出口额数据来自 UN Comtrade 数据库。

表3-2汇报了1996~2019年HS4位数产品层面关税数据和弹性数据。其中，每年匹配保留的HS4位数产品数据占全部产品的75%以上，表明数据具有较高的代表性。保留产品整体简单平均关税和加权平均关税都在不断下降。简单平均关税从1996年的21.6%下降到2019年的7.1%，加权平均关税从1996年的20.1%下降到2019年的4.5%。每年进口需求弹性中位数的平均值为2.905，远远小于10，甚至小于 Broda 和 Weinstein（2006）的平均值6.189，说明进口产品种类对进口贸易福利有着较为重要的作用。每年反向出口供给弹性中位数的平均值为1.206，说明出口国供给不是完全弹性的，同时也验证了出口供给曲线是向上倾斜的假设。较为重要的是，关税传递弹性整体呈现不断增长的趋势，从1996年的40.1%增长到2019年的42.7%。文献对比来看，Broda等（2008）使用相同估计方法但假设出口供给是完全弹性的，研究结果表明关税的标准传递弹性为40%。Nicita（2009）估计1989~2000年墨西哥的平均关税传递弹性为33%。Marchand

（2012）估计 1988~2000 年印度的平均关税传递弹性为 64%~68%。而 Han 等（2016）估计 1992~2008 年中国的平均关税传递弹性为 46%。举例对比来看，Irwin（2014）估计的 1930 年美国糖类（HS1702）的平均关税传递弹性为 40%，而本章糖类（HS1702）的平均关税传递弹性为 46.7%，说明关税传递弹性估计在合理的范围内。平均 57.6% 的关税传递到出口国出口产品价格上，也表明中国在国际贸易市场上具有较强的市场力量，出口国会吸收一部分关税来降低出口种类价格，中国会因此获得较多的贸易条件收益。

表 3-2　1996~2019 年 HS4 位数产品层面关税数据和弹性数据

单位：%

年份	保留 HS4	全部 HS4	占比	简单平均关税	加权平均关税	进口需求弹性中位数	反向出口供给弹性中位数	关税传递弹性
1996	1076	1233	87.27	21.6	20.1	2.889	1.323	40.1
1997	1082	1234	87.68	16.3	16.2	2.888	1.320	40.2
1998	1085	1240	87.50	16.3	15.8	2.878	1.317	40.5
1999	1085	1235	87.85	16.0	14.7	2.878	1.312	40.5
2000	962	1229	78.28	16.1	15.7	2.916	1.209	42.5
2001	965	1230	78.46	15.0	15.4	2.907	1.202	42.4
2002	956	1233	77.53	11.5	8.6	2.916	1.197	42.4
2003	958	1228	78.01	10.4	7.7	2.907	1.183	42.8
2004	967	1225	78.94	9.7	7.4	2.916	1.190	42.5
2005	969	1230	78.78	9.1	5.8	2.908	1.180	42.7
2006	970	1227	79.05	9.1	5.6	2.908	1.179	42.9
2007	941	1205	78.09	9.2	5.6	2.907	1.172	43.1
2008	933	1203	77.56	8.9	4.9	2.907	1.172	43.0
2009	914	1203	75.98	8.8	4.9	2.907	1.165	43.1
2010	968	1196	80.94	8.9	5.2	2.916	1.179	42.6
2011	964	1199	80.40	8.9	5.2	2.916	1.179	42.7
2012	949	1199	79.15	9.3	6.1	2.916	1.185	42.7
2013	967	1197	80.79	9.3	5.9	2.908	1.180	42.8
2014	915	1198	76.38	8.6	5.5	2.908	1.180	42.9
2015	905	1201	75.35	8.7	5.9	2.908	1.185	42.9
2016	916	1198	76.46	9.1	6.5	2.902	1.185	42.9

续表

年份	保留 HS4	全部 HS4	占比	简单平均关税	加权平均关税	进口需求弹性中位数	反向出口供给弹性中位数	关税传递弹性
2017	1017	1198	84.89	9.0	5.1	2.902	1.156	43.5
2018	1068	1195	89.37	9.0	5.7	2.903	1.196	42.6
2019	1066	1194	89.28	7.1	4.5	2.902	1.191	42.7

资料来源：笔者计算得到。

第三节　估算结果及分析

一　贸易限制指数估算结果及分析

图 3-1 描绘了 1996~2019 年中国的平均关税及各项贸易指数变化趋势，表 3-3 进一步汇报了 1996~2019 年中国的各项贸易限制指数。

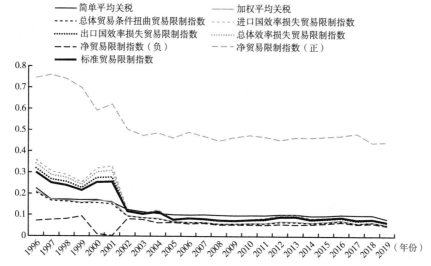

图 3-1　1996~2019 年中国的平均关税及各项贸易限制指数变化趋势

资料来源：笔者计算得到。

表 3-3 1996~2019 年中国的各项贸易限制指数

年份	TRI_{AggTOT}^{l}	TRI_{Eff}^{l}	TRI_{Eff}^{*}	TRI_{AggEff}^{l}	TRI_{Net}^{-l}	TRI_{Net}^{*l}	TRI_{canon}^{l}
1996	0.195	0.350	0.310	0.332	0.062	0.736	0.291
1997	0.157	0.295	0.258	0.279	0.068	0.749	0.241
1998	0.153	0.279	0.246	0.265	0.072	0.731	0.230
1999	0.145	0.244	0.218	0.233	0.084	0.689	0.206
2000	0.147	0.309	0.265	0.292	0.001	0.583	0.244
2001	0.142	0.320	0.268	0.300	−0.007	0.611	0.246
2002	0.084	0.112	0.108	0.110	0.072	0.493	0.107
2003	0.077	0.096	0.097	0.096	0.068	0.464	0.094
2004	0.072	0.114	0.108	0.112	0.054	0.476	0.104
2005	0.058	0.069	0.067	0.068	0.055	0.452	0.069
2006	0.055	0.075	0.074	0.074	0.049	0.480	0.074
2007	0.056	0.070	0.070	0.070	0.051	0.462	0.072
2008	0.049	0.065	0.063	0.064	0.044	0.440	0.066
2009	0.049	0.065	0.063	0.064	0.045	0.456	0.064
2010	0.051	0.071	0.066	0.069	0.045	0.466	0.068
2011	0.050	0.076	0.068	0.072	0.043	0.459	0.071
2012	0.058	0.089	0.082	0.086	0.047	0.444	0.082
2013	0.056	0.092	0.081	0.087	0.045	0.455	0.082
2014	0.053	0.075	0.067	0.072	0.047	0.455	0.070
2015	0.057	0.077	0.072	0.075	0.051	0.460	0.074
2016	0.063	0.083	0.077	0.080	0.056	0.464	0.079
2017	0.051	0.068	0.063	0.066	0.047	0.474	0.067
2018	0.056	0.073	0.068	0.071	0.051	0.431	0.070
2019	0.044	0.059	0.054	0.057	0.041	0.434	0.057

资料来源：笔者计算得到。

首先，分析前四项贸易限制指数，从图 3-1 和表 3-3 可以看出，进口国效率损失贸易限制指数（ TRI_{Eff} ）、出口国效率损失贸易限制指数（ TRI_{Eff} ）、总体效率损失贸易限制指数（ TRI_{AggEff} ）和总体贸易条件扭曲限制指数（ TRI_{AggTOT} ）整体上处于不断降低的趋势，但表现出明显的阶段性特征。具体地，可以结合中国的贸易发展历程分为四个阶段。第一阶段：1996~2001 年。中国为了加入 WTO，关税水平在不断下降，但下降的幅度不大，中国的进口关税水平处在较高的位置，各项贸易限制指数也较高。第二阶段：2002~2008年。2001年12月11日中国正式加入WTO，为履行中国入世协议，进口关税大幅削减，其他贸易限制措施（如进口许可等）也在不断取消，[①] 到2008年各项贸易限制指数已经处在较低的水平，如TRI_{Eff^I}下降至6.5%。第三阶段：2009~2013年。2008年国际金融危机后，各国贸易保护主义抬头，为保护本国市场不受冲击，中国也做出了相应调整，提高了关税水平，以此应对金融危机的影响（陈勇兵等，2011）。第四阶段：2014~2019年。贸易摩擦和冲突不断，但中国坚定不移地扩大对外开放，实施一系列更加积极的进口政策，如主动扩大进口，实施自由贸易试验区、自由贸易港政策，压缩负面清单等（倪红福等，2020），在2018年又下调了汽车和部分日用消费品等领域的进口关税，贸易限制指数也相应地表现出"下降—上升—下降"交叉波动的趋势。

其次，结合表3-2和表3-3，将简单平均关税和加权平均关税与TRI_{Eff^I}、TRI_{AggEff^I}相比较。可以看出，2001年之前，简单平均关税低估了TRI_{Eff^I}和TRI_{AggEff^I}，平均低估TRI_{Eff^I}约13.1%，低估TRI_{AggEff^I}约11.5%，简单平均关税由于忽略进口产品间的重要性掩盖了整体关税水平的低效性。2001年之后，简单平均关税高估了TRI_{Eff^I}和TRI_{AggEff^I}，平均高估分别为1.2%和1.4%，简单平均关税低估了入世后中国贸易限制的下降程度。加权平均关税则低估了TRI_{Eff^I}和TRI_{AggEff^I}，平均低估分别为4.9%和4.4%，原因在于加权平均关税虽然考虑了进口产品间的重要性，但忽略了关税与进口额权重之间可能出现的负相关关系（关税越高，进口额越少，权重越低）。因此，简单平均关税和加权平均关税均不是衡量贸易限制程度的理想指标，有可能出现高估或低估的情况。

再次，对小国经济假设下标准估计方法的贸易限制指数（TRI_{canon}^I）与TRI_{Eff^I}进行对比，以此观察进口国和出口国因关税政策各自承担效率损失的大小。TRI_{canon}^I（即当关税传递弹性Λ_{gv}^I为0时的情况）与TRI_{Eff^I}都衡量了进口

---

① 戴觅等（2019）研究表明中国进口许可证管制比例在2001~2006年下降了8个百分点。

国因关税给消费者带来的效率损失。从图 3-1 和表 3-3 可以看出，2001 年之前，TRI_{Eff^I} 略大于 TRI^I_{canon}，TRI^I_{canon} 低估了真实限制程度，这表明中国对非完全供给弹性产品设置了更高的关税（Broda et al.，2008），[①] 也导致了更高的 TRI_{Eff^I}，说明关税政策相对低效，即贸易收益的实现伴随着大量相应的效率损失（$TRI_{AggTOT^I} < TRI_{AggEff^I}$）。2001 年之后，随着关税的大幅削减和关税传递弹性的提高，TRI_{Eff^I} 和 TRI^I_{canon} 两者基本处在相同水平，进口国和出口国的效率损失都有所下降，进口国关税政策的有效性提高，TRI_{AggTOT^I} 虽依然小于 TRI_{AggEff^I}，但两者的差距明显缩小，表明关税政策带来了更多的贸易条件收益和更小的效率损失。

最后，净贸易限制指数两个值 $TRI^-_{Net^I}$ 和 $TRI^+_{Net^I}$ 与其他分项贸易限制指数具有相类似的趋势，虽然出现上下波动但整体上处于不断下降的趋势。但 $TRI^-_{Net^I}$ 在 2000 年和 2001 年处在历史最低的位置，分别为 0.001 和 -0.007，意味着 2000 年和 2001 年中国为了加入 WTO 付出了巨大的牺牲，大幅度降低关税水平，其他贸易限制措施（如进口许可等）出现了大幅度下降。由于 $TRI^-_{Net^I}$ 表示与所有种类及产品关税产生相同福利水平的最小扭曲，衡量的是进口国实施关税政策的有效性，正的 $TRI^-_{Net^I}$ 代表进口国关税的价格传递弹性较高，从而获得的贸易条件收益大于效率损失，从关税中获得了正的贸易福利。相反地，$TRI^+_{Net^I}$ 表示关税水平带来的最大扭曲，衡量的是进口国实施关税政策的低效性，$TRI^+_{Net^I}$ 越高，代表进口国实施关税带来的效率损失越大，对非完全供给弹性产品征收了过多的关税，导致了过多的效率损失，随着 $TRI^+_{Net^I}$ 降低，总体贸易收益逐渐增加。与小国经济假设下 TRI^I_{canon} 对比可知，TRI^I_{canon} 高估了 $TRI^-_{Net^I}$，同时低估了 $TRI^+_{Net^I}$。

二 关税福利效应估算结果及分析

表 3-4 汇报了 1996～2019 年关税福利效应及其分解情况。从表 3-3 和

---

① Broda 等（2008）研究表明，在加入 WTO 之前，各国倾向于对非完全供给弹性商品设置更高的关税。

表3-4结果的总趋势来看，福利估计结果与贸易限制指数相对应，即随着贸易限制指数的下降，效率损失下降，而福利收益上升，两者呈现负相关关系。

表3-4 1996~2019年关税福利效应及其分解情况

单位：亿美元，%

年份	ΔW^l	占比	ΔW_{canon}^l	占比	福利效应分解			
					$\Delta AggTOT^l$	ΔEff^l	ΔEff^*	$\Delta AggEff^l$
1996	39.39	2.84	-191.10	-13.76	134.48	-57.40	-37.69	-95.10
1997	41.53	2.92	-126.24	-8.87	105.32	-39.27	-24.52	-63.79
1998	44.38	3.16	-115.87	-8.26	103.93	-36.76	-22.79	-59.55
1999	59.24	3.57	-112.80	-6.81	115.12	-34.47	-21.41	-55.88
2000	0.48	0.02	-162.72	-7.23	95.82	-63.20	-32.14	-95.35
2001	-5.51	-0.23	-181.60	-7.46	103.63	-73.68	-55.46	-109.14
2002	56.34	1.91	-43.97	-1.49	75.77	-11.59	-7.84	-19.43
2003	74.02	1.79	-49.17	-1.19	95.84	-12.71	-9.11	-21.82
2004	81.30	1.45	-79.66	-1.42	121.08	-23.87	-15.91	-39.77
2005	94.82	1.44	-39.83	-0.60	112.43	-10.34	-7.26	-17.61
2006	102.71	1.30	-54.72	-0.69	126.75	-13.73	-10.31	-24.04
2007	122.75	1.28	-59.61	-0.62	148.30	-14.51	-11.04	-25.55
2008	131.94	1.16	-64.28	-0.57	159.94	-16.09	-11.91	-28.00
2009	123.49	1.23	-56.92	-0.57	148.27	-14.43	-10.36	-24.79
2010	173.82	1.25	-87.58	-0.63	212.83	-22.95	-16.06	-39.01
2011	210.62	1.21	-124.46	-0.71	265.97	-33.48	-21.87	-55.35
2012	227.00	1.25	-166.98	-0.92	306.85	-47.11	-32.74	-79.85
2013	226.86	1.16	-172.63	-0.89	310.92	-50.83	-33.23	-84.06
2014	228.17	1.16	-119.63	-0.61	282.98	-32.79	-22.02	-54.81
2015	787.12	4.69	-422.26	-2.51	975.23	-111.24	-76.86	-188.11
2016	202.46	1.27	-110.83	-0.70	252.44	-29.28	-20.71	-49.99
2017	195.23	1.06	-88.02	-0.48	232.87	-21.45	-16.19	-37.64
2018	270.70	1.27	-133.02	-0.62	332.60	-36.28	-25.62	-61.91
2019	219.83	1.06	-87.12	-0.42	260.00	-23.72	-16.45	-40.17

资料来源：笔者计算得到。

首先，从福利净效应（ΔW^I）可以看出，除了 2001 年外，中国因关税政策均获得了正的福利收益，从 1996 年的 39.39 亿美元增长到 2019 年的 219.83 亿美元，其中正福利收益最低为 2000 年的 0.48 亿美元，最高为 2015 年的 787.12 亿美元，历年福利净收益占进口额的比例为 0.02%~ 4.69%。需要指出的是，2001 年中国为了加入 WTO 牺牲了部分贸易条件收益，导致净福利效应为 -5.51 亿美元，结果也很好地验证了 TRI_{Net} 在 2001 年出现负值的情况。从小国经济假设下标准估计方法福利效应（ΔW^I_{canon}）可以看出，进口国因实施关税政策仅仅带来了效率损失，随着关税削减，效率损失从 1996 年的 191.10 亿美元下降到 2019 年的 87.12 亿美元，其中最低效率损失为 2005 年的 39.83 亿美元，最高为 2015 年的 422.26 亿美元，历年效率损失占进口额的比例为 0.42%~13.76%。

其次，将 ΔW^I_{canon} 与相同含义的进口国效率损失（ΔEff^I）进行对比可以看出，[1] 标准估计方法福利估计由于排除了贸易条件收益而高估了中国效率损失约 3 倍。ΔEff^I 表明中国因关税政策导致的效率损失从 1996 年的 57.40 亿美元下降到 2019 年 23.72 亿美元，历年福利损失占进口额的比例为 0.11%~4.13%。而本研究中估计的效率损失还包括出口国因吸收了一部分关税导致的出口国效率损失，同时进口国由于市场力量获得了相应的贸易条件收益，但从数据来看，ΔW^I_{canon} 同样也高估了关税政策带来的整体效率损失（$\Delta AggEff^I$），$\Delta AggEff^I$ 从 1996 年的 95.10 亿美元下降到 2019 年的 40.17 亿美元，历年整体效率损失占进口额的比例为 0.19%~6.85%，ΔW^I_{canon} 高估整体效率损失约 2 倍。

最后，从福利效应的分解来看，除 2001 年外，中国效率损失（ΔEff^I）和出口国效率损失（ΔEff^*）造成的整体效率损失（$\Delta AggEff^I$）小于总的贸易条件扭曲收益（$\Delta AggTOT^I$）（包含贸易条件收益 ΔTOT^I 和出口国效率损失 ΔEff^*）。其中，ΔEff^* 从 1996 年的 37.69 亿美元下降到 2019 年的 16.45 亿美元，历年出口国效率损失占进口额的比例为 0.08%~2.71%。$\Delta AggTOT^I$ 从

---

① 由于标准估计方法无谓损失与本章效率损失含义相同，故下文统一为效率损失。

1996 年的 134.48 亿美元增加到 2019 年的 260.00 亿美元，历年总的贸易条件扭曲收益占进口额的比例为 1.26%～9.69%。[①] 通过福利净收益的计算公式（$\Delta AggTOT^I - \Delta AggEff^I$）以及总的贸易条件扭曲收益和整体效率损失大小对比，可以得到进口国贸易条件收益（ΔTOT^I）大于进口国效率损失（ΔEff^I），这是 ΔW^I 出现正福利效应的根源，也是与小国经济假设下标准估计方法福利估计根本不同的地方。

三 关税福利效应与贸易限制指数文献对比分析

在估计关税福利效应和贸易限制指数后，由于使用 1996～2019 年长跨度数据，可以对本研究估计的 TRI_{Eff^I} 及 $\Delta Eff^{\ I}$ 和以往相关文献进行对比。一方面，以往文献均使用了小国经济假设下的传统标准估计方法，但由于研究期间和数据来源不同，结论也有所不同。其中，Chen 和 Ma（2012b）利用 1997～2008 年中国海关数据库 HS8 位数产品层面进口数据，陈勇兵等（2014）、王晓星和倪红福（2019）分别利用 1995～2010 年和 2000～2016 年的 CEPII-BACI 数据库 HS6 位数产品层面进口数据，顾振华和沈瑶（2016）、倪红福等（2020）分别利用 2003～2012 年和 2001～2015 年 UN Comtrade 数据库 HS6 位数产品层面进口数据。从基本结论来看，文献认为中国贸易限制指数呈现先下降后回升（或再下降）的趋势，因关税壁垒导致的无谓福利损失随着贸易限制指数的变化而同向变化。另一方面，如表 3-5 所示，对比来看，以往文献与本研究估计的 TRI_{Eff^I} 相差不大。从具体数值来看，以往文献可能低估了中国入世前的贸易限制指数，高估了入世后的贸易限制指数。由于忽略了关税引致的贸易条件收益，以往文献均高估了关税壁垒导致的无谓福利损失。通过文献对比，再次强调了贸易条件收益的重要性。

———————————

① 福利分解 $\Delta AggTOT^I$、$\Delta Eff^{\ I}$、ΔEff^* 和 $\Delta AggEff^I$ 占进口额比例未在表 4-4 汇报，如有需要，备索。

表 3-5　1996~2019 年贸易限制指数与无谓损失文献对比

单位：亿美元

年份	TRI_{Eff}^{1}	ΔEff^{1}	Chen 和 Ma (2012b)		陈勇兵等 (2014a)		顾振华和沈瑶 (2016)		王晓星 和倪红福 (2019)	倪红福等 (2020)
			TRI	DWL	TRI	DWL	TRI	DWL	TRI	TRI
1996	0.350	57.40	—	—	0.308	65.97	—	—	—	—
1997	0.295	39.27	0.255	219.09	0.261	48.27	—	—	—	—
1998	0.279	36.76	0.259	229.06	0.256	44.58	—	—	—	—
1999	0.244	34.47	0.232	243.61	0.230	39.86	—	—	—	—
2000	0.309	63.20	0.265	526.54	0.231	58.85	—	—	0.234	—
2001	0.320	73.68	0.259	597.38	0.228	67.69	—	—	0.235	0.229
2002	0.112	11.59	0.130	151.64	0.130	27.78	—	—	0.127	0.128
2003	0.096	12.71	0.121	204.04	0.130	39.86	0.125	196.65	0.114	0.111
2004	0.114	23.87	0.112	250.84	0.114	37.88	0.123	204.96	0.116	0.114
2005	0.069	10.34	0.096	211.05	0.108	40.22	0.108	173.84	0.083	0.081
2006	0.075	13.73	0.096	253.56	0.100	39.28	0.113	216.56	0.087	0.083
2007	0.070	14.51	0.086	263.41	0.098	45.02	0.084	138.22	0.084	0.082
2008	0.065	16.09	0.083	317.46	0.093	50.00	0.090	175.95	0.080	0.076
2009	0.065	14.43	—	—	0.094	47.32	0.091	196.94	0.079	0.083
2010	0.071	22.95	—	—	0.097	68.98	0.105	298.59	0.083	0.085
2011	0.076	33.48	—	—	—	—	0.108	356.97	0.088	0.087
2012	0.089	47.11	—	—	—	—	0.116	450.19	0.102	0.104
2013	0.092	50.83	—	—	—	—	—	—	0.102	0.099
2014	0.075	32.79	—	—	—	—	—	—	0.083	0.084
2015	0.077	111.24	—	—	—	—	—	—	0.084	0.088
2016	0.083	29.28	—	—	—	—	—	—	0.087	—
2017	0.068	21.45	—	—	—	—	—	—	—	—
2018	0.073	36.28	—	—	—	—	—	—	—	—
2019	0.059	23.72	—	—	—	—	—	—	—	—

资料来源：对比数据分别来自文献。

四　贸易伙伴国福利效应分析

（一）主要贸易伙伴国分析

表 3-6 汇总了 1996 年和 2019 年中国与主要贸易伙伴国的效率损失及贸

易条件收益贡献。① 相较于标准估计方法贸易限制指数和福利估计结果，贸易伙伴国福利效应分析可以很好地说明中国因实施进口关税给出口国带来的效率损失，以及中国从贸易伙伴国获得的贸易条件收益。

表 3-6　1996 年和 2019 年中国与主要贸易伙伴国的效率损失及贸易条件收益贡献

单位：亿美元，%

国家	出口额	Eff^*	占比	TOT^*	占比	简单平均关税	贸易限制指数
1996 年							
日本	291.808	−3.958	−1.36	−31.431	−10.77	22.5	22.1
美国	161.551	−7.615	−4.71	−9.576	−5.93	23.2	37.4
韩国	124.816	−2.554	−2.05	−13.048	−10.45	22.4	24.0
德国	73.241	−0.925	−1.26	−8.368	−11.43	22.4	22.9
俄罗斯	51.517	−0.306	−0.59	−1.830	−3.55	15.2	12.3
澳大利亚	34.337	−4.687	−13.65	−0.898	−2.62	23.0	57.5
意大利	32.459	−0.334	−1.03	−3.380	−10.41	23.1	19.4
印度尼西亚	22.804	−0.191	−0.84	−1.038	−4.55	23.4	10.8
法国	22.400	−0.379	−1.69	−1.957	−8.73	22.6	23.1
英国	18.809	−0.472	−2.51	−2.005	−10.66	21.3	31.3
巴西	14.841	−3.539	−23.85	−0.699	−4.71	19.1	80.2
瑞典	13.797	−0.137	−0.99	−2.089	−15.14	19.1	21.3
瑞士	9.320	−0.049	−0.52	−0.714	−7.66	20.0	15.5
荷兰	9.185	−0.134	−1.46	−0.704	−7.66	20.7	24.1
印度	7.192	−0.053	−0.74	−0.264	−3.67	19.9	14.6
全部出口国	1388.330	−37.690	−2.71	−96.790	−6.97	21.6	31.0
2019 年							
韩国	1735.530	−1.031	−0.06	−20.692	−1.19	7.2	6.0
日本	1715.230	−1.594	−0.09	−40.739	−2.38	7.3	7.8
美国	1232.360	−1.482	−0.12	−23.704	−1.92	7.6	6.9
澳大利亚	1196.080	−1.287	−0.11	−11.817	−0.99	7.6	4.9
德国	1050.370	−1.436	−0.14	−29.563	−2.81	7.3	8.7
巴西	792.036	−0.719	−0.09	−5.181	−0.65	7.2	3.6

① 限于篇幅，只汇报了 1996 年和 2019 年主要贸易伙伴国的数据，其他年份和其他出口国相关数据备索。

国家	出口额	Eff*	占比	TOT*	占比	简单平均关税	贸易限制指数
				2019 年			
俄罗斯	602.572	−0.153	−0.03	−2.827	−0.47	6.1	1.7
印度尼西亚	339.928	−0.637	−0.19	−6.589	−1.94	7.2	7.0
法国	325.808	−0.423	−0.13	−8.317	−2.55	7.4	6.9
瑞士	273.978	−0.157	−0.06	−3.982	−1.45	6.9	7.9
英国	238.275	−0.340	−0.14	−5.113	−2.15	7.1	5.5
意大利	214.213	−0.228	−0.11	−5.736	−2.68	7.3	7.1
印度	179.701	−0.213	−0.12	−3.990	−2.22	7.2	6.7
荷兰	111.957	−0.285	−0.25	−2.738	−2.45	7.4	10.0
瑞典	91.372	−0.125	−0.14	−2.112	−2.31	6.9	7.0
全部出口国	20689.500	−16.450	−0.08	−243.550	−1.18	7.1	5.4

资料来源：笔者计算得到。

首先，1996 年中国所有贸易伙伴总共产生效率损失 37.69 亿美元，占中国 1996 年进口额的比例为 2.71%，共为中国创造了 96.79 亿美元的贸易条件收益，占进口额的比例为 6.97%，中国实施的简单平均关税为 21.6%，出口国效率损失贸易限制指数为 31.0%。2019 年中国所有贸易伙伴总共产生效率损失 16.45 亿美元，占中国 2019 年进口额的比例为 0.08%，共为中国创造了 243.55 亿美元的贸易条件收益，占进口额的比例为 1.18%，中国实施的简单平均关税为 7.1%，出口国效率损失贸易限制指数为 5.4%。两者对比来看，出口国效率损失出现了明显下降，而贸易条件收益明显增加，简单平均关税和贸易限制指数明显降低，但随着中国进口贸易额的快速增长，贸易条件收益占进口额的比例有所下降，这可能与出口国市场力量的不断增强和日益增多的双边和多边贸易谈判相关。

其次，从主要贸易伙伴分析可以看出，出口国的效率损失因出口供给弹性的异质性和对中国出口商品的差异而不同。1996 年出口国效率损失比较集中，效率损失最大的是美国，效率损失为 7.62 亿美元，占出口额的比例为 4.71%。其次是澳大利亚、日本、巴西和韩国，效率损失分别为 4.69 亿美元、3.96 亿美元、3.54 亿美元和 2.55 亿美元，占出口额的比例分别为 13.65%、1.36%、23.85%和 2.05%。值得注意的是，巴西和澳大利亚虽然出口额不高，但两者效率损失占出口额的比例达到了 37.5%，原因可能是中国主要从巴西和澳大利亚进口农产品，而在入世之前中国对农产品的关税和非关税壁垒较高。[①] 从以上国家可以看出，中国在 1996 年对 WTO 成员施加了更多的限制，WTO 成员面临着更高的贸易限制指数，其中巴西和澳大利亚贸易限制指数达到 80.2%和 57.5%。就贸易条件收益而言，也表现出相对集中的趋势。中国从日本、美国、韩国的进口总额为 578.18 亿美元，占 1996 年总进口额的 41.65%，中国在三国进口贸易中获得的贸易条件收益达到了 54.06 亿美元，占三国对中国出口总额的 27.15%，同时占中国贸易条件总收益的比例为 55.85%。相对比来看，作为非 WTO 成员的俄罗斯出口效率损失仅为 0.31 亿美元，占对中国出口总额的 0.59%。中国从俄罗斯进口贸易中获得的贸易条件收益也较小，仅为 1.83 亿美元，占出口额的比例为 3.55%，而俄罗斯所面临的关税和贸易限制指数在主要贸易伙伴国中都处在较低水平，说明中国和俄罗斯作为战略伙伴，两者倾向于相对宽松、互利合作的贸易关系。

从 2019 年的数据可以看出，自从中国加入 WTO 以后，随着关税大幅削减，WTO 成员面临的贸易限制指数也大幅下降，平均下降幅度为 21.25%。虽然中国进口额出现大幅增长，但主要贸易伙伴国的效率损失都有较大幅度下降，出口国效率损失则更为分散。其中下降最大的国家为美国，从 1996 年的 7.62 亿美元下降到 2019 年的 1.48 亿美元，占出口额的比例从 1996 年的 4.71%下降到 2019 年的 0.12%。随着中国农产品逐渐倾向于自由贸易，巴西和澳大利亚的效率损失分别从 1996 年的 3.54 亿美元和 4.69 亿美元下

[①] 刘庆林和汪明珠（2014）研究指出，入世前中国实施关税配额的农产品包括小麦、大麦、玉米、稻谷及大米、大豆、油菜籽、羊毛及毛条、棉花等；实行进口许可管理的农产品包括家禽肉、酒类等。另外，入世前农产品的贸易加权平均关税达到了 40.87%。吴国松等（2013）研究指出，中国农产品的贸易限制措施不仅包括边境措施（关税和非关税措施），还包括国内支持政策（国内补贴、价格支持和税费减免）。而李猛等（2021）最新研究指出巴西和澳大利亚对中国进口贸易限制指数也较高。

降到 2019 年的 0.72 亿美元和 1.29 亿美元，占出口额的比例从 1996 年的 23.85% 和 13.65% 下降到 2019 年的 0.09% 和 0.11%。同时，中国从主要贸易伙伴国的贸易条件收益也呈现逐渐分散的趋势，从韩国、日本、美国、澳大利亚和德国的进口总额为 6929.57 亿美元，占中国 2019 年总进口额的 33.49%，从中获得的贸易条件收益为 126.52 亿美元，占五国出口额的比例仅为 9.29%，占中国贸易条件总收益的 51.95%。相对比来看，虽然俄罗斯加入 WTO 的时间较晚，但由于中国和俄罗斯升级为新时代全面战略协作伙伴关系，中国对俄罗斯进口关税和贸易限制指数均为 2019 年最低，简单平均关税为 6.1%，而贸易限制指数仅为 1.7%。2019 年中国从俄罗斯进口额为 602.57 亿美元，效率损失仅为 0.15 亿美元，占比为 0.03%。中国从俄罗斯获得的贸易条件收益仅为 2.83 亿美元，仅占中国贸易条件总收益的 0.01%。1996 年和 2019 年数据表明，出于国际贸易环境的不确定性和战略安全考虑，中国实施了差别化的贸易限制政策，但差别化程度在降低。

（二）"一带一路"共建国家分析

2013 年"一带一路"倡议提出后，得到"一带一路"共建国家的广泛认同和响应。随着"一带一路"共建国家经贸往来不断加深，表 3-7 分析了 2013 年和 2019 年中国与 10 个重要的"一带一路"共建国家的效率损失及贸易条件收益贡献。[①] 首先，中国对 10 个"一带一路"共建国家的简单平均关税和贸易限制指数下降明显，其中，简单平均关税平均下降 2.9%，下降幅度最大的为尼泊尔。贸易限制指数平均下降 6.8%，下降幅度最大的为希腊，说明中国对"一带一路"共建国家的整体贸易限制在不断降低，贸易额也随之上升。其次，从"一带一路"共建国家效率损失来看，2019 年各国效率损失均在下降，其中下降幅度最大的为越南，下降 1.37 亿美元，占出口额比例从 1.10% 下降至 0.08%。最后，中国从"一带一路"共建国家获得的贸易条件收益占其出口额比例也在下降，下降幅度最大的为尼泊

---

① "一带一路"共建国家数据详情见 https://www.yidaiyilu.gov.cn。限于篇幅，其他国家数据备索。

尔，下降了 2.68 个百分点。从三者分析来看，中国在不断降低"一带一路"共建国家的贸易限制，减少了"一带一路"共建国家的效率损失，并牺牲了部分贸易条件收益，这体现了中国在不断践行建设和平合作、开放包容、互学互鉴、互利共赢利益共同体的宗旨。

表 3-7 2013 年和 2019 年中国与 10 个重要的"一带一路"共建国家的效率损失及贸易条件收益贡献

单位：亿美元，%

国家	出口额	Eff^*	占比	TOT^*	占比	简单平均关税	贸易限制指数
2013 年							
希腊	4.333	−0.032	−0.75	−0.127	−2.94	10.4	20.0
以色列	31.813	−0.033	−0.10	−0.272	−0.85	8.0	10.2
拉脱维亚	0.992	−0.003	−0.32	−0.017	−1.74	8.6	14.4
立陶宛	1.248	−0.002	−0.16	−0.014	−1.12	8.1	13.2
尼泊尔	0.432	−0.001	−0.16	−0.012	−2.71	14.1	11.0
巴基斯坦	31.968	−0.498	−1.56	−0.918	−2.87	10.7	21.6
斯洛伐克	34.582	−0.106	−0.31	−0.439	−1.27	8.3	21.7
泰国	385.227	−1.585	−0.41	−8.862	−2.30	10.4	9.4
土耳其	44.862	−0.076	−0.17	−0.933	−2.08	9.7	8.1
越南	168.919	−1.863	−1.10	−3.137	−1.86	10.6	18.9
2019 年							
希腊	7.262	−0.004	−0.05	−0.080	−1.10	7.1	5.8
以色列	51.576	−0.014	−0.03	−0.395	−0.77	6.3	4.5
拉脱维亚	1.957	−0.003	−0.13	−0.017	−0.85	5.5	9.4
立陶宛	4.368	−0.001	−0.02	−0.023	−0.52	7.3	4.7
尼泊尔	0.335	−0.000	−0.00	−0.000	−0.03	7.1	7.6
巴基斯坦	18.079	−0.106	−0.59	−0.364	−2.01	7.4	15.0
斯洛伐克	59.674	−0.064	−0.11	−0.509	−0.85	6.6	12.9
泰国	461.347	−1.313	−0.28	−9.770	−2.12	7.7	7.3
土耳其	35.017	−0.030	−0.08	−0.688	−1.97	7.0	5.7
越南	640.785	−0.496	−0.08	−6.249	−0.98	7.6	8.0

资料来源：笔者计算得到。

第四节　本章小结

本章主要利用第二章大国经济假设下进口贸易限制指数与其相应关税福利效应的估算模型,并结合 1996~2019 年中国 HS4 位数进口产品数据和关税数据,估算了中国 1996~2019 年的进口贸易限制指数与其相应的关税福利效应,并与小国经济假设下传统标准估计方法进行了对比,衡量了中国关税政策的有效性及扭曲程度,探究了关税福利效应的影响渠道,从进口贸易限制指数与关税福利效应角度研究了中国进口贸易对整体消费者福利的影响。并从贸易伙伴国研究视角出发,估计了主要贸易伙伴国和"一带一路"共建国家的效率损失及贸易条件收益贡献,分析了中国关税政策对贸易伙伴国的福利影响。相关研究结果为中国制定进口贸易政策和进行双边或多边贸易谈判提供了重要的经验证据。研究结论主要包含以下几点。

第一,1996~2019 年中国进口关税大幅削减,简单平均关税和加权平均关税不断下降,但两者均不是衡量中国贸易限制程度的理想指标,有可能高估或低估中国真实的贸易保护程度。

第二,在福利公式基础上构建了多个贸易限制指数,各项贸易限制指数整体上处于不断下降的趋势,但表现出明显的阶段性特征,与国内外经济环境变化及中国贸易政策的动态调整密切相关。与小国经济假设下标准估计方法单一贸易限制指数仅衡量进口国因关税政策导致效率损失不同,多个贸易限制指数强调了贸易条件收益在评估进口国关税福利效应的重要性。

第三,关税福利效应包括进口国效率损失、贸易条件收益及出口国效率损失。福利估计结果显示,除 2001 年外,中国因关税政策均获得了正的福利收益,从 1996 年的 39.39 亿美元增长到 2019 年的 219.83 亿美元。由于排除了贸易条件收益,小国经济假设下标准估计方法高估了中国效率损失约 3 倍,同时高估整体效率损失约 2 倍。福利分解结果显示,除 2001 年外,中国贸易条件收益大于效率损失,这是出现正福利效应的根源。

第四,对贸易伙伴国分析结果显示,1996 年主要贸易伙伴国效率损失及贸易条件收益主要集中在 WTO 成员，2019 年两者呈现分散趋势。出于战略安全考虑，中国实施了差别化贸易限制政策，但差别化程度在降低。中国对"一带一路"共建国家贸易限制指数下降明显，共建国家效率损失降低，这体现了中国在不断践行建设和平合作、开放包容、互学互鉴、互利共赢利益共同体的宗旨。

第四章

需求变化情形下中国进口种类
增长福利效应

第一节　问题的提出

进口贸易作为中国对外贸易的重要组成部分，自改革开放以来，特别是20世纪90年代中期以来，贸易自由化程度不断提高。中国全面融入世界贸易体系，对外开放的深度和广度不断拓展，进口贸易飞速发展，进口规模持续扩大。1996～2019年中国进口额从1388.3亿美元增长到20784.1亿美元，增长了约14倍，从2009年至今中国一直是世界第二大进口国，取得了举世瞩目的成绩。① 与此同时，进口产品种类也经历了大幅增长，1996～2019年进口产品种类总数从68535种增长到146065种，增长了1倍多。② 进口种类增长作为垄断竞争框架下一国贸易福利的重要来源（Feenstra，2010），探究进口种类增长的福利效应一直是各国经济学家关注的焦点问题。而传统标准估计方法，即Feenstra（1994）及Broda和Weinstein（2006）结构性估计方法，假设消费者需求特征不发生变化，导致估算结果不能反映现实情况

---

① 数据来自相关年份《中国统计年鉴》。
② 笔者根据 CEPII-BACI 数据库原始数据计算。

（Benkovskis and Worz，2014）。那么，需求变化情形下中国进口种类增长福利效应究竟有多大？内在影响机制是什么？消费者从哪些产品和行业进口中获利更多？对以上问题的回答，既有助于拓展需求变化情形下进口种类增长福利效应估算理论，又可以为中国继续实施扩大进口战略和构建双循环新发展格局提供重要的政策启示。

值得注意的是，徐小聪和符大海（2018）首次根据 Redding 和 Weinstein（2016）的研究构建了需求变化情形下测算进口种类增长福利效应的统一价格指数，并估算了 1995～2010 年中国和其他 9 个国家的进口种类增长福利效应。研究发现，在需求变化情形下，中国进口种类增长福利效应约为 2010 年 GDP 的 4.29%，相比需求不变情形增加了 0.94 个百分点，需求不变情形低估了中国进口种类增长福利效应。但徐小聪和符大海（2018）并没有在理论上推导出忽略需求变化可能导致的需求冲击偏差，而且在具体估算过程中，使用 Broda 和 Weinstein（2006）估计的 1994～2003 年中国产品替代弹性时，存在两个方面问题：一是两者时间区间不一致，需要假设替代弹性不随时间变化；二是用 HS3 位数替代弹性去匹配 HS6 位数产品层面的做法有可能高估进口种类增长福利效应（陈勇兵等，2011）。这两个方面都有可能导致最后的估算结果出现偏差。与徐小聪和符大海（2018）相比，本章的不同点如下。第一，在理论层面推导了忽略需求变化导致的需求冲击偏差，探究了需求变化情形下进口种类增长福利效应的内在影响机制，进一步拓展和完善了需求变化情形下进口种类增长福利效应的理论估算模型。第二，利用替代弹性混合估计方法直接估计了产品内种类间替代弹性，克服了 Broda 和 Weinstein（2006）替代弹性标准估计方法可能导致的小样本偏差和低效性，提高了估计的准确性，并将两者估计结果进行了对比研究。

本章主要利用第二章需求变化视角下进口种类增长福利效应估算模型及替代弹性混合估计方法，并结合 1996～2019 年中国 HS6 位数进口产品数据，测算需求变化情形下中国进口种类增长引致的消费者福利效应，并与替代弹性标准估计方法估算结果进行对比，探究需求变化情形下进口种类增长福利效应的影响机制，从进口种类增长福利效应角度研究中国进口贸易对整体消费者福利的影响。更进一步地，对中国进口种类增长福利效应分别在 HS6 位数产品层面、ISIC2 行业层面和广义经济类别（BEC）分类层面进行分解，揭示需求变化情形下进口种类增长福利效应的微观机制，考察中国进口种类增长福利效应的来源。

第二节　数据说明及特征事实分析

一　数据说明

本章使用 1996~2019 年 CEPII-BACI 数据库 HS6 位数中国进口产品数据，测算需求变化情形下中国进口种类增长福利效应。CEPII-BACI 数据库包含世界 200 多个国家 HS6 位数双边贸易数据，涵盖每一种产品的进出口国家、价值量、数量等重要数据，是研究进口种类增长福利效应的较好样本。在数据处理方面删除了进口价值和数量为 0 或缺失的观测值，还利用 2 位数国际标准产业分类（ISIC rev. 3）和 BEC 分类，对 HS96 版本、ISIC 和 BEC 数据进行匹配，并剔除了不能匹配的数据，以便后续对福利效应进行分解。需要说明的是，一方面，能源类产品进口贸易额较大；另一方面，测算样本时期较长，长期内能源产品（如石油）价格相对稳定，因此并没有像陈勇兵等（2011）、谷克鉴和崔旭（2019）那样删除能源产品，这样能更全面地分析进口种类变化引致的福利影响。

二　特征事实分析

本小节主要汇报了 1996 年和 2019 年中国进口种类的特征事实和 30 个主要进口来源地进口产品数目和进口总值的排名情况。

表 4-1 汇报了 1996 年和 2019 年中国进口种类的特征事实。从进口产品角度而言，1996 年中国进口的 HS6 位数产品数为 4916 种，2019 年中国进口的产品数为 4683 种，进口产品数目不仅没有增长，反而有所下降。然而，中国进口产品种类总数却从 1996 年的 68535 种增长到 2019 年的 146065 种，

增长了 1 倍多。每种产品平均进口种类数从 1996 年的 13.94 种增长到 2019 年的 31.19 种。同时，两时期共有 HS6 位数产品 4512 种，共有产品在各年份的进口份额均超过了 97%，2019 年消失的产品数为 404 种，其种类数为 3389 种，新增的产品数为 171 种，其种类数为 3190 种。表 4-1 表明，中国进口贸易额的增长主要来源于每种产品进口来源地数量的增长，进口来源地的拓展和多元化是进口种类增长的主要因素。

表 4-1　1996 年和 2019 年中国进口种类的特征事实

	产品数（种）	平均进口种类数（种）	种类总数（种）	进口额（亿美元）	进口份额（%）
1996 年	4916	13.94	68535	1216.08	100
2019 年	4683	31.19	146065	15749.60	100
1996 年共有 HS6 位数产品	4512	14.44	65146	1186.54	97.57
2019 年共有 HS6 位数产品	4512	31.67	142875	15566.25	98.84
1996 年有 2019 年无	404	8.39	3389	29.54	2.43
2019 年有 1996 年无	171	18.65	3190	183.35	1.16

注：在删除进口价值和数量为 0 或缺失的观测值后，进口总额与《中国统计年鉴》数据存在差距。
资料来源：笔者根据 CEPII-BACI 数据库原始数据计算。

　　表 4-2 汇报了 1996 年和 2019 年中国主要进口来源地产品数目和进口总值的排名情况。从产品数目来看，一方面，排名整体较为稳定，主要进口来源地产品数目排名变化较大的经济体主要有印度、西班牙、越南、阿联酋、波兰等，其中印度从第 25 名升至第 10 名，阿联酋从第 56 名升至第 24 名，而排名下降的经济体主要有中国香港、澳大利亚等；另一方面，相较于 1996 年，2019 年产品数目进口来源更加分散，集中度下降，从进口数目比看出，除日本和中国香港外，其他经济体的产品数目都出现了增长，其中阿联酋增长最多，是 1996 年的 39.37 倍。这表明一些亚洲国家或地区逐渐在中国进口种类增长中起到了重要的作用。从进口总值排名来看，除澳大利亚取代中国香港外，韩国、日本、美国、德国、中国台湾始终排在前列，这五个经济体的进口增长贡献度达到了 35.86%，而进口总值排名大幅上升的有

沙特阿拉伯、越南、智利和伊拉克等经济体，尽管进口增长贡献度较前五名有较大差距，但可以看出，中国在逐渐加大对一些亚洲和南美洲经济体的进口力度，以此减少对主要经济体的依赖。从产品数目和进口总值两个方面来看，中国香港的排名均出现了下降，进口产品数目排名从第 1 下降到第 9，进口总值排名从第 5 下降到第 16，说明内地对中国香港的经济依赖在降低。

表 4-2　1996 年和 2019 年中国主要进口来源地产品数目和进口总值排名情况

单位：种，%

经济体	产品数目排名		产品数目	产品数目	数目比	经济体	进口总值排名		进口增长
	1996 年	2019 年	1996 年	2019 年	2019 年/1996 年		1996 年	2019 年	贡献度
美国	3	1	4064	4213	1.04	韩国	4	1	8.62
日本	2	2	4303	4019	0.93	日本	1	2	8.15
德国	6	3	3495	4000	1.14	澳大利亚	8	3	7.04
韩国	4	4	3808	3841	1.01	德国	6	4	6.82
中国台湾	5	5	3693	3752	1.02	美国	3	5	6.53
英国	7	6	2973	3701	1.24	中国台湾	2	6	5.74
意大利	8	7	2812	3690	1.31	巴西	17	7	4.03
法国	9	8	2714	3656	1.35	俄罗斯联邦	7	8	3.68
中国香港	1	9	4335	3590	0.83	沙特阿拉伯	23	9	2.91
印度	25	10	992	3347	3.37	新加坡	9	10	2.88
荷兰	12	11	1909	3270	1.71	越南	40	11	2.62
西班牙	21	12	1398	3263	2.33	马来西亚	14	12	2.31
泰国	16	13	1728	3160	1.83	英国	18	13	1.89
比利时	15	14	1733	3045	1.76	泰国	15	14	1.83
瑞士	17	15	1684	2972	1.76	印度尼西亚	13	15	1.82
新加坡	10	16	2554	2954	1.16	中国香港	5	16	1.56
加拿大	14	17	1839	2918	1.59	法国	12	17	1.50
澳大利亚	11	18	2417	2823	1.17	智利	32	18	1.44
印度尼西亚	19	19	1455	2819	1.94	瑞士	21	19	1.38
马来西亚	13	20	1863	2684	1.44	伊拉克	139	20	1.35
瑞典	18	21	1585	2656	1.68	安哥拉	44	21	1.31

续表

经济体	产品数目排名		产品数目	产品数目	数目比	经济体	进口总值排名		进口增长
	1996 年	2019 年	1996 年	2019 年	2019 年/1996 年		1996 年	2019 年	贡献度
越南	37	22	270	2611	9.67	加拿大	11	22	1.18
奥地利	22	23	1232	2600	2.11	阿曼	24	23	1.10
阿联酋	56	24	65	2559	39.37	印度	22	24	1.10
波兰	43	25	198	2438	12.31	南非	38	25	1.06
丹麦	23	26	1108	2414	2.18	意大利	10	26	0.93
土耳其	40	27	249	2272	9.12	阿联酋	23	27	0.93
巴西	30	28	573	2205	3.85	荷兰	20	28	0.88
捷克	34	29	376	2168	5.77	菲律宾	35	29	0.86
俄罗斯联邦	26	30	929	2144	2.31	秘鲁	29	30	0.86

资料来源：笔者根据 CEPII-BACI 数据库原始数据计算。

第三节 估算结果及分析

一 替代弹性估计结果及分析

利用 Soderbery（2015）混合估计方法估计了中国 1996~2019 年共 2794018 项 HS6 位数进口产品和种类数据，最终得到 4724 个产品替代弹性值。如表 4-3 所示，有限信息极大似然法估计出 $\hat{\theta}_{1g} > 0$ 的进口产品有 3447 个，占比 73%，中位数为 3.148，均值为 7.850。其中，$\hat{\theta}_{1g} < 0$ 的进口产品有 1277 个，占比 27%，利用非线性有限信息极大似然法进行最优化估计，得出 1277 个替代弹性值中位数为 1.557，均值为 10.886。就全体样本而言，4724 个 HS6 位数产品内种类间替代弹性的中位数为 2.614，均值为 8.670。

表 4-3　替代弹性估计结果

单位：%

		观测值	占比	10分位数	25分位数	50分位数	75分位数	90分位数	均值
Soderbery（2015）混合估计法 HS6 位数替代弹性结果									
σ_{LIML}	$\hat{\theta}_{1g}>0$	3447	73	1.498	1.962	3.148	6.269	14.721	7.850
$\sigma_{LIML/NL}$	$\hat{\theta}_{1g}<0$	1277	27	1.050	1.232	1.557	2.494	18.556	10.886
σ_g	全体样本	4724	100	1.297	1.622	2.614	5.509	15.022	8.670
Broda 和 Weinstein（2006）标准估计方法 HS3 位数替代弹性结果									
σ_g	全体样本	170	100	2.027	2.742	3.429	5.161	7.653	6.189

资料来源：笔者根据混合估计方法估计和相关文献得到。

　　进一步地，对商品进行 HS2 位数层面的分类，然后汇报某一类商品的替代弹性值。如表 4-4 所示，不同分类产品的替代弹性具有差异性。平均替代弹性最高的是 64-67 组别，为 14.330，中位数为 2.608。平均替代弹性最低的是 25-27 组别，为 5.467，中位数为 2.307。

表 4-4　HS2 位数替代弹性估计结果

HS2 位数	名称	含 HS6 位数产品数量	10分位数	50分位数	90分位数	均值
01-05	活动物或动物产品	163	1.317	2.706	9.832	7.019
06-15	植物产品；动、植物油脂及其分解产品；动植物蜡	264	1.290	2.680	8.008	5.696
16-24	食品、饮料和烟草	170	1.449	2.829	13.024	7.990
25-27	矿产品	128	1.333	2.307	7.304	5.467
28-38	化学工业及相关工业产品	715	1.318	2.427	8.572	6.524
39-40	塑料及其制品；橡胶及其制品	189	1.383	2.797	12.119	6.021
41-43	生皮、皮革、毛皮及其制品；鞍具；旅行用品、手提包及类似品；动物肠线制品	72	1.213	2.370	12.340	10.063
44-49	木及相关制品；稻草、秸秆或其他编织产品；木浆与纸制品	214	1.391	2.499	14.641	6.377
50-63	纺织原料及纺织制品	780	1.258	2.740	19.363	9.135

续表

HS2 位数	名称	含 HS6 位数产品数量	10 分位数	50 分位数	90 分位数	均值
64~67	鞋、帽、伞、杖、鞭及其零件;已加工的羽毛及其制品;人造花;人发制品	54	1.224	2.608	28.426	14.330
68~71	石料、石膏、水泥、石棉及类似材料制品;陶瓷及玻璃制品;珍珠、宝石及贵金属制品	185	1.172	2.349	15.022	6.963
72~83	贱金属及其制品	540	1.346	2.736	13.386	8.241
84~85	机电产品	773	1.235	2.947	27.410	12.674
86~89	车辆、航空器、船舶及有关运输设备	115	1.281	2.709	13.561	12.299
90~97	光学及医疗设备;武器、弹药及其零件、附件;杂项制品;艺术品、收藏品及古物	362	1.232	2.478	17.073	9.701

资料来源:笔者根据混合估计方法估计得到。

由于以往大多文献通常使用 Broda 和 Weinstein (2006) 估计的中国 1994~2003 年 HS3 位数产品替代弹性值,[①] 对比可以看出,混合估计方法估计的平均替代弹性 8.670 大于标准估计方法估计的平均替代弹性 6.189,同时也略大于 Kee 等 (2008) 测算的中国 1988~2001 年进口产品的平均替代弹性 7.260,估计结果符合 HS6 位数替代弹性大于 HS3 位数替代弹性的理论预期,因为在更为加总的水平上估计的替代弹性趋向于更小,意味着产品之间的可替代性较小、差异性较大,相对需求对相对价格不敏感,这表明 HS3 位数产品替代弹性可能会掩盖种类数目的增加,低估实际价格的偏误 (陈勇兵等,2011)。

Broda 和 Weinstein (2006) 认为当替代弹性超过一定临界值时,例如 10 或者 20,则经典垄断竞争框架下产品种类变化对福利的影响相对较小。极

---

① 数据来源:http://www.columbia.edu/~dew35/TradeElasticities/TradeElasticities.html。

端情况下，当 $\sigma_g \to +\infty$，$\lambda^{1/(\sigma_g-1)} \to 1$，即在完全竞争市场中，所有产品都是同质的，没有种类之分，实际价格等于传统价格，则进口种类变化带来的贸易福利为 0，福利变化完全取决于进口产品的价格变化。就本研究而言，由于 4724 个产品替代弹性值的中位数为 2.614，均值为 8.670，均小于临界值 10，表明中国进口种类增长对进口贸易福利具有较为重要的影响。

二 进口种类增长福利效应估算结果及分析

为了估算价格偏误指数和进口种类增长福利效应，需要对共有产品数据进一步处理。首先，根据式（2.30），为了计算某一产品的 λ 比率，需要保证该产品在两时期至少有一个共同的进口来源地，即 $I_{gt} \cap I_{g,t-1} \neq \emptyset$，删除了两时期交集为 $\emptyset$ 的 136 种产品（占共有产品数目的 3.01%）。其次，利用共有产品数据匹配 4724 个替代弹性估计数据，删除了不能匹配的 238 种产品（占共有产品数目的 5.27%）。经过处理，最终得到共有产品 4138 种，共有种类 49628 种。[①]

表 4-5 列出了需求变化情形下两种估计方法的相关指标结果。可以看出，λ 比率中位数分别为 0.946 和 0.956，均小于 1，说明进口种类增长会降低价格指数。替代弹性中位数分别为 2.709 和 3.595，远低于临界值 10，说明进口种类变化对贸易福利会产生重要的影响。需求冲击偏差平均值分别为 0.447 和 0.138，说明支出份额权重和需求参数出现了正相关的机制力，需求冲击会对贸易福利产生正的影响力。价格偏误指数和福利效应估算结果很好地阐释了以上三点。其中，需求变化情形下替代弹性标准估计方法估算的价格偏误指数为 0.8184，小于 1，传统价格指数造成的向上偏误为 18.16%，平均每年向上偏误 0.76%，中国消费者由于进口种类增长获得的福利相当于 GDP 的 2.606%，即中国消费者将愿意支付 2019 年 GDP 的 2.606% 来获取比 1996 年范围更为广泛的进口产品种类消费。需求变化情形

---

① 利用共有产品数据与 Broda 和 Weinstein（2006）弹性匹配后，最终得到共有产品 4376 种，共有种类 51595 种。

下混合估计方法估算的价格偏误指数为 0.6724，传统价格指数造成的向上偏误为 32.76%，平均每年向上偏误 1.37%，获得的福利相当于 GDP 的 5.229%。由此可见，无论标准估计方法还是混合估计方法，忽略需求变化会严重低估中国进口种类增长福利效应。但从两种替代弹性估计方法的对比看，需求变化情形下混合估计方法与标准估计方法价格偏误指数相差 0.1460，需求变化情形下混合估计方法估算的中国进口种类增长福利效应更高，标准估计方法低估了进口种类增长福利效应，两者福利差异为 2.623%。由此看出，需求变化情形下替代弹性标准估计方法低估了中国进口种类增长的福利效应。

表 4-5　需求变化情形下两种估计方法的相关指标结果

单位：%

| | 观测值 | λ 比率中位数 | 替代弹性中位数 | 需求冲击偏差平均值 | 价格偏误指数 | 偏误项 | | 福利效应 |
						百分比	年平均百分比	
混合估计方法	4138	0.946	2.709	0.447	0.6724	32.76	1.37	5.229
标准估计方法	4376	0.956	3.593	0.138	0.8184	18.16	0.76	2.606
差异	—	—	—	—	-0.1460	14.60	0.61	2.623

资料来源：笔者计算得到。

三　福利分解结果及分析

（一）HS6位数产品层面分解结果

根据式（2.56）产品层面福利分解公式，计算需求变化情形下每一个 HS6 位数产品的福利影响，表 4-6 汇报了需求变化情形下 HS6 位数产品层面福利分解结果。增加福利排名第一的是"未烧结的铁矿砂及其精矿"，为 1.118%，占需求变化情形下所有产品引致福利（5.229%）的 21.38%；排名第二的是"电子电路：单片、集成、数字、金属氧化物半导体"，为 0.589%，占比 11.26%；排名第三的是"石油原油及从沥青矿物提取的原油"，为 0.291%，占比 5.57%。排名前 10 的 HS6 位数产品共使福利增加

3.395%，占总体福利效应的64.93%。由此可见，中国进口种类增长对福利的正向作用主要集中在矿产品、高科技产品和能源产品，这与中国大规模基础设施建设、科技创新发展及消费者巨大生活需求的现状相吻合。从产品类型来看，增加福利排名前10的HS6位数产品基本是中间品，只有"其他具有独立功能的机器及机器器具"为资本品。

表4-6　需求变化情形下HS6位数产品层面福利分解结果

单位：%

HS6产品	产品名称	产品类型	对福利影响
增加福利排名前10的产品			
260111	未烧结的铁矿砂及其精矿	中间品	1.118
854213	电子电路：单片、集成、数字、金属氧化物半导体	中间品	0.589
270900	石油原油及从沥青矿物提取的原油	中间品	0.291
520100	未梳理或精梳的棉花	中间品	0.281
847989	其他具有独立功能的机器及机器器具	资本品	0.255
850790	未另列明的电动蓄能器零件	中间品	0.204
852990	与航向号设备配套使用的收发设备	中间品	0.204
510111	未梳理或精梳的羊毛	中间品	0.164
847330	自动数据处理的零件和附件、磁或光阅读器、数字处理单元	中间品	0.147
851790	电话设备	中间品	0.142
减少福利排名前10的产品			
853710	用于电气控制或配电的面板、控制台、桌子和其他底座	中间品	-0.212
410439	鞣制后的皮革（不包括全粒面和粒面）	中间品	-0.132
880240	飞机及其他航空器，空载重量>15吨	资本品	-0.128
850300	电动机及发电机零件	中间品	-0.116
871120	摩托车（包括轻便摩托车）和脚踏车	消费品	-0.114
853690	用于开关或保护电路的电气设备	中间品	-0.108
880220	飞机及其他航空器，空载重量>20吨	消费品	-0.101
271000	石油和来自沥青矿物的油（非原油）	中间品	-0.100
390120	聚乙烯	中间品	-0.080
842890	用于搬运、装载或卸载的起重机械	中间品	-0.068

资料来源：笔者根据福利估算数据计算。

需求变化情形下福利减少最多的是"用于电气控制或配电的面板、控制台、桌子和其他底座",使福利减少 0.212%;排名第二的是"鞣制后的皮革(不包括全粒面和粒面)",使福利减少 0.132%。与增加福利排名前10 的产品对比,减少福利排名前 10 的产品对福利的负向作用更小,呈现分散趋势,涵盖矿产品、化学制品、电气设备、车辆零部件等多个领域。从产品类型看,减少福利排名前 10 的产品中同样多为中间品。其中,消费品"摩托车(包括轻便摩托车)和脚踏车"使福利减少 0.114%,原因可能是国内各地禁摩政策的实施导致相关产品的进口需求下降。

从上述分析可以看出,需求变化情形下中国进口种类增长引致福利增加的 HS6 位数产品较为集中,而福利减少的 HS6 位数产品较为分散,无论是增加福利还是减少福利的 HS6 位数产品大多为中间品,而消费品占比极低,从侧面说明中国"重生产、轻消费"的进口模式。

(二)ISIC2位数行业层面和 BEC 分类层面福利分解结果

表 4-7 汇报了需求变化情形下 ISIC2 位数行业层面福利分解结果。结果发现,需求变化情形下,增加福利排名前 3 的行业分别是"金属矿的开采"、"未另分类的机械和设备的制造"和"无线电、电视和通信设备与装置的制造",福利增加分别为 1.297%、1.272% 和 0.955%。排名前 5 的行业共使福利增加 4.654%,占福利效应的 89.00%,说明行业层面福利分布同样呈现集中趋势。

表 4-7 需求变化情形下 ISIC2 位数行业层面福利分解结果

单位:%

ISIC2 位数	行业名称	对福利的影响
增加福利排名前 5 的行业		
13	金属矿的开采	1.297
29	未另分类的机械和设备的制造	1.272
32	无线电、电视和通信设备与装置的制造	0.955
01	农业、狩猎及相关服务活动	0.628
24	化学品及化学制品的制造	0.502

续表

ISIC2 位数	行业名称	对福利的影响
减少福利排名前 5 的行业		
35	其他运输设备的制造	−0.440
31	未另分类的电力机械和设备的制造	−0.308
19	皮革的鞣制及修整；皮箱、手提包、马具及鞋靴的制造	−0.129
23	焦炭、精炼石油产品及核燃料的制造	−0.108
25	橡胶和塑料制品的制造	−0.096

资料来源：笔者根据福利估算数据计算。

表 4-8 汇报了需求变化情形下 BEC 分类层面福利分解结果。[①] 结果发现，需求变化情形下，增加福利排名第一和第二的 BEC 分类分别为"未另分类的初级工业用品"和"运输设备以外的资本货物"，福利分别增加 1.889% 和 1.187%，两者占总体福利效应的 58.83%。

表 4-8　需求变化情形下 BEC 分类层面福利分解结果

单位：%

BEC 分类	分类名称	对福利的影响
21	未另归类的初级工业用品	1.889
41	运输设备以外的资本货物	1.187
22	未另归类的加工工业用品	0.882
42	资本品的零部件（除运输设备外）	0.692
31	燃料和润滑剂初级工业用品	0.294

资料来源：笔者根据福利估算数据计算。

更进一步地，将需求变化情形下进口种类增长的福利效应根据 BEC 分类官方文件将产品依照 SNA 三大类和产品生产阶段进行分解。如表 4-9 所示，从 SNA 三大类分解来看，需求变化情形下进口种类增长的福利效应集中在中间品和资本品，两者合计占总体福利效应的 95.37%，而消费品仅占

———————

① 福利减少分解结果备索。

总体福利效应的 2.11%，占比非常低。另外，从表 4-9 产品生产阶段分解来看，中间品带来的福利效应集中在初级产品和半成品，说明中国已经在生产制造环节上深度融入全球价值链，但仍处在较低水平。另外，进口的初级产品和半成品以及配件和零部件等产品虽然被用于生产最终消费品，但是中国消费者对进口种类增长引致的贸易福利直接感知较低，进一步说明了中国"重生产、轻消费"的进口模式。

表 4-9　需求变化情形下 SNA 三大类和生产阶段福利分解结果

单位：%

SNA 标准分类	对福利的影响	占比
中间品	3.877	74.15
资本品	1.109	21.22
消费品	0.110	2.11
生产阶段	对福利的影响	占比
初级产品	2.183	41.75
半成品	0.938	17.95
配件和零部件	0.714	13.65
消费品	0.110	2.11
资本品	1.109	21.22

资料来源：笔者根据福利估算数据计算。

第四节　本章小结

本章主要利用第二章需求变化情形下进口种类增长的福利效应估算模型及替代弹性混合估计方法，并结合 1996~2019 年中国 HS6 位数进口产品数据，测算了需求变化情形下中国进口种类增长福利效应，并与替代弹性标准估计方法估算结果进行了对比，探究了需求变化情形下进口种类增长福利效应的影响机制，从进口种类增长福利效应角度研究了中国进口贸易对整体消费者福利的影响。更进一步地，对中国进口种类增长福利效应在 HS6 位数产品层面、ISIC2 行业层面和 BEC 分类层面进行了分解，揭示了需求变化情形下进口种类增长福利效应的微观机制，考察了进口种类增长福利效应的来源。研究结论主要包含以下几点。

第一，在需求变化情形下，无论是替代弹性标准估计方法还是混合估计方法，忽略需求变化会严重低估中国进口种类增长的福利效应，需求变化对中国进口种类增长福利效应产生了正向的影响力。

第二，需求变化情形下替代弹性混合估计方法估算的 1996～2019 年中国进口种类增长引致的价格偏误指数为 0.6724，传统价格指数向上偏误 32.76%，平均每年向上偏误 1.37%，中国消费者由于进口种类增长获得的福利相当于 GDP 的 5.229%。但从两种替代弹性估计方法对比来看，标准估计方法与混合估计方法价格偏误指数相差 0.1460，替代弹性标准估计方法低估中国进口种类增长福利效应达到 GDP 的 2.623%。

第三，需求变化情形下进口种类增长福利效应分解结果如下。首先，无论是 HS6 位数产品层面还是 ISIC2 位数行业层面，中国进口种类增长的福利效应均呈现集中趋势。其次，从 BEC 分类层面分解来看，中国进口种类增长的福利效应主要集中在中间品和资本品，消费品占比较低，中国"重生产、轻消费"的进口模式依然明显。

第五章

中国不同收入群体的进口价格指数估算

第一节　问题的提出

党的二十大报告指出，要"不断实现发展为了人民、发展依靠人民、发展成果由人民共享"，坚持以人民为中心的发展思想，着力促进全体人民共同富裕。但中国内部不平等问题呈现不断扩大的趋势，不仅包括地区之间、城乡之间，还包括城市和农村内部不同群体间都出现了不同程度的收入不平等现象（李实和罗楚亮，2011；李实和朱梦冰，2018；吴彬彬和李实，2018；罗楚亮等，2021）。随着收入不平等的加剧，消费不平等问题也逐渐凸显（邹红等，2013；陈志刚和吕冰样，2016；赵达等，2017；夏庆杰等，2019；朱德云等，2021），收入和消费不平等已经严重影响了中国经济的良性发展。为了实现共同富裕目标，提高低收入群体收入水平和扩大中等收入群体逐渐成为政策着力点（李逸飞，2021）。

中国作为人口和消费大国，维持物价稳定及防止通货膨胀是关乎民生的重中之重，因为消费品的价格变动是直接衡量消费者实际购买力和生活成本变动的重要因素。对于不同收入群体而言，收入水平和消费结构的异质性决定了其面对价格变化的承受能力和不同反应。近年来，进口商品价格上涨或波动是一个不争的事实（魏浩，2016），从整体层面看，进口商品价格的快速上涨或大幅波动将会间接导致国内物价上涨，加剧输入性通货膨胀压力，增加消费者生活成本。从微观层面看，已有文献在进口价格上涨对不同收入群体生活成本影响方面的研究还比较缺乏。那么，进口商品价格变动对中国不同收入群体生活成本的影响程度有多大？不同商品类别的进口价格变化在不同收入群体之间是如何分配的？对以上问题的回答，可以对中国过去的贸易实践进行深刻反思，为中国未来贸易政策制定提供经验证据，对实现共享发展和共同富裕目标具有重大的现实意义。

本章主要利用第二章异质性视角下特定收入群体进口价格指数估算模型，并结合 CEPII-BACI 数据库中中国 HS6 位数进口产品数据和中国 UHS 数据，测算中国不同收入群体的进口价格指数，分析不同收入群体面临的进口价格通胀程度，考察进口价格变化对中国不同收入群体生活成本的影响，从不同收入群体进口价格指数视角研究中国进口贸易对异质性消费者福利的影响。并进一步分析不同收入群体进口价格指数在部门层面消费的异质性，探究不同收入群体进口价格通胀的影响机制，以此审视中国贸易利益在个体微观层面的分配问题。

第二节　数据说明及特征事实分析

一　数据说明

为了测算特定家庭进口价格指数，需要 t 时期部门 s 种类 v 的进口价格 p_{vt}、部门 s 种类 v 的进口数量 q_{vt} 以及特定家庭 h 在进口部门 s 的进口消费支出 Y_{hst}。

本章将中国 HS6 位数层面的进口产品数据与中国 UHS 数据相匹配。具体来说，第一，贸易数据来自 CEPII-BACI 数据库，该数据库包含世界 200 多个国家 HS6 位数双边贸易数据，涵盖每一种产品的进出口国家、价值及数量等重要数据，是贸易研究领域的较好样本。中国自 2001 年入世后，

2002~2009 年贸易自由化进程加快推进，故使用 HS2002 版 BACI 数据库中国相关年份的进出口贸易数据。第二，微观数据来自 2002~2009 年中国 UHS 数据。一方面，UHS 微观数据所选家庭样本通过分层抽样抽取，记录了被调查家庭各类商品和服务的消费金额和数量等消费支出情况，并定期进行更新以确保中国城市家庭的代表性。另一方面，2002~2009 年 UHS 数据包含了 13 个省（山西省、辽宁省、黑龙江省、江苏省、安徽省、江西省、山东省、河南省、湖北省、广东省、四川省、云南省和甘肃省）和 3 个直辖市（北京市、上海市和重庆市）的数据，覆盖了中国东、中、西部地区，也包含了较发达和较不发达城市，具有更高的代表性和准确性。丰富准确的贸易数据和 UHS 数据为估算不同收入群体进口价格指数提供了扎实的数据基础。

首先，UHS 数据库提供了城市居民家庭关于食品、衣着、家庭设备用品及服务、交通和通信、娱乐教育文化服务等八大类的消费支出情况。利用分位数分类方法，按照家庭可支配收入将 UHS 数据库中样本家庭划分为十类收入群体，其中，P10、P20、P30、P40、P50、P60、P70、P80、P90 及 P100 分别表示家庭可支配收入分布在 10 分位、20 分位、……、90 分位及 100 分位的收入群体。根据数据的可匹配性和连贯性，具体选取食品饮料及烟草、衣着、家具及家用设备三大类共 41 种商品。[①] 其中，食品饮料及烟草包括粮食、淀粉与薯类、食用油、猪肉、牛肉、羊肉、鸡肉、蛋、鱼、虾、蔬菜、水果、糕点、牛奶、白酒、果酒、啤酒、碳酸饮料、茶、调味品、糖、烟草；衣着包括服装和鞋；家具及家用设备包括家具、洗衣机、乐器、冰箱、空调、电视、摩托车、家用汽车、自行车、音响、热水器、微波炉、电话、电脑、照相机、摄像机和手表。所选商品基本涵盖了家庭衣食住行等日常消费活动，能够较好地反映家庭消费的变动情况。[②] 在计算每个样本家庭所选商品的三大类支出金额和总支出金额后，按

---

① 研究范围仅限于进口商品价格指数的构建，不包含服务类消费项目。

② 去除家庭服务性消费，所选商品占样本家庭平均消费支出的 84.7%，具有较高的代表性。

照家庭可支配收入将样本划分为十类收入群体,[①] 分别对三大类支出和总支出在收入群体层面求平均值,作为各收入群体在三大类及全部商品的实际支出金额（E_{hst}和E_{st}）。

其次,将城市家庭消费项目与 BACI 数据库 HS6 位数产品进行匹配。一方面,先将 UHS 数据库中 41 种消费品与 SITC4 位数进行手工匹配,进一步与 HS6 位数进行匹配,[②] 利用每一个 HS6 位数层面进口产品的价值和数量计算进口价格p_{vt}。另一方面,使用进口渗透率计算 t 时期特定家庭 h 在进口部门 s 的进口消费支出Y_{hst},需要将 HS6 位数产品层面汇总到行业层面。先将 HS6 位数产品与国际标准产业分类 ISIC Rev. 3 的 4 位数对齐,并汇总到 2 位数行业水平,将其与中国行业标准分类 CSIC2002 的 2 位数编码对齐,分别列出三大部门所对应的 ISIC2 位数行业或 CSIC2 位数行业（见表 5-1）。然后利用 BACI 数据库中中国进出口数据,删除进出口价值和数量为 0 或缺失的观测值,计算每个 ISIC2 位数行业层面的进出口额,将其加总到三大部门层面,得到部门层面的进出口额。最终将《中国统计年鉴》中 CSIC2 位数对应的行业总产值加总到三大部门层面,得到部门层面的行业总产值,计算Y_{hst}的公式如下：

$$Y_{hst} = E_{hst}\left(\frac{M_{st}}{G_{st} - X_{st} + M_{st}}\right) \tag{5.1}$$

其中,E_{hst}为第一步计算的 t 时期特定家庭 h 在部门 s 的实际支出金额；M_{st}为 t 时期部门 s 的进口金额,X_{st}为 t 时期部门 s 的出口金额,两者由加总第二步 ISIC2 位数行业层面进出口金额得到；G_{st}为 t 时期部门 s 的行业总产值,由加总第二步 CSIC2 位数对应的行业总产值得到；括号部分为 t 时期部门 s 的进口渗透率。

[①] 2002 年 10 分位收入群体平均可支配收入为 6704 元, 100 分位收入群体平均可支配收入为 52747 元。2009 年 10 分位收入群体平均可支配收入为 13457 元, 100 分位收入群体可支配收入为 124770 元。可以看出, 不同收入群体可支配收入差距在进一步扩大。

[②] 匹配参照 https：//wits. worldbank. org/product_concordance. html。

表 5-1　消费品与 SITC、HS、ISIC 及 CSIC 对照表

消费品	SITC4 位数	HS4/6 位数	ISIC2 位数	CSIC2 位数
粮食	411；412；421；422；423；430；441；449；451；452；453；459	1001；1002；1004；1005；1006；1007；1008	01；15	01；03；05；13；14
淀粉与薯类	5921	1108；110900	15	13；14
食用油	4113；4211；4212；4213；4214；4215；4216；4217；4218；4221；4222；4223	020900；1502；1503；1506；1507；1508；1509；1510；1511；1512；1513；1514；1515	15	13；14
猪肉	13；122；161；175	0103；0203；0210；1602	01；15	01；03；05；13；14
牛肉	11；111；112；176；179	0102；0201；160250；160290	01；15	01；03；05；13；14
羊肉	12；121	010410；010420；0204	01；15	01；03；05；13；14
鸡肉	14	010511；010512；010519；010592-010599	01	01；03；05
蛋	251；252；253	040700；0408；350211；350219	01；15	01；03；05；13；14
鱼	341；342；344；345；351；352	0301；0302；0303；0304；0305	05；15	04；13；14
虾	361；362	030611-030619；030621-030629	05；15	04；13；14
蔬菜	541；542；544；545；546；547；548；561；564；566；567	0701；0702；0703；0704；0705；0706；0708；0709；0710；0711；0712；0713；0714；1105；1106；1210；1212；190300；2001；2002；2003；2004；2005	01；15	01；03；05；13；14
水果	571；572；573；574；575；576；579	080300；0804；0805；0806；0807；0808；0809；0810	01	01；03；05
糕点	484；485	190120；190520；190531；190532	15	13；14
牛奶	221；222	040110-040130；040210-040299	15	13；14；15
白酒	1124	210610；210690；220820-220890	15	13；14；15

消费品	SITC4 位数	HS4/6 位数	ISIC2 位数	CSIC2 位数
果酒	1121；1122	2204；220510；220590；220600	15	13；14；15
啤酒	1123	220300	15	13；14；15
碳酸饮料	1110	220110；220190；220210；220290	15	13；14；15
茶	741；743	090210－090240；090300；210120	01；15	01；03；05；13；14；15
调味品	751；752；984	0904；090500；0906；090700；0908；0909；0910；2103；220900	01；15	01；03；05；13；14
糖	611；612	170111；170112；170191；170199	15	13；14
烟草	1211；1212；1222；1223	2401；2402；2403	16	16
服装	8411；8412；8413；8414；8415；8416；8431；8432；8437；8438；8421；8422；8423；8424；8425；8426；8427；8428；8441；8442；8447；8448；6511	5106；5107；5108；5109；5110；6101；6102；6103；6104；6105；6106；6107；6108；6201；6202；6203；6204；6205；6206；6207；6208	17；18	17；18
鞋	8511；8512；8513；8514；8515；8517；8519	6401；6402；6403；6404；6405；6406	19	19
家具	8211；8212；8213；8215；8218	9401；9403；9404	36	21；24；42
洗衣机	7751	845011；845012；845019；845121	29	35；36
乐器	8981；8982	9201；9202；9203；9204；9205；9206；9207；9208	36	21；24；42
冰箱	7752	8418	29	35；36
空调	7758	630110；8516	29	35；36
电视	7611；7612	847160；8528	30；32	40；41
摩托车	7851	871110－871190	35	37
家用汽车	7841；7842	870600；870710；870790	34	37
自行车	7852	871200	35	37
音响	7638	8519；8520；8521；8525	32	40

消费品	SITC4 位数	HS4/6 位数	ISIC2 位数	CSIC2 位数
热水器	7418	8419；842119；842489；8546；8462；8464；846599；8477；8479；8514；851580；854311；9010	29；31；33	35；36；39；41
微波炉	7758	630110；8516	29	35；36
电话	7641	844351；8471；8517；8525；852790；9009	29；30；32	35；36；40；41
电脑	7521；7522；7523；7526；7527；7529	844351；8471；8517；8525；852790；9009	29；30；32	35；36；40；41
照相机	8811；8812；8813	8419；8421；8424；8431；8456；8466；8477；8479；8514；8515；8543；9006；9007；9008；9010；9011；9012；9017	29；31；33	35；36；39；41
摄像机	7538	852530；852540	32	40
手表	8853；8854；8855	9101；9102；9108	33	41

资料来源：笔者手工匹配。

二 特征事实分析

表5-2汇报了2002~2009年三大部门进口渗透率计算结果。从表5-2可以看出，食品饮料及烟草部门进口渗透率呈现上下波动趋势，从2002年的2.88%上升到2004年的4.14%，又下降到2009年的3.41%，而衣着、家具及家用设备两部门的进口渗透率总体呈现下降趋势，衣着进口渗透率从38.95%下降到4.59%，家具和家用设备进口渗透率从39.39%下降到16.02%。可能的原因在于以下两个方面。一方面，中国对食品饮料及烟草部门实行了较多的贸易保护。吴国松等（2013）研究表明，中国农产品贸易保护措施不仅包括边境限制（关税和非关税措施），还包括国内支持政策（国内补贴、价格支持和税费减免）。刘庆林和汪明珠（2014）研究表明，入世前后中国农产品贸易加权平均关税一直保持在

40%左右，另外对小麦、稻谷及大米、油菜籽及糖类等农产品实施关税配额政策，对家禽肉及酒类等农产品实行进口许可管理政策。另一方面，入世后，中国对衣着、家具及家用设备等消费品的进口关税持续降低，两部门的加权平均关税下降到20%左右（王备和钱学锋，2020）。随着中间品进口关税下降到6.73%（钱学锋等，2021），国内衣着、家具及家用设备等相关部门逐渐具备完整的生产流程及生产能力，两大部门的进口渗透率开始下降。其中，属于劳动密集型的衣着部门进口渗透率下降较快，属于技术密集型的家具及家用设备部门进口渗透率下降较慢。作为对比，Han等（2016）利用2007年中国投入产出表计算的农产品进口渗透率约为4%，制造业产品的进口渗透率约为25%，与本研究结果相近，说明本研究的估计结果在合理范围内。

表 5-2　2002~2009 年三大部门进口渗透率

单位：%

年份	食品饮料及烟草	衣着	家具及家用设备
2002	2.88	38.95	39.39
2003	3.96	33.18	40.16
2004	4.14	15.87	34.42
2005	4.01	17.20	36.81
2006	4.12	13.60	33.64
2007	4.03	9.52	28.04
2008	3.94	6.50	21.18
2009	3.41	4.59	16.02

资料来源：笔者计算得到。

表 5-3 汇报了 2002 年和 2009 年各收入群体在三大部门的进口产品支出份额。首先，从横向对比来看，各收入群体在进口产品的支出份额呈现递增趋势。其中，2002 年 10 分位收入群体在三大部门的进口产品支出份额为9.62%，50 分位收入群体的支出份额为 14.60%，而 100 分位收入群体的支出份额则为 20.22%。2009 年 10 分位收入群体的支出份额为 4.18%，50 分

位收入群体的支出份额为 5.14%，100 分位收入群体的支出份额为 8.01%。这说明高收入群体在进口产品的支出份额相对低收入和中等收入群体更高，即可支配收入越高，进口产品支出份额越高。其次，从纵向对比来看，各收入群体在进口产品的支出份额逐渐呈现下降趋势。与 2002 年相比，2009 年 10 分位收入群体支出份额下降了 5.44 个百分点，50 分位收入群体下降了 9.46 个百分点，100 分位收入群体则下降了 12.21 个百分点。这说明随着国内生产能力增强和产品质量不断提高，各收入群体逐渐偏向消费国内产品，进口产品支出份额逐渐降低，但高收入群体下降幅度最大。

表 5-3　2002 年和 2009 年各收入群体在三大部门的进口产品支出份额

单位：%

年份	P10	P20	P30	P40	P50	P60	P70	P80	P90	P100
2002	9.62	11.35	12.79	13.67	14.60	15.41	16.50	17.36	18.32	20.22
2009	4.18	4.35	4.53	4.79	5.14	5.16	5.53	5.96	6.57	8.01

资料来源：笔者计算得到。

由于消费结构有所不同，不同收入群体在三大部门的支出份额也具有异质性。表 5-4 汇报了 2009 年各收入群体在三大部门进口产品的支出份额及分位数之比。从表 5-4 可以看出，随着可支配收入的增长，各收入群体对食品饮料及烟草部门的消费呈现递减趋势，对家具及家用设备部门的消费呈现递增趋势。其中，低收入群体和中等收入群体在食品饮料及烟草、衣着两大部门的消费支出份额较高，而高收入群体在家具及家用设备部门的消费支出份额较高。例如，100 分位收入群体在三大部门的消费占比分别为 17.70%、13.80% 及 68.50%，10 分位收入群体在三大部门的消费占比分别为 63.69%、19.10% 及 17.20%。从分位数之比也可以看出，高收入群体和低收入群体在食品饮料及烟草、家具及家用设备两大部门的消费差异最大。

表 5-4 2009 年各收入群体在三大部门进口产品的支出份额及分位数之比

单位：%

	食品饮料及烟草	衣着	家具及家用设备
P10	63.69	19.10	17.20
P20	58.27	21.00	20.73
P30	54.00	21.53	24.47
P40	48.88	21.37	29.75
P50	43.21	20.74	36.05
P60	41.64	22.67	35.69
P70	36.85	21.43	41.72
P80	32.05	20.09	47.85
P90	26.88	17.85	55.26
P100	17.70	13.80	68.50
P100/P10	0.28	0.72	3.98
P100/P50	0.41	0.67	1.90
P50/P10	0.68	1.17	2.10

资料来源：笔者计算得到。

第三节 估算结果及分析

一 替代弹性估计结果及分析

为了计算各收入群体进口价格指数，利用 Soderbery（2015）混合估计方法估计部门种类间的替代弹性σ^s。经过数据匹配和筛选，得到 2002~2009 年三大部门进口种类数据 124876 条。表 5-5 汇报了混合估计方法的部门种类间替代弹性估计结果。从表 5-5 可以看出，食品饮料及烟草部门替代弹性为 10.21，衣着部门替代弹性为 6.27，家具及家用设备部门替代弹性为 5.91，三大部门平均替代弹性为 7.46。作为对比，Broda 和 Weinstein（2006）估计 1994~2003 年中国 HS3 位数行业的平均替代弹性约为 6.20。

本研究估计结果略大于 6.20，但由于部门层面比 HS3 位数行业层面的加总层面更高，且两者较为接近，这间接说明了估计结果在合理的范围内。

表 5-5 混合估计方法的部门种类间替代弹性估计结果

	食品饮料及烟草	衣着	家具及家用设备	平均替代弹性
σ^s	10.21	6.27	5.91	7.46

资料来源：笔者估计得到。

表 5-6 汇报了 OLS 和 2SLS 的部门间替代弹性估计结果。从表 5-6 可以看出，OLS 估计的部门间替代弹性为 2.95，但为解决部门价格指数 P_{st} 与误差项 ϑ_{hst} 可能存在的内生性问题导致的估计偏差，2SLS 的估计结果为 4.96。作为对比，Benkovskis 和 Worz（2014）认为产品间替代弹性应小于种类间替代弹性，并假设 $\sigma = 2$。Hottman 和 Monarch（2020）利用 2SLS 估计了 1998~2014 年美国产品间替代弹性为 2.3。由于估计结果均大于相关文献估计结果，因此本研究将利用两者替代弹性对估计结果进行稳健性检验，并对比结果。

表 5-6 OLS 和 2SLS 的部门间替代弹性估计结果

	OLS	2SLS	工具变量置信区间
σ	2.95	4.96	(2.72-5.19)

资料来源：笔者估计得到。

二 不同收入群体价格指数估算结果及分析

在估计替代弹性 σ^s 和 σ 后，利用式（2.85）和式（2.86）对需求参数 φ_{vt} 和 φ_{hst} 进行计算，并利用相关参数结果估算了 2002~2009 年各收入群体进口价格指数。具体结果如表 5-7 所示，2002~2009 年各收入群体进口价格指数整体呈现上升趋势。其中，70 分位收入群体的进口价格指数增长最快，总体增速为57.40%。100分位收入群体进口价格指数增长最慢，总体增速仅为51.32%，甚至低于10分位收入群体的进口价格指数总体增速52.89%。从年均增速来看，70分位收入群体同样增长最快，年均增速为6.69%，100分位收入群体增长最慢，年均增速仅为6.10%，甚至低于10分位收入群体年均增速6.25%。作为对比，50分位收入群体比100分位收入群体年均增速高0.47个百分点，10分位收入群体比100分位收入群体高0.15个百分点。这表明相对于高收入群体，中等收入群体和低收入群体经历了更高的进口价格通胀。

表5-7　2002~2009年各收入群体进口价格指数（2002＝100）

单位：%

	P10	P20	P30	P40	P50	P60	P70	P80	P90	P100
2002年	100	100	100	100	100	100	100	100	100	100
2003年	116.33	114.95	114.87	115.23	115.27	115.35	115.12	114.94	114.78	113.58
2004年	123.04	123.72	124.76	124.83	125.19	125.35	125.30	125.04	124.50	121.28
2005年	131.41	129.98	130.68	130.62	130.74	130.74	130.77	130.20	129.92	124.46
2006年	129.66	129.53	129.84	129.82	129.92	129.95	130.06	129.51	128.41	122.92
2007年	137.37	137.76	137.97	138.06	138.47	138.70	138.57	138.29	136.26	131.19
2008年	144.00	145.86	146.70	148.08	149.01	149.73	150.25	150.76	148.73	146.43
2009年	152.89	153.14	154.16	155.27	156.19	157.25	157.40	156.96	155.48	151.32
总体增速	52.89	53.14	54.16	55.27	56.19	57.25	57.40	56.96	55.48	51.32
年均增速	6.25	6.28	6.38	6.49	6.57	6.68	6.69	6.65	6.51	6.10

资料来源：笔者计算得到。

图5-1汇报了2002~2009年不同收入群体（如10分位、50分位和100分位收入群体）进口价格指数的对比情况。可以看出，三者进口价格指数均呈现不断增长趋势。2006年之前，10分位和50分位收入群体进口价格指数较为一致；2006年之后，50分位收入群体比10分位收入群体增长更快，10分位和50分位收入群体进口价格指数整体上比100分位收入群体高，100分位收入群体进口价格指数同样呈现增速加快的趋势。

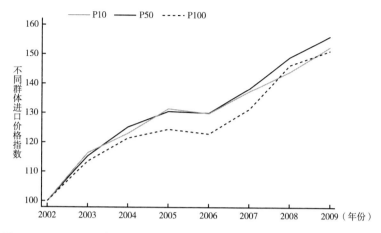

图 5-1 2002~2009 年不同收入群体进口价格指数的对比情况 （2002=100）

三 部门异质性分析

根据 Han 等 （2016） 和钱学锋等 （2021） 的做法，进一步将所选产品分为农产品和工业制成品，分析了不同收入群体消费农产品和工业制成品的进口价格指数增长趋势。从表 5-8 可以看出，不同收入群体之间农产品进口价格指数相差不大。其中，相较于 10 分位和 100 分位收入群体，50 分位收入群体农产品进口价格指数最低，总体增速为 16.11%，年均增速为 2.16%，低于 10 分位收入群体的 2.64% 和 100 分位收入群体的 2.83%。对于工业制成品，不同收入群体工业制成品进口价格指数差异明显。对比来看，最高为 10 分位收入群体，总体增速为 84.01%，年均增速为 9.10%，其次是 50 分位收入群体，总体增速为 73.77%，年均增速为 8.21%，最后是 100 分位收入群体，总体增速为 55.87%，年均增速为 6.55%。10 分位收入群体进口价格指数年均增速高出 100 分位收入群体 2.55 个百分点，50 分位收入群体进口价格指数年均增速高出 100 分位收入群体 1.66 个百分点。结果表明，工业制成品进口价格指数的快速增长是低收入群体和中等收入群体经历更高进口价格通胀的主要原因。

表 5-8   2002~2009 年分产品类别各收入群体进口价格指数 (2002=100)

单位：%

	农产品			工业制成品		
	P10	P50	P100	P10	P50	P100
2002 年	100.00	100.00	100.00	100.00	100.00	100.00
2003 年	106.95	105.27	107.55	120.40	117.30	114.15
2004 年	101.05	101.22	106.23	138.88	132.60	123.04
2005 年	112.93	110.25	116.58	142.05	136.16	125.21
2006 年	109.06	108.03	113.79	142.80	136.01	123.83
2007 年	112.64	109.63	115.63	155.34	148.14	132.98
2008 年	112.39	110.09	115.81	174.99	166.57	151.38
2009 年	119.98	116.11	121.61	184.01	173.77	155.87
总体增速	19.98	16.11	21.61	84.01	73.77	55.87
年均增速	2.64	2.16	2.83	9.10	8.21	6.55

资料来源：笔者计算得到。

从图 5-2 可以看出，各收入群体农产品进口价格指数波动性较大且增速较低。主要原因可能在于，农产品作为民生产品，政策调控力度较大。当进口价格指数增长较快时，国家会利用行政手段进行相应的调控，以防民生产品价格增长过快，影响居民家庭生活。另外，由于工业制成品融入国际市场较深，价值链发展成熟，政策对工业制成品的价格影响相对较小，各收入群体工业制成品进口价格指数整体呈现不断增长趋势且增速较高。其中，10分位收入群体高于 50 分位和 100 分位收入群体，50 分位收入群体又高于100 分位收入群体。由此可见，低收入群体和中等收入群体比高收入群体经历了更高的工业制成品价格通胀。

四　稳健性检验

由于估计的部门间替代弹性 σ 大于相关文献结果，进一步以 $\sigma=2$ 和 $\sigma=$ 2.3 作为结论的稳健性检验，表 5-9 和图 5-3 汇报了相应结果。从表 5-9 和图 5-3 对比来看，各收入群体进口价格指数整体仍然呈现上升趋势。相较于 100 分位收入群体，50 分位和 10 分位收入群体进口价格指数增速更

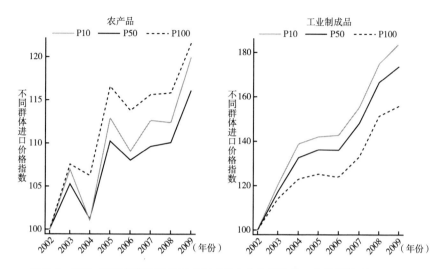

图 5-2　2002~2009 年农产品和工业制成品各收入群体进口价格指数 （2002=100）

高。结果依然表明低收入群体和中等收入群体经历了更高的进口价格通胀，证实了结论的稳健性。

表 5-9　2002~2009 年不同 σ 时的收入群体进口价格指数 （2002=100）

单位：%

	σ 等于 2			σ 等于 2.3		
	P10	P50	P100	P10	P50	P100
2002 年	100.00	100.00	100.00	100.00	100.00	100.00
2003 年	129.63	125.05	117.95	125.37	121.95	116.59
2004 年	134.24	143.79	126.79	130.68	137.77	125.06
2005 年	151.98	148.93	122.53	145.31	143.06	123.12
2006 年	147.30	148.46	119.21	141.61	142.47	120.34
2007 年	153.99	158.93	128.34	148.65	152.31	129.21
2008 年	146.17	167.36	156.19	145.50	161.47	153.11
2009 年	159.58	173.64	153.18	157.48	168.06	152.60
总体增速	59.58	73.64	53.18	57.48	68.06	52.60
年均增速	6.90	8.20	6.28	6.70	7.70	6.22

资料来源：笔者计算得到。

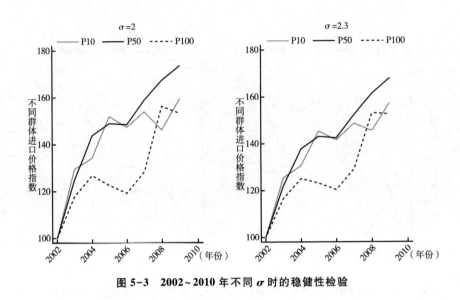

图 5-3　2002~2010 年不同 σ 时的稳健性检验

第四节　本章小结

本章主要利用第二章异质性视角下特定收入群体进口价格指数估算模型，并结合 2002~2009 年 CEPII-BACI 数据库中中国 HS6 位数进口产品数据和中国 UHS 数据，测算了中国不同收入群体的进口价格指数，分析了不同收入群体面临的进口价格通胀程度，考察了进口价格变化对中国不同收入群体生活成本的影响，从不同收入群体进口价格指数视角研究了中国进口贸易对异质性消费者福利的影响。并进一步分析了不同收入群体进口价格指数在部门层面消费的异质性，探究了不同收入群体进口价格通胀的影响机制，以此审视中国贸易利益在个体微观层面的分配问题。研究结论主要包含以下几点。

第一，2002~2009 年，食品饮料及烟草部门进口渗透率呈现上下波动趋势，衣着、家具及家用设备两大部门的进口渗透率呈现不断下降的趋势。

第二，从横向对比来看，不同收入群体进口产品支出份额呈现递增趋势，收入越高的群体进口产品支出份额更高；从纵向对比来看，不同收入群体进口产品支出份额却呈现下降趋势，高收入群体下降幅度最大。

第三，随着可支配收入增长，食品饮料及烟草部门的消费支出呈现递减趋势，而家具及家用设备部门的消费支出呈现递增趋势。其中，低收入群体和中等收入群体在食品饮料及烟草和衣着两大部门的消费支出份额较高，而高收入群体在家具及家用设备部门消费支出份额较高。

第四，各收入群体进口价格指数整体处于上升趋势，相对于高收入群体，中等收入群体和低收入群体经历了更高的进口价格通胀。

第五，农产品进口价格指数波动性较大且增速较低，工业制成品进口价格指数呈现不断增长趋势且增速较高，工业制成品进口价格指数的快速增长是低收入群体和中等收入群体经历更高进口价格通胀的主要原因。

第六章

进口贸易自由化对中国城市
生活成本的影响

第一节 问题的提出

入世以来，中国进口贸易自由化程度不断提升，简单平均关税从2001年的15.9%下降到2020年的7.4%，加权平均关税从2001年的14.1%下降到2020年的3.4%，同时取消了部分非关税措施，如进口配额和许可证等（Imbruno，2016）。但已有实证文献研究表明，其他非关税措施，如卫生和动植物检疫措施（SPS）、技术性贸易壁垒（TBTS）等，已成为中国使用最频繁和最主要的贸易保护措施（Niu et al.，2018）。

从整体福利角度出发，中国贸易自由化政策是中国经济快速增长的重要原因之一（Zhu，2012；Wang and Hu，2018）。1978~2020年，中国经济保持年均8%的增长，贫困发生率从97.5%降至0（实现全面脱贫）。但与此同时，中国区域间的收入差距和消费差距不断扩大（Han et al.，2011；Knight et al.，2017；Zhao et al.，2017；Li et al.，2020）。由此可以看出，中国总体福利的提高并不意味着贸易收益在所有区域或城市间平均分配，特别是对于地域辽阔、经济特征千差万别的中国来说，地理空间上的价格差异是导致消费不平等的重要原因（宋泽等，2020）。那么，贸易自由化对中国城市消费者福利有什么影响？贸易自由化是提高了城市消费者福利水平还是扩大了地区消费差距？不同城市的消费者福利效应具有怎样的异质性特征？目前，关于这些问题的研究还没有达成共识，贸易自由化在地区间的福利分配依然是一个重要的政策议题。因此，结合中国特定的空间结构差异，探求贸易政策在地区层面的消费效应，可以为解决中国实际的区域差异和继续推进贸易自由化进程提供丰富的政策内涵。

本章主要在第二章进口贸易自由化对城市生活成本影响的理论分析基础上，基于生活成本指数视角，构建了多维面板固定效应和动态面板计量模型，利用中国进口产品关税和非关税措施数据以及中国 UHS 数据库中 133 个地级及以上城市数据，实证分析了中国进口贸易自由化对城市生活成本的影响，并从不同部门、城市规模和市场化程度等方面考察了中国进口贸易自由化对城市生活成本的异质性影响，从地区层面考察中国进口贸易对异质性消费者福利的影响。

第二节 实证计量模型

利用第二章对非关税措施和生活成本指数的衡量指标，本章构建了"城市—年份—产品"三维面板数据，利用多维面板固定效应和动态面板计量模型，从城市—产品层面研究贸易自由化对中国城市生活成本的影响。

通过对式（2.95）两边取对数，并参照 Nicita（2009）、Dean 等（2009）、Han 等（2016）及王备和钱学锋（2020）的做法，构建多维面板固定效应计量模型如下：

$$\ln COL_{ict} = \alpha_0 + \alpha_1 \ln(1 + tariff_{it}) + \alpha_2 \ln(1 + NTM_{it}) + \alpha_3 \ln wp_{it} + \delta_{ct} + \gamma_{ic} + \eta_{kt} + \varepsilon_{ict}$$

$$(6.1)$$

其中，COL_{ict} 是时间 t 城市 c 消费品 i 的生活成本指数，$tariff_{it}$ 为时间 t 消费品 i 的进口关税税率，NTM_{it} 是以频率指数量化的时间 t 消费品 i 的非关税措施发生率。wp_{it} 是时间 t 消费品 i 的世界价格，在计量模型中为控制变量。δ_{ct} 为城市—年份固定效应，用以控制城市—年份层面的冲击对消费品生活成本的影响。γ_{ic} 为产品—城市固定效应，用以控制产品—城市层面特有的未观察到的异质性特征，如城市对特定商品的偏好等。η_{kt} 为行业—年份层面固定效应，用以控制行业—年份层面未观察因素的影响（将农产品取值为 1，工业制成品取值为 0）。ε_{ict} 为误差项。为了避免序列相关、异方差以及统计量聚类特征造成的影响，回归结果使用城市层面的聚类稳健标准差。

值得注意的是，估计系数 α_1 和 α_2 分别为关税和非关税措施的传递弹性，表示关税和非关税措施对消费品生活成本指数的影响程度。根据相关文献研究，预期 α_1 为正且小于 1。同时，预期 α_2 也小于 1，但符号不确定。对于世界价格控制变量，预期 α_3 为正。此外，借鉴 Bao 和 Qiu（2010）及余森杰（2010）的研究，使用关税和非关税措施的一阶滞后项对模型（6.1）进行 2SLS 估计，以克服可能存在的内生性问题以及进行稳健性检验。更进一步地，为了考察贸易自由化对不同区域的异质性影响，使用关税、非关税措施与东部地区虚拟变量的交互项。其中，如果城市位于东部地区，则东部地区虚拟变量取值为 1，否则取值为 0。

同时，利用动态面板计量模型分析服务性消费项目对消费品生活成本指数的变动弹性，考察地区层面中国贸易自由化的整体消费效应。动态面板计量模型设置如下：

$$\ln COL_{jct} = \beta_0 + \beta_1 \ln COL_{jc,t-1} + \sum_{i=1}^{T} \beta_{ij} \ln COL_{ict} + \gamma_t + \chi_c t + \varphi_{jct} \qquad (6.2)$$

其中，COL_{jct} 是时间 t 城市 c 服务性消费项目 j 的生活成本指数，$COL_{jc,t-1}$ 为一阶滞后项。γ_t 表示年份固定效应，$\chi_c t$ 表示特定城市趋势项。β_{ij} 是服务性消费项目 j 生活成本指数对消费品 i 生活成本指数的变动弹性系数，φ_{jct} 为误差项。为了控制或避免服务性消费项目和消费品生活成本指数之间可能存在的伪相关，使用一阶差分的 Arellano-Bond 估计方法（Arellano and Bond，1991）。

第三节 数据说明及特征事实分析

一 数据说明

微观数据来自 2002～2009 年国家统计局的 UHS 数据，UHS 采用分层随机的抽样方式确保了城市家庭的代表性，详细地提供了每个调查住户消费项目的支出和数量。基于数据的可获得性，选取了中国 13 个省份和 3 个直辖市的 133 个地级及以上城市的家庭调查数据。[①] 其中，所选城市代表了中国不同的区域，为后续的实证分析提供了良好的数据基础。

为保证不同城市之间消费品和服务性消费项目的可比性，本研究选取了食品和饮料、衣着、家用设备以及服务性消费共计四大类 38 种消费项目。其中，食品和饮料包括粮食、淀粉与薯类、食用油、猪肉、牛肉、羊肉、鸡肉、蛋、鱼、虾、蔬菜、水果、糕点、牛奶、白酒、果酒、啤酒、碳酸饮料、茶；衣着包括服装和鞋；家用设备包括洗衣机、冰箱、空调、电视、摩托车、音响、热水器、电话、相机、手表。[②] 三大类消费品共包含 31 个细分品类。7 种服务性消费项目包含家庭服务、医疗服务、交通和通信服务、文化娱乐服务、教育服务、居住服务、其他服务。[③] 选取的 38 种消费项目基本涵盖了家庭衣食住行等日常消费活动，能够较好地反映家庭生活成本或消费福利的变动情况。

为了测算城市层面生活成本指数，需要城市层面消费品和服务性消费项目的价格以及对应的相对支出份额。首先，利用各城市家庭样本在每种消费品的支出金额与消费数量计算消费品单位价格，以家庭支出份额为权重计算

[①] 13 个省份包括山西、辽宁、黑龙江、江苏、安徽、江西、山东、河南、湖北、广东、四川、云南和甘肃。3 个直辖市包括北京、上海和重庆。

[②] 样本期间家用设备消费数量和支出有较多缺失，以地级市平均价格进行缺失值处理。

[③] 为保证数据一致性，选择了样本期间未发生调整的消费项目。家庭服务主要为家政服务和加工维修费；医疗服务包括医疗费和药品费；交通和通信服务包括交通工具服务、交通和通信服务费；文化娱乐服务为文化娱乐服务费；教育服务包括学杂费、托幼费、成教费；居住服务为居住维修服务费；其他服务包括理发洗澡费和美容费。

城市消费品加权平均价格。其次，参照王备和钱学锋（2020）的做法，利用城市居民家庭人均服务性消费项目支出作为家庭服务性消费价格的代理变量，① 以家庭支出份额为权重计算各城市的服务性消费项目加权平均价格。最后，利用家庭各类消费品或服务性消费项目支出份额的城市平均水平，使用 TPI 和 LPI 的可加性公式计算城市层面消费品和服务性消费项目的相对支出份额。

关税数据来自世界贸易整合数据库（WITS），利用关税数据中 SITC4 位数产品层面的进口关税数据同中国 UHS 数据库的 31 种消费品进行手工匹配，以贸易额为权重计算消费品加权平均进口关税。世界价格数据来自 CEPII-BACI 数据库。参照施炳展和张夏（2017）的做法，首先，剔除中国的进出口贸易数据；其次，根据数据库中 Product Code 文件将 HS6 位数与 SITC4 位数进行手工匹配，② 以贸易额为权重计算消费品平均加权世界价格；最后，以 WTO 提供的汇率数据将以美元计价的世界价格折算成人民币计价价格。非关税措施数据来自 UNCTAD TRAINS 数据库。首先，检查每个匹配的 HS6 位数产品是否受到一个或多个非关税措施的影响；其次，将所有 HS6 位数产品与 CEPII-BACI 数据库进行匹配，检查相应的 HS6 位数产品是否存在进口。

在异质性分析时，选择了城市规模和市场化程度两个指标。首先，遵循赵瑞丽等（2019）的做法，使用人口规模来代表城市规模指标，人口数据来自《中国城市统计年鉴》。对所有城市人口数量进行简单平均，将人口数量大于平均值的城市定义为大城市，将人口数量小于平均值的城市定义为小城市。其次，使用中国 UHS 数据库中外资和私营企业的工人占比来衡量城市的市场化程度。对所有城市外资和私营企业的工人占比进行平均，将占比高于平均水平的城市定义为高市场化城市，将占比低于平均水平的城市定义为低市场化城市。

---

① 通常情况下，家庭人口规模越大，服务性消费项目的采购频率越高。
② 相关消费品与 SITC4 位数及 HS6 位数匹配详见第五章表 5-1。

二 特征事实分析

(一)消费品关税和非关税措施的变动趋势

自 2001 年入世以来,中国已全面融入国际贸易体系。图 6-1 为 2002~
2009 年三大类消费品关税和非关税措施的变动趋势。如图 6-1 所示,在样
本期间,食品和饮料、衣着的加权平均关税税率呈现不断下降趋势,2009
年分别为 12.56% 和 15.58%,家用设备加权平均关税税率虽略有波动,但
仍处于较低水平,2009 年为 14.52%。但三大类消费品的非关税措施发生率
却呈现明显上升趋势,其中,2002~2009 年食品和饮料受非关税措施的影响
比重从 32.46% 上升到 54.05%,而 2009 年衣着和家用设备受非关税措施的
影响比重也分别达到了 45.46% 和 58.31%。由此可以看出,非关税措施已
经逐渐取代关税成为中国最具影响力的贸易保护手段。

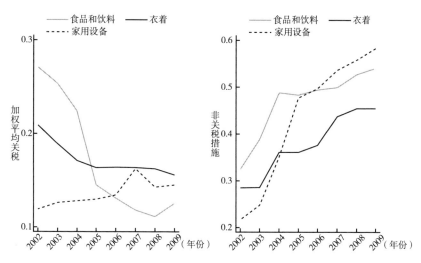

图 6-1 2002~2009 年三大类消费品关税和非关税措施的变动趋势

(二)中国城市生活成本指数总体变动趋势与四大类消费项目分解

利用 TPI 和 LPI 衡量指标对 2002~2009 年中国 133 个地级及以上城市的
生活成本指数进行测算。表 6-1 和图 6-2 显示了所有城市、东部地区和中
西部地区的生活成本指数变动趋势。

表 6-1　2002~2009 年基于 TPI 和 LPI 测算的城市生活成本指数（2002＝100）

单位：%

	全体		东部		中西部	
	TPI	LPI	TPI	LPI	TPI	LPI
2002 年	100.00	100.00	100.00	100.00	100.00	100.00
2003 年	104.84	106.96	106.30	108.21	104.24	106.44
2004 年	118.53	121.13	119.80	121.77	118.00	120.86
2005 年	127.94	130.94	130.57	133.31	126.85	129.96
2006 年	135.30	138.37	137.60	140.25	134.34	137.60
2007 年	151.72	156.14	155.74	159.02	150.05	154.95
2008 年	176.60	182.90	182.76	188.61	174.05	180.53
2009 年	178.76	183.28	180.04	183.39	178.23	183.23
总体增速	78.76	83.28	80.04	83.39	78.23	83.23
年均增速	8.65	9.01	8.76	9.49	8.61	8.81

注：依据国家行政区域划分标准，将北京、上海、江苏、山东和广东所辖样本设定为东部地区，其余城市设定为中西部地区。

资料来源：笔者计算得到。

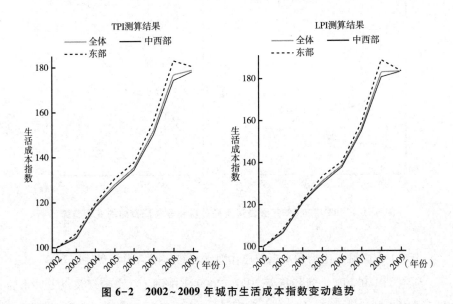

图 6-2　2002~2009 年城市生活成本指数变动趋势

首先，就所有城市而言，2002~2009 年以 TPI 衡量的总体生活成本指数增长了 78.76%，年均增速为 8.65%，而以 LPI 衡量的总体生活成本指数增长了 83.28%，年均增速为 9.01%。由此可以看出，LPI 衡量结果高于 TPI 衡量结果，很好地证实了 LPI 会高估真实生活成本指数的理论预期。

其次，分区域看，2002~2009 年以 TPI 衡量的东部地区生活成本指数增长了 80.04%，年均增速为 8.76%，中西部地区生活成本指数增长了 78.23%，年均增速为 8.61%，两者结果类似于 LPI 衡量结果。但无论是东部地区的总体增速还是年均增速都略高于中西部地区。受 2008 年国际金融危机影响，2008 年所有城市、东部地区和中西部地区的生活成本指数都增长较快。中国城市生活成本指数整体呈现"倒 V 形"趋势。

表 6-2 显示了城市生活成本指数在消费品和服务性消费项目层面上的可加性分解。结果显示，LPI 和 TPI 分解结果相近。以 TPI 为例，2009 年全体城市样本的四类消费支出份额分别为 42.58%、16.38%、5.49%、35.55%。其中，食品和饮料、服务性消费生活成本指数增长较快，在总体增速中占比达到了 64.65%。分区域来看，中西部地区食品和饮料的相对支出份额比东部地区略高，东部地区服务性消费相对支出份额比中西部地区略高，符合"恩格尔定律"，即随着人均 GDP 的增长，食品和饮料等生活必需品的相对支出份额减少，而服务性消费相对支出份额增加。可以看出，不同类型产品价格反应程度与消费结构异质性均有可能导致进口贸易自由化对不同城市生活成本指数产生异质性影响。

表 6-2　生活成本指数分解

单位：%

产品类型	全体		东部		中西部	
	权重	增幅	权重	增幅	权重	增幅
TPI						
食品和饮料	42.58	34.84	42.22	34.77	42.73	34.87
衣着	16.38	13.60	14.98	14.34	16.96	13.30
家用设备	5.49	0.50	6.55	1.18	5.06	0.22

续表

产品类型	全体		东部		中西部	
	权重	增幅	权重	增幅	权重	增幅
TPI						
服务性消费	35.55	29.81	36.25	29.75	35.26	29.84
权重/增速	100.00	78.76	100.00	80.04	100.00	78.23
LPI						
食品和饮料	42.61	36.05	42.37	35.76	42.71	36.17
衣着	15.93	13.55	14.78	14.25	16.41	13.26
家用设备	4.85	0.88	5.78	1.53	4.47	0.60
服务性消费	36.60	32.80	37.07	31.85	36.41	33.20
权重/增速	100.00	83.28	100.00	83.39	100.00	83.23

注：食品和饮料、衣着及家用设备三大类消费项目生活成本指数由所对应的消费品层面数据加总得到。

资料来源：笔者计算得到。

第四节　实证结果及分析

一　贸易自由化对城市消费品生活成本指数的影响

在分析了计量模型中的关键变量后，使用多维面板固定效应计量模型估计进口贸易自由化（关税和非关税措施）对中国城市消费品生活成本指数的影响。

表6-3显示了模型（6.1）的实证估计结果。结果显示，无论是基准模型估计结果还是使用工具变量的2SLS模型估计结果，关税和世界价格的估计系数均为正，都符合理论预期，表明关税和世界价格的下降可以降低消费品的生活成本指数，提高中国城市的消费福利。具体来说，关税的传递弹性小于1，证实了关税的非完全传递机制，这与理论和相关实证文献的结果较为一致（Nicita，2009；Marchand，2012；王备和钱学锋，2020）。

表 6-3　进口贸易自由化对消费品生活成本指数的影响

	（1） TPI	（2） TPI	（3） TPI（2SLS）	（4） LPI	（5） LPI	（6） LPI（2SLS）
ln*tariff*	0.0644 *** （0.0084）	0.0752 *** （0.0094）	0.1479 *** （0.0153）	0.0706 *** （0.0096）	0.0825 *** （0.0106）	0.1728 *** （0.0190）
ln*NTM*	-0.1772 *** （0.0245）	-0.1780 *** （0.0298）	-0.3079 *** （0.0593）	-0.1642 *** （0.0252）	-0.1689 *** （0.0302）	-0.2622 *** （0.0591）
ln*wp*	0.1481 *** （0.0193）	0.1481 *** （0.0193）	0.0874 *** （0.0321）	0.1863 *** （0.0213）	0.1863 *** （0.0213）	0.1202 *** （0.0371）
ln*tariff*×*region*		-0.0364 * （0.0188）	-0.0780 ** （0.0309）		-0.0403 * （0.0216）	-0.0653 * （0.0363）
ln*NTM*×*region*		0.0251 * （0.0148）	0.0399 * （0.0233）		0.0191 * （0.0152）	0.0152 * （0.0433）
城市—年份 固定效应	控制	控制	控制	控制	控制	控制
产品—城市 固定效应	控制	控制	控制	控制	控制	控制
行业—年份 固定效应	控制	控制	控制	控制	控制	控制
观测值	29561	29561	25683	29561	29561	25683
R^2	0.666	0.666	0.922	0.606	0.606	0.922

注：*、**、*** 分别表示在 10%、5%、1% 的水平上显著，括号中的值为城市层面的聚类稳健标准误，下同。

资料来源：笔者估计得到。

另外，实证估计结果也证实了非关税措施的非完全传递机制，无论是基准模型估计结果还是使用工具变量的 2SLS 模型估计结果，非关税措施的估计系数均小于 1，且符号显著为负，表明较高的非关税措施可以降低消费品的生活成本指数。对于这种反直觉的结果，可能存在以下两种解释。首先，2002~2009 年中国实行"出口导向型"贸易发展模式，对进口重视不足。对于中国这样的大型经济体，进口贸易保护带来的贸易条件效应可能会降低消费品价格水平（Dean et al.，2009；Chen et al.，2014；Soderbery，2021）。其次，作为发展中国家，中国家庭人均可支配收入远远低于发达国家，而非关税措施的实施主要与产品质量有关，较高的非关税措施可能会限制或减少价格较高的高质量产品进口（UNCTAD，2018），进而降低国内消费品的价格。结果也证实了非关税措施的价格效应因国家或地区而异（Knebel，2010；Cadot and Gourdon，2016；Giordani et al.，2016）。

为了考察不同地理区域的异质性消费效应，探究空间效应对贸易政策传递机制的影响，在模型（6.1）的基础上纳入关税和非关税措施与东部地区虚拟变量的交互项进行分析讨论。结果显示，关税与东部地区虚拟变量的交互项系数在10%的水平上显著为负，而非关税措施与东部地区虚拟变量的交互项系数在10%的水平上显著为正，表明关税降低和较高的非关税措施对中西部地区城市生活成本指数的降低效应更大，可以在一定程度上调节东部地区与中西部地区的消费不平等。可能的原因在于：一方面，中国从20世纪80年代开始在东部地区实行经济特区政策，由于进口竞争激烈，东部地区消费品价格比中西部地区低，进口关税下降对中西部地区生活成本指数的影响较大；另一方面，东部地区贸易结构以外向型为主，通过进口中间产品从事加工贸易，由于担心外国报复和非关税措施对工业制成品的贸易限制影响，因此实施非关税措施的可能性较低（Trefler，1993；Lee and Swagel，1997；Bao，2014），较高的非关税措施对中西部地区生活成本指数的影响较大。

二 消费品生活成本指数与服务性消费项目的变动弹性

根据模型（6.2），估计了城市服务性消费项目与消费品生活成本指数的变动弹性系数，回归结果如表6-4所示。一方面，不同类别服务性消费项目与消费品生活成本指数的变动弹性系数存在差异。例如，食品和饮料生活成本指数与交通和通信服务、教育服务、医疗服务的变动弹性系数显著为正；衣着生活成本指数与交通和通信服务、教育服务、家庭服务、文化娱乐服务的变动弹性系数显著为正；家用设备生活成本指数与教育服务、医疗服务、家庭服务的变动弹性系数显著为正，与居住服务、其他服务的变动弹性系数为负但不显著。可能是因为在一般均衡情形下，服务性消费项目价格会内生地根据消费品价格进行调整，从而使市场出清，但由于两者相互关系的复杂性，变动弹性的符号可能不同（Porto，2006；Casabianca，2016；Han et al.，2016）。另一方面，消费品与服务性消费项目生活成本指数大多为同向变化，说明进口贸易自由化在直接降低城市消费品生活成本指数的同时，也会在某种程度上通过消费品与服务性消费项目生活成本指数之间的变动弹性，间接降低中国城市的服务性消费项目生活成本指数。

表6-4　消费品生活成本指数与服务性消费项目的变动弹性

变量	（1） 交通和通信 服务	（2） 教育服务	（3） 医疗服务	（4） 家庭服务	（5） 居住服务	（6） 文化娱乐 服务	（7） 其他服务
食品和饮料	0.2974 *** （0.0780）	0.4130 *** （0.1543）	0.6281 *** （0.1682）	0.2680 （0.2933）	0.3147 （0.4253）	0.0813 （0.1953）	0.3134 （0.2677）
衣着	0.2030 *** （0.0364）	0.2285 *** （0.0751）	0.0442 （0.0760）	0.4258 ** （0.1767）	0.2429 （0.1929）	0.6604 *** （0.0976）	0.1887 （0.1556）
家用设备	0.0142 （0.0133）	0.0712 ** （0.0299）	0.1038 *** （0.0290）	0.1127 * （0.0642）	−0.0363 （0.0641）	0.0506 （0.0417）	−0.0272 （0.0493）
一阶滞后项	0.3548 *** （0.0586）	0.2525 *** （0.0434）	0.1175 ** （0.0471）	0.2067 *** （0.0436）	0.2710 *** （0.0665）	0.0975 ** （0.0413）	0.3401 *** （0.0513）
年份固定效应	控制	控制	控制	控制	控制	控制	控制
城市趋势项	控制	控制	控制	控制	控制	控制	控制
观测值	931	931	931	931	931	931	931
Wald χ^2检验	388.37	276.04	674.63	317.31	385.31	466.43	443.34

资料来源：笔者估计得到。

三　异质性分析

首先，考察进口贸易自由化对城市在不同部门消费支出份额的异质性影响，即需求效应对贸易政策传递机制的影响，对模型（6.1）进行分部门回归，结果如表6-5所示。关税降低和较高的非关税措施均可以降低农产品和工业制成品的生活成本指数，但工业制成品的传递弹性远远高于农产品的传递弹性。可能的原因在于：一方面，农产品进口渗透率和需求弹性远低于工业制成品（Simonovska，2015；Han et al.，2016）；另一方面，农产品进口通常用于最终消费，而工业制成品进口则大多用于中间投入（Grübler et al.，2016）。估计结果表明，相较于农产品消费占比高的城市，进口贸易自由化对工业制成品消费占比高的城市影响更大，工业制成品消费占比高的城市生活成本下降程度更高。

表 6-5　不同部门异质性分析

	（1） TPI-Agri	（2） TPI-Manu	（3） LPI-Agri	（4） LPI-Manu
ln*tariff*	0.0246 *** （0.0075）	0.2556 *** （0.0310）	0.0041 （0.0093）	0.3660 *** （0.0348）
ln*NTM*	-0.0237 * （0.0123）	-0.3132 *** （0.0366）	-0.0408 *** （0.0110）	-0.2509 *** （0.0388）
ln*wp*	0.0268 *** （0.0085）	0.1335 ** （0.0550）	0.0345 *** （0.0094）	0.1474 ** （0.0609）
固定效应	控制	控制	控制	控制
观测值	19152	10409	19152	10409
R^2	0.828	0.640	0.762	0.601

资料来源：笔者估计得到。

其次，从城市规模和市场化程度角度考察竞争效应对贸易政策传递机制的影响。对模型（6.1）进行分组回归，结果如表6-6所示。关税对小城市和高市场化城市具有更大的边际效应，而非关税措施对小城市和低市场化城市具有更大的边际效应。可能的原因有以下两点。第一，对于小城市，关税下降带来的竞争效应对生活成本指数的降低幅度大于大城市。这是因为大城市聚集了大量具有市场势力的中间商或零售商，中间商或零售商可能会吸收一部分关税（Atkin and Donaldson，2015）。与大城市相比，人均可支配收入较低的小城市对低质量产品需求更高，非关税措施的实施主要与产品质量有关，因此，较高的非关税措施可能是小城市生活成本指数降低的原因之一。第二，高市场化程度可以提高企业资源配置效率并加剧竞争（Bai et al.，

2009）。较高的市场化程度通常与较高的私营企业比例相关，可以提高关税价格传递弹性（Han et al.，2016），因此，关税下降对高市场化城市的影响要大于低市场化城市。与小城市情况类似，低市场化城市的人均可支配收入低于高市场化城市，对低质量产品需求较大，因此，较高的非关税措施对低市场化城市的影响较大。

表 6-6　城市规模和市场化程度异质性分析

	（1） TPI-LC	（2） TPI-SC	（3） LPI-LC	（4） LPI-SC	（5） TPI-HP	（6） TPI-LP	（7） LPI-HP	（8） LPI-LP
ln$tariff$	0.0445*** (0.0119)	0.0701*** (0.0108)	0.0469*** (0.0153)	0.0786*** (0.0118)	0.0523*** (0.0161)	0.0414*** (0.0104)	0.0526*** (0.0200)	0.0475*** (0.0111)
lnNTM	-0.1749*** (0.0307)	-0.1858*** (0.0426)	-0.1517*** (0.0421)	-0.1724*** (0.0312)	-0.1318*** (0.0413)	-0.1461*** (0.0319)	-0.1141** (0.0445)	-0.1390*** (0.0309)
lnwp	0.1763*** (0.0392)	0.1377*** (0.0216)	0.1788*** (0.0417)	0.1863*** (0.0248)	0.0805** (0.0375)	0.1443*** (0.0250)	0.1059** (0.0406)	0.1879*** (0.0269)
固定效应	控制	控制	控制	控制	控制	控制	控制	控制
观测值	8097	21383	7987	21434	13379	15617	13379	15617
R^2	0.695	0.657	0.638	0.596	0.750	0.641	0.705	0.577

注：LC 表示大城市，SC 表示小城市；HP 表示高市场化城市，LP 表示低市场化城市。
资料来源：笔者估计得到。

第五节　本章小结

本章主要在第二章进口贸易自由化对城市生活成本影响的理论分析基础上，基于生活成本指数视角，构建了多维面板固定效应和动态面板计量模型，利用 2002~2009 年中国进口产品关税和非关税措施数据以及中国 UHS 数据库中 133 个地级及以上城市数据，实证分析了中国进口贸易自由化对城市生活成本的影响，并从不同部门、城市规模和市场化程度等方面考察了中国进口贸易自由化对城市生活成本的异质性影响，从地区层面研究了中国进口贸易对异质性消费者福利的影响。

研究结论主要包含以下几点。第一，中国城市生活成本指数整体呈现"倒 V 形"趋势。第二，进口贸易自由化会降低中国城市整体生活成本，提高城市消费者福利水平，一定程度上缩小地区间消费差距。第三，由于存在空间效应、需求效应和竞争效应，进口贸易自由化对城市生活成本的影响具有异质性特征。具体地，相较于农产品消费占比高的城市，进口贸易自由化对工业制成品消费占比高的城市影响更大，工业制成品消费占比高的城市生活成本下降程度更高。关税对小城市和高市场化城市具有更大的边际效应，而非关税措施对小城市和低市场化城市具有更大的边际效应。

第七章
结论与展望

本书主要从需求侧视角出发，在消费者同质性和异质性框架下研究了中国进口贸易对整体消费者福利和异质性消费者福利的影响，即从需求侧视角探究进口贸易引致的宏观和微观消费者福利效应。首先，在消费者同质性框架下，分别构建了大国经济假设下进口贸易限制指数与其相应的关税福利效应估算模型和需求变化情形下进口种类增长福利效应估算模型，探究了关税福利效应和需求变化情形下进口种类增长福利效应的影响机制。其次，在消费者异质性框架下，构建了特定收入群体进口价格指数的结构性估算模型，考察了进口价格变化对不同收入群体生活成本的影响，并从部门消费异质性视角分析了不同收入群体进口价格通胀的影响机制。进一步地，基于生活成本指数，同时纳入关税和非关税措施，利用价格传递机制分析了进口贸易自由化对中国不同城市生活成本的影响，并从空间效应、需求效应和竞争效应三重视角探究了进口贸易自由化对城市生活成本的影响机制。最后，基于理论分析框架，利用不同数据库中国进口贸易流量数据、关税和非关税措施等贸易政策数据、中国 UHS 数据和城市特征数据，具体估算或实证分析了中国进口贸易对整体消费者福利和异质性消费者福利的影响。

本章将分别从同质性框架下进口贸易对整体消费者福利的影响和异质性框架下进口贸易对异质性消费者福利的影响两个方面对本书的研究结论进行总结。在此基础上，结合国家发展战略，提出中国深化贸易自由化改革、实施积极扩大进口战略、构建双循环新发展格局和实现共同富裕目标的政策建议，具有一定的政策启示。最后，提出本书研究的局限性及未来可拓展的研究方向。

第一节　研究结论

一　消费者同质性框架下中国进口贸易对整体消费者福利的影响

（一）关于中国进口贸易限制指数与关税福利效应

首先，中国各项进口贸易限制指数整体上处于下降趋势，但表现出明显的阶段性特征，与国内外经济环境变化及中国贸易政策的动态调整密切相关，多个进口贸易限制指数强调了贸易条件收益在评估中国关税福利效应的重要性。其次，大国经济假设下关税福利效应包括进口国效率损失、贸易条件收益及出口国效率损失。除 2001 年外，中国因关税贸易政策均获得了正的福利收益。由于排除了贸易条件收益，小国经济假设下标准估计方法高估了中国效率损失和整体效率损失。最后，1996 年主要贸易伙伴国效率损失及贸易条件收益主要集中在 WTO 成员，2019 年两者呈现分散趋势。出于战略安全考虑，中国实施了差别化贸易限制政策，但差别化程度在降低。中国对"一带一路"共建国家贸易限制指数下降明显，共建国家效率损失降低，这体现了中国在不断践行建设和平合作、开放包容、互学互鉴、互利共赢利益共同体的宗旨。

（二）关于需求变化情形下中国进口种类增长福利效应

首先，忽略消费者需求变化会严重低估中国进口种类增长福利效应，需求变化对中国进口种类增长福利效应产生了正向的影响力。其次，需求变化情形下替代弹性混合估计方法估算的中国进口种类增长福利效应更高，替代弹性标准估计方法大大低估了进口种类增长福利效应。最后，无论是 HS6 位数产品层面还是 ISIC2 位数行业层面，中国进口种类增长福利效应均呈现集中趋势。在 BEC 分类层面，中国进口种类增长福利效应主要集中在中间品和资本品，中国消费者对进口种类增长福利效应的直接感知较低，表明中国"重生产、轻消费"的进口模式依然明显。

二　消费者异质性框架下中国进口贸易对异质性消费者福利的影响

（一）在个体层面，关于中国不同收入群体进口价格指数

首先，中国各收入群体进口价格指数整体上处于上升趋势。其次，相对于高收入群体，低收入群体和中等收入群体经历了更高的进口价格通胀。最后，机制分析表明，工业制成品进口价格指数的快速增长是低收入群体和中等收入群体经历更高进口价格通胀的主要原因。

（二）在地区层面，关于进口贸易自由化对中国城市生活成本的影响

首先，中国城市生活成本指数整体上呈现"倒V形"趋势。其次，进口贸易自由化会降低中国城市整体生活成本，提高城市消费者福利水平，在一定程度上缩小地区间消费差距。最后，由于存在空间效应、需求效应和竞争效应，进口贸易自由化对中国城市生活成本的影响具有异质性特征。一方面，相较于农产品消费占比高的城市，进口贸易自由化对工业制成品消费占比高的城市影响更大，工业制成品消费占比高的城市生活成本下降程度更高。另一方面，关税对小城市和高市场化城市具有更大的边际效应，而非关税对小城市和低市场化城市具有更大的边际效应。

综上所述，本书研究结论表明，中国进口贸易从整体上提高了消费者福利，但福利效应在不同群体间和地区间的分配具有异质性特征。具体地，进口贸易可以通过进口种类增长、进口贸易自由化程度提升、价格传递机制等影响一国宏观福利效应或微观福利分配，但内在机制表明，一国进口贸易对消费者福利的影响程度取决于消费者需求变化、国际市场力量大小、进口价格变化幅度和空间、需求及竞争差异。

第二节　政策启示

本书的研究结论为中国深化贸易自由化改革、实施积极扩大进口战略、

构建双循环新发展格局以及实现共同富裕目标提供了可供参考的政策建议，具有一定的政策启示，主要有以下几点。

一 不断降低或规范进口贸易壁垒，深化贸易自由化改革

近年来，经济全球化虽遭遇逆流，但仍是国际大趋势，中国要积极应对全球贸易保护主义和"逆全球化"趋势。

（一）坚定不移地深化贸易自由化改革

虽然加征关税可以为中国带来贸易条件收益，但贸易摩擦背景下加征关税同样会引发具有较强国际市场势力国家的严厉报复，代价高昂。一方面，加征关税会导致国际市场上商品和要素流动性减弱，经贸摩擦双方贸易流量大大减少，出现对抗化。另一方面，加征关税会导致进口国和出口国效率损失增加，进而导致福利损失。因此，加征关税既不是解决贸易摩擦的最优方式，也不是根本途径，中国应继续坚定不移地深化贸易自由化改革，坚持贸易自由化战略，扩大高水平对外开放，同时加强对话与合作，促进双边和多边贸易谈判，寻求解决贸易摩擦的有效方法。

（二）要持续降低进口商品关税水平和合理实施非关税措施

一方面，进口关税削减可以通过关税价格传递机制降低国内消费品价格，还可以间接降低国内相应的服务性消费价格，进而降低消费者生活成本，提升消费者福利水平。另一方面，虽然较高的非关税措施同样可以通过价格传递机制降低国内消费品价格水平，进而降低消费者生活成本，但如果非关税措施达到禁止贸易的程度，会导致进口商品数量的减少，甚至会导致实施非关税措施的进口商品完全无进口，这将不利于消费者福利水平的提高，因此，要更加合理实施非关税措施。

（三）积极发展区域价值链

本书经验证据表明，中国"一带一路"倡议持续降低了"一带一路"共建国家的出口效率损失，为中国与"一带一路"共建国家打造利益共同体奠定了坚实的基础。因此，中国要顺应区域价值链逐渐强化与重构的趋势，积极推进"一带一路"倡议，完善与"一带一路"共建国家的双边或

多边贸易合作关系，主动加强与"一带一路"共建国家的经贸合作，形成有利于中国高质量发展的区域价值链。通过积极发展区域价值链，实现中国价值链向高端攀升，达成建设贸易强国目标。

二 实施积极扩大进口战略，改变"重视出口、忽视进口"的贸易格局

出口贸易是中国全面快速融入全球化进程、实现经济高速增长的重要动力，且在后续的贸易中继续扮演重要的角色。然而，受国际贸易环境不确定性和国内经济高质量发展转型的制约，中国"出口导向型"贸易发展模式越来越难以为继。

（一）积极主动扩大进口，改变进口贸易的从属地位

中国对外贸易高质量发展不能只追求贸易总量的增加，而应实现出口和进口贸易的平衡发展。因此，要实施积极扩大进口战略，改变"重视出口、忽视进口"的贸易格局和进口贸易的从属地位，使扩大进口成为未来贸易政策的重要目标和着力点。通过加大双向开放力度，降低与世界主要贸易伙伴发生贸易摩擦的可能性，改善日趋严峻的国际贸易形势，为中国经济高质量发展争取友好的发展空间和外部环境，推动中国对外开放理念和实施路径的转变。

（二）积极扩大进口不能忽视进口种类增长对中国消费者福利提升的重要作用

首先，在扩大进口过程中，不能只关注进口贸易的扩展边际，还要关注集约边际。在实现进口产品种类数量增长的同时，还要推动进口产品种类多样化和进口地区多元化，以满足消费者对进口种类多样性的偏好。其次，在扩大进口产品种类时，还应关注消费者需求变化，特别是近年来中国消费者需求结构升级的特征事实。忽略消费者需求变化，会导致进口种类增长福利效应被低估，因此，顺应消费者需求特征变化，要有针对性地选择进口产品种类。最后，要改变"重生产、轻消费"的进口模式，目前中国进口种类增长福利效应主要集中在中间品和资本品，消费品占比较低，会使消费者对福利增长的直接感知较低，在以后的进口产品构成中，要进一步降低与消费

者生活需求密切相关的消费品进口关税税率，改善消费品进口关税结构，提高消费品进口占比，促进国内消费品市场的合理竞争，扩大有效供给，适应和满足消费者需求升级的需要。进一步挖掘消费品领域的进口福利效应，使消费者更多享受到进口种类增长带来的福利提升，释放国内巨大内需潜力。

（三）在积极扩大进口的同时，还应关注进口商品价格变化情况

近年来，随着中国经济与外部的联系愈加紧密，中国进口商品价格出现了快速上涨或大幅波动的情况，进口价格上涨或波动会间接带来输入性通胀压力，导致消费者生活成本上升。一方面，要加强对不同部门重点商品进口价格变动风险监测、预警和分析，甄别进口价格上涨或波动的原因，构建进口价格风险预警和监管体系，对重点进口商品供求关系进行调节，利用税费、货币等政策构建全面有效的防范体系，维护物价稳定，防止进口价格快速上涨或大幅波动引发输入性通货膨胀，进而导致消费者生活成本攀升、实际购买力和消费能力下降。另一方面，由于消费者存在部门消费异质性，要根据不同部门商品（如农产品和工业制成品）进口价格冲击对国内消费者的不同影响，分析进口商品特征和国内需求变化，制定相应的差异化政策，防止部分商品价格上涨对国内消费者造成过度负面冲击。

三　深化国内供给侧结构性改革，加快构建双循环新发展格局

在构建双循环新发展格局的过程中，除了要坚定实施扩大进口战略，发挥进口在满足国内消费者多样化偏好、提供高质量产品供给、有效扩大内需、促进产业结构升级调整等方面的积极作用，使进口成为有效连接国内循环和国际循环的关键纽带，增强国内国际经济联动效应，还要大力推进国内市场化进程，深化国内供给侧结构性改革，增强国内大循环的内生动力。

（一）大力推进国内市场化进程

国内市场化水平的提高可以促进国内竞争，提高国内商品流通效率，对进口贸易自由化的价格传递机制具有明显的促进作用。因此，在构建双循环新发展格局时，一方面应大力推动国内市场化改革，破除限制各种要素自由

流动的机制障碍，完善市场竞争主体，改善国内要素市场运行机制，通过市场机制调节供求关系和优化资源配置；另一方面应深入推进简政放权，改善企业营商环境，特别是要大力改善民营企业的营商环境，依法保护企业产权，促进民营企业发展壮大，充分激发其积极性和竞争活力。

（二）要不断深化国内供给侧结构性改革

一方面，要充分利用自身产业链和供应链优势，优化产业链和供应链结构，实现产业转型升级，提升国内产品竞争力，最大限度地降低进口商品对本国市场的冲击。另一方面，根据进口消费品占比低的特征事实和国内消费不断升级趋势，应加大力度鼓励国内自由贸易试验区或自由贸易港建设区域性或国际性消费中心，引进日常或高端消费品，提升供给水平和供给质量，为国内消费者提供更多优质的产品或服务，满足国内消费者消费升级需求，发挥中国超大规模市场优势，增强消费对经济增长的基础性作用，为实现经济高质量发展和构建双循环新发展格局提供坚实的基础。

四　构建以人为本的高质量贸易发展模式，实现共同富裕目标

中国社会主要矛盾已经转变为人民日益增长的美好生活需要和不平衡不充分的发展之间的矛盾。要使人民群众的获得感、幸福感、安全感更加充实、更有保障、更可持续，需要深入贯彻以人民为中心的发展理念，构建以人为本的高质量贸易发展模式，提升人民群众生活质量，增进民生福祉，为经济高质量发展提供坚实的微观基础。

（一）要稳步推进区域协调发展战略

由于中国不同区域在地理位置、要素禀赋、发展战略等多方面存在较大差异，贸易福利对不同区域的异质性影响取决于空间效应、需求效应和竞争效应，进而导致中国不同区域福利分配的不平等以及经济发展的不同步和不平衡，严重制约了中国对外贸易和经济的高质量发展。从长期来看，要促进经济高质量发展和提高消费者福利，必须重视区域发展差距，积极推动区域协调发展。因此，要加大对落后地区的政策支持力度，如实施自由贸易试验区战略、加快西部陆海新通道的建设，引导技术、资金、人才等关键要素向

中西部地区及欠发达地区流动，为落后地区的发展提供了坚实的政策基础，形成东中西部优势互补、相互联动的国内大循环格局，提升中西部经济发展的内生动力，缩小区域发展差距。

（二）缩小不同群体间收入和消费差距，制定相应的公共福利政策

鉴于中等收入群体和低收入群体本身的脆弱性特征，其应对贸易冲击的能力有限，因此，在积极扩大进口的同时，要时刻关注进口商品价格上涨对低收入群体和中等收入群体产生的较大负向冲击，制定相应的公共福利政策。从短期来看，由于消费结构调整的滞后性，在进口商品价格发生大幅上涨时，政府要对低收入群体和中等收入群体采取价格补贴、转移支付等救济措施，防止其生活状况恶化导致社会贫困风险增加。从长期来看，政府应制定更加公平且有效的收入再分配政策，精准识别低收入群体和中等收入群体，提供更多就业保障、住房、医疗、教育等公共福利政策，提高低收入群体的收入水平，推动中等收入群体的提质扩容，有效增强两类收入群体应对贸易冲击的能力，降低其生活成本，从而缩小各收入群体间实际生活水平差距，稳步扎实推进共同富裕。

第三节　研究展望

本书从需求侧视角出发，在消费者同质性和异质性框架下全面系统地考察了进口贸易对整体消费者福利和异质性消费者福利的影响，构建了与目前相关研究文献不同的福利测算理论模型并提供了全新的经验证据。但是，受研究方法及数据可获得性等各方面的约束，本书还存在一些不足和有待深入拓展的地方，主要体现在以下几点。

第一，本书对进口贸易的研究范围限定于货物贸易进口，未将服务贸易进口纳入消费者福利分析。近年来，随着中国服务贸易的快速发展，服务贸易的规模不断扩大。商务部数据显示，2012～2021 年中国服务贸易总额从4829 亿美元增长到 8212 亿美元，年均增速为 6.1%，仅次于美国，稳居世界第二大服务贸易大国地位。其中，服务贸易进口额从 2813 亿美元增长到

4270亿美元。可见，服务贸易已经成为中国参与国际贸易至关重要的组成部分，服务贸易进口的高质量发展必会对消费者福利产生重要的影响。对服务贸易的组成而言，相较于生产性服务进口，生活性服务进口的高质量发展，如旅游、教育、医疗等，可以直接满足消费者多样化、高品质的需求升级，更好地刺激和释放国内巨大消费潜力，提高消费者福利水平，对中国构建双循环新发展格局具有重要促进作用。但受服务贸易细分数据可获得性的限制，本书未将服务贸易进口纳入消费者福利分析。后续随着服务贸易细分数据的完善，特别是生活性服务进口数据的完善，研究服务贸易进口对消费者福利的影响可以作为未来的一个拓展方向。

第二，本书主要从进口贸易政策变化、进口产品种类增长、进口产品价格变化等方面研究了进口贸易对消费者福利的影响，但是忽略了其他影响进口贸易发展的因素，特别是中国进口贸易便利化水平。随着中国进口关税水平持续降低以及双边或多边贸易谈判推进，在"后关税"时代，进口贸易便利化将成为未来进口贸易主要关注的方向之一。例如，优化进口通关手续、压缩通关时间等便利化措施，改善进口营商环境和降低中国进口贸易的制度性交易成本，将对中国进口贸易发展产生显著促进作用，进而对中国消费者福利产生重要影响。但目前的研究主要集中在进口贸易便利化对中国进口规模、企业进口产品质量升级等方面（崔鑫生和李芳，2020；程凯和杨逢珉，2020），还没有关注进口贸易便利化对消费者福利的影响。受进口贸易便利化水平衡量指标以及相应理论研究模型方法的限制，本书没有考察中国进口贸易便利化水平对消费者福利的影响，这可以作为未来的一个拓展方向。

第三，本书主要从消费者的空间地理差异、收入差异及消费结构差异三个方面考察了进口贸易对异质性消费者福利的影响，未将消费者其他方面的异质性来源纳入福利分析。而消费者异质性的来源是多维度的，不仅包括空间地理差异、收入差异及消费结构差异，还包括年龄结构、教育结构、文化风俗、消费行为或消费心理（如炫耀式消费、从众消费）、人口特征（如健康或残疾状况）等方面的异质性（Ju，2011；Cho and Diaz，2011；Aw et al.，2019；Borusyak and Jaravel，2021；钱学锋和裴婷，2022），每个维度的异质性都有可能对消费者偏好和消费支出产生重要影响。因此，通过对消费者异质性来源维度进行精准度量，可以更加深入地理解进口贸易福利在异质性消费者间的微观分配效应，更加准确地衡量进口贸易对异质性消费者影响的差异化程度，挖掘并厘清其中的影响机制，为制定进口贸易政策和公共福利政策提供更加精确的经验证据。受限于所使用微观调查数据库相关指标数据的缺失和纳入更多异质性因素的理论模型构建难度，本书未将消费者其他方面的异质性来源纳入消费者福利分析，这可以作为未来的一个拓展方向。

第四，本书还受地区层面和个体层面微观数据的限制。首先，在地区层面，贸易政策价格传递机制还受不同区域或城市其他诸多因素的影响，如中间商价格加成和当地生产商替代品价格。由于研究样本期间无法获得大部分城市相关数据，本书未将这些影响因素纳入实证模型，未来如果这些数据可获得，可对现有研究进一步拓展。其次，在个体层面，虽然中国 UHS 数据具有较高的权威性和准确性，但是微观调查数据中个别测量误差、零支出记录、高收入家庭较高的非回应率和谎报收入水平等情况都有可能存在（钱学锋和李莹，2017），可能影响最终的估计结果，未来可以使用多种微观调查数据库对比研究的方式，克服数据本身可能存在的缺陷，更加准确地评估进口贸易福利在个体层面的分配效应。最后，中国 UHS 数据还存在数据更新缓慢的问题。虽然本研究基于贸易理论展开，但使用较短年份的调查数据可能会忽视消费者需求和支出的新变化。如果未来调查数据更新，可采用较长的研究区间进行拓展研究。

第五，本书使用频率指数衡量非关税措施发生率，未对非关税措施的具体种类进行分类研究。首先，频率指数虽然能够克服非关税措施的异质性特征和进口产品非关税措施具体实施信息的缺失，但不同种类的非关税措施可能对进口产品价格产生不同影响。特别是卫生和动植物检疫措施（SPS）和技术性贸易壁垒（TBTs），已经成为各国使用最频繁和最主要的非关税措施，研究不同非关税措施对产品价格的影响可作为未来的一个拓展方向。其次，虽然本书研究结果认为较高的非关税措施可以降低中国城市生活成本，但并不意味着非关税措施越高越好。因为如果非关税措施高到完全限制进口的程度，那么相关产品将无法进口，国内产品价格可能会由于缺乏进口竞争而上涨，增加消费者生活成本（Dean et al.，2009）。可见，类似于一国进口关税存在最优关税，非关税措施可能也存在最优区间，本书未对此展开进一步分析，这也是"后关税"时代研究值得拓展的一个方向。

参考文献

曹伟等，2019，《"一带一路"背景下人民币汇率变动的进口价格传递效应研究》，《经济研究》第 6 期。

陈龙，2010，《真实生活成本指数的估计——基于一类非线性齐次支出函数的研究》，《数量经济技术经济研究》第 8 期。

陈松、刘海云，2013，《中国进口种类增长贸易利得的估算》，《国际经贸探索》第 7 期。

陈勇兵等，2014a，《中国进口需求弹性的估算》，《世界经济》第 2 期。

陈勇兵、康吉红、李冬阳，2014b，《垄断竞争框架下来自进口的贸易利得：一个文献综述》，《国际贸易问题》第 6 期。

陈勇兵、李伟、钱学锋，2011，《中国进口种类增长的福利效应估算》，《世界经济》第 12 期。

陈勇兵、赵羊、李梦珊，2014c，《纳入产品质量的中国进口贸易利得估算》，《数量经济技术经济研究》第 12 期。

陈志刚、吕冰洋，2016，《中国城镇居民收入和消费不平等的构成及其关系》，《经济理论与经济管理》第 12 期。

程凯、杨逢珉，2020，《贸易便利化与中国企业进口中间品质量升级》，《经济评论》第 5 期。

崔凡、邓兴华，2014，《异质性企业贸易理论的发展综述》，《世界经济》第 6 期。

崔连标等，2018，《中美贸易摩擦的国际经济影响评估》，《财经研究》

第 12 期。

崔鑫生、李芳，2020，《贸易便利化对中国进口的影响——基于贸易引力模型的实证分析》，《经济问题》第 7 期。

戴觅、余淼杰、Madhura，M.，2014，《中国出口企业生产率之谜：加工贸易的作用》，《经济学（季刊）》第 2 期。

戴觅、张轶凡、黄炜，2019，《贸易自由化如何影响中国区域劳动力市场？》，《管理世界》第 6 期。

戴翔、张二震，2017，《要素分工与国际贸易理论新发展》，人民出版社。

戴翔，2019，《主动扩大进口：高质量发展的推进机制及实现路径》，《宏观质量研究》第 1 期。

樊海潮、张军、张丽娜，2020，《开放还是封闭——基于"中美贸易摩擦"的量化分析》，《经济学（季刊）》第 4 期。

樊海潮等，2021，《关税与汇率变化对福利水平的影响——基于理论与量化分析的研究》，《管理世界》第 7 期。

樊海潮、张丽娜，2018，《中间品贸易与中美贸易摩擦的福利效应：基于理论与量化分析的研究》，《中国工业经济》第 9 期。

范志勇、宋佳音，2014，《消费者价格指数能反映生活成本吗——基于城镇各收入阶层食品生活成本估计》，《经济理论与经济管理》第 9 期。

高超、黄玖立，2019，《进口、企业绩效与国民福利——文献回顾及对中国贸易强国建设的启示》，《中南财经政法大学学报》第 1 期。

高新、董兆艳，2022，《进口贸易自由化、消费者异质性与国内销售价格》，《宁夏大学学报》（人文社会科学版）第 5 期。

高新、董兆艳，2023，《制度环境对关税传导的影响研究》，《沈阳工业大学学报》（社会科学版）第 3 期。

高新、徐静，2020，《进口贸易引致的消费者福利研究进展与高质量发展的启示》，《长安大学学报》（社会科学版）第 6 期。

谷克鉴、崔旭，2019，《中国进口贸易利益规模及其分解——基于产品多样性视角的研究》，《经济与管理研究》第 5 期。

顾振华、沈瑶，2016，《中国进口需求弹性的再计算》，《国际贸易问题》第 4 期。

海闻，1995，《国际贸易理论的新发展》，《经济研究》第 7 期。

韩军、刘润娟、张俊森，2015，《对外开放对中国收入分配的影响——"南方谈话"和"入世"后效果的实证检验》，《中国社会科学》第 2 期。

胡鞍钢、谢宜泽，2020，《如何看待中美贸易战——基于国家能力和经济全球化的双维视角》，《贵州社会科学》第 1 期。

黄玖立、李坤望，2006，《出口开放、地区市场规模和经济增长》，《经济研究》第 6 期。

黄新飞、李腾、康杉，2021，《城市规模与商品价格的关系：来自微观价格数据的证据》，《世界经济》第 2 期。

简泽、张涛、伏玉林，2014，《进口自由化、竞争与本土企业的全要素生产率——基于中国加入 WTO 的一个自然实验》，《经济研究》第 8 期。

江小涓、孟丽君，2021，《内循环为主、外循环赋能与更高水平双循环——国际经验与中国实践》，《管理世界》第 1 期。

李春顶、何传添、林创伟，2018，《中美贸易摩擦应对政策的效果评估》，《中国工业经济》第 10 期。

李春顶、郎永峰、何传添，2021，《中国扩大进口战略的经济效应》，《中国工业经济》第 2 期。

李建萍，2021，《贸易自由化的福利研究新进展》，《经济学动态》第 1 期。

李猛、董哲昱、周卫民，2021，《中国出口产品的贸易限制指数估算》，《数量经济技术经济研究》第 6 期。

李实、罗楚亮，2011，《中国收入差距究竟有多大？——对修正样本结构偏差的尝试》，《经济研究》第 4 期。

李实、朱梦冰，2018，《中国经济转型 40 年中居民收入差距的变动》，《管理世界》第 12 期。

李逸飞，2021，《面向共同富裕的我国中等收入群体提质扩容探究》，《改革》第 12 期。

林毅夫，2019，《中国的新时代与中美贸易争端》，《武汉大学学报》（哲学社会科学版）第 2 期。

刘发跃、周彬，2014，《城市间的商品价格差异及影响因素——基于市场化进程的视角》，《西南大学学报》（社会科学版）第 4 期。

刘铠豪、臧旭恒、王雪芳，2022，《贸易自由化与家庭消费——来自中国城镇住户调查的微观证据》，《中国工业经济》第 3 期。

刘庆林、段晓宇、汪明珠，2016，《贸易政策限制程度的数量测度方法研究述评》，《产业经济评论（山东大学）》第 1 期。

刘庆林、汪明珠，2014，《中国农产品市场准入政策的保护水平与结构——基于贸易限制指数的研究》，《经济研究》第 7 期。

刘亚琳、戴觅，2022，《消费品进口关税下调的贸易与福利效应》，《世界经济》第 10 期。

刘瑶、张一平、王孟竹，2022，《进口贸易自由化的福利效应：基于中国与"一带一路"沿线双边进口需求弹性的测算》，《世界经济研究》第 3 期。

罗楚亮、李实、岳希明，2021，《中国居民收入差距变动分析（2013—2018）》，《中国社会科学》第 1 期。

罗知、郭熙保，2010，《进口商品价格波动对城镇居民消费支出的影响》，《经济研究》第 12 期。

吕越等，2019，《基于中美双方征税清单的贸易摩擦影响效应分析》，《财经研究》第 2 期。

毛海涛、钱学锋、张洁，2018，《企业异质性、贸易自由化与市场扭曲》，《经济研究》第 2 期。

毛其淋、盛斌，2013，《贸易自由化、企业异质性与出口动态——来自中国微观企业数据的证据》，《管理世界》第 3 期。

毛其淋、许家云，2019，《贸易自由化与中国企业出口的国内附加值》，

《世界经济》第 1 期。

毛其淋、许家云，2016，《中间品贸易自由化与制造业就业变动——来自中国加入 WTO 的微观证据》，《经济研究》第 1 期。

倪红福、龚六堂、陈湘杰，2018，《全球价值链中的关税成本效应分析——兼论中美贸易摩擦的价格效应和福利效应》，《数量经济技术经济研究》第 8 期。

倪红福、王晓星、王欠欠，2020，《贸易限制指数的动态演变及增加值贸易效应》，《中国工业经济》第 12 期。

裴长洪，2013，《进口贸易结构与经济增长：规律与启示》，《经济研究》第 7 期。

裴长洪，2009，《中国对外贸易 60 年演进轨迹与前瞻》，《改革》第 7 期。

钱学锋、范冬梅、黄汉民，2016，《进口竞争与中国制造业企业的成本加成》，《世界经济》第 3 期。

钱学锋、李莹、王备，2021，《消费者异质性、中间品贸易自由化与个体福利分配》，《经济学（季刊）》第 5 期。

钱学锋、李莹，2017，《消费者异质性与贸易利益的个体分配：一个文献综述》，《北京工商大学学报》（社会科学版）第 5 期。

钱学锋、裴婷，2022，《从供给到需求：贸易理论研究的新转向》，《世界经济》第 8 期。

钱学锋、裴婷，2019，《新时期扩大进口的理论思考》，《国际贸易》第 1 期。

钱学锋、王胜、陈六傅，2012，《论种类偏向型进口刺激政策》，《中南财经政法大学学报》第 1 期。

钱学锋等，2011，《进口种类与中国制造业全要素生产率》，《世界经济》第 5 期。

任志成、巫强、杨帆，2013，《国际贸易利益测算问题研究动态》，《经济学动态》第 9 期。

邵敏，2012，《出口贸易是否促进了我国劳动生产率的持续增长——基于工业企业微观数据的实证检验》，《数量经济技术经济研究》第 2 期。

盛斌、毛其淋，2015，《贸易自由化、企业成长和规模分布》，《世界经济》第 2 期。

盛斌、魏方，2019，《新中国对外贸易发展 70 年：回顾与展望》，《财贸经济》第 10 期。

施炳展、张夏，2017，《中国贸易自由化的消费者福利分布效应》，《经济学（季刊）》第 4 期。

宋泽、刘子兰、邹红，2020，《空间价格差异与消费不平等》，《经济学（季刊）》第 2 期。

孙浦阳、张甜甜、姚树洁，2019，《关税传导、国内运输成本与零售价格——基于高铁建设的理论与实证研究》，《经济研究》第 3 期。

孙浦阳、张甜甜，2019，《国际外部需求、关税传导与消费品价格》，《世界经济》第 6 期。

陶爱萍、吴文韬，2020，《进口推动经济高质量发展吗？：一个供给侧的视角》，《世界经济研究》第 6 期。

佟家栋，2017，《分工与国际经济保护主义：驳"中国威胁论"》，《世界经济》第 6 期。

王备、钱学锋，2020，《贸易自由化、生活成本与中国城市居民家庭消费福利》，《世界经济》第 3 期。

王聪、魏浩，2017，《进口产品价格、出口产品价格与中国的进口产品价格波动》，《国际贸易问题》第 7 期。

王洪波、陈明，2022，《进口贸易自由化能促进地区经济高质量发展吗？——基于中国地级市面板数据的实证研究》，《经济问题探索》第 3 期。

王晓星、倪红福，2019，《基于双边进口需求弹性的中美经贸摩擦福利损失测算》，《世界经济》第 11 期。

王晓燕、李昕、鞠建东，2021，《中美加征关税的影响：一个文献综述》，《上海对外经贸大学学报》第 3 期。

魏浩、付天，2016，《中国货物进口贸易的消费者福利效应测算研究——基于产品层面大型微观数据的实证分析》，《经济学（季刊）》第4期。

魏浩、赵田园，2019，《进口商品价格对国内消费价格的传递效应研究——基于商品分类视角和面板数据的实证分析》，《国际贸易问题》第1期。

魏浩，2016，《进口定价权、进口价格与不同类型商品的进口战略——基于微观产品数据的实证分析》，《世界经济与政治论坛》第1期。

吴彬彬、李实，2018，《中国地区之间收入差距变化：2002—2013年》，《经济与管理研究》第10期。

吴国松、朱晶、林大燕，2013，《中国不同类别农业保护支持政策的贸易保护效应》，《中国农村经济》第12期。

夏庆杰、李实、宋丽娜，2019，《中国城市消费不平等：1995—2013年》，《消费经济》第4期。

向洪金、邝艳湘、徐振宇，2019，《全球视角下中国主动扩大进口的行业层面福利效应研究》，《数量经济技术经济研究》第4期。

徐小聪、符大海，2018，《可变需求与进口种类增长的福利效应估算》，《世界经济》第12期。

许统生、方玉霞，2019，《中国农产品进口种类增长的消费者福利测算——基于混合法的Armington微观替代弹性估计》，《国际经贸探索》第12期。

余淼杰、郭兰滨，2020，《国际贸易的福利效应研究》，《长安大学学报》（社会科学版）第2期。

余淼杰、张睿，2016，《国际贸易中的产品质量研究：一个综述》，《宏观质量研究》第3期。

余淼杰，2018，《改革开放四十年中国对外贸易奇迹：成就与路径》，《国际贸易》第12期。

余淼杰，2010，《中国的贸易自由化与制造业企业生产率》，《经济研究》第 12 期。

岳云霞，2019，《中国对外贸易 70 年：量质并进》，《China Economist》第 4 期。

张川川，2015，《出口对就业、工资和收入不平等的影响——基于微观数据的证据》，《经济学（季刊）》第 4 期。

张杰、郑文平、陈志远，2015，《进口与企业生产率——中国的经验证据》，《经济学（季刊）》第 3 期。

张甜甜、孙浦阳，2019，《关税传导、房价与市场消费价格——基于微观价格视角的研究》，《财经研究》第 10 期。

张永亮、邹宗森，2018，《进口种类、产品质量与贸易福利：基于价格指数的研究》，《世界经济》第 1 期。

赵达、沈煌南，2021，《中国 CPI 感知偏差再评估：新视角、新方法与新证据》，《经济学动态》第 5 期。

赵达、谭之博、张军，2017，《中国城镇地区消费不平等演变趋势——新视角与新证据》，《财贸经济》第 6 期。

赵瑞丽、尹翔硕、孙楚仁，2019，《大城市的低加成率之谜：集聚效应和竞争效应》，《世界经济》第 4 期。

朱德云、王溪、官锡强，2021，《收入不平等如何影响家庭消费——基于 CFPS 微观数据的分析》，《财政科学》第 5 期。

庄芮、杨超、常远，2019，《中国进口贸易 70 年变迁与未来发展路径思考》，《国际贸易》第 4 期。

邹红、李奥蕾、喻开志，2013，《消费不平等的度量、出生组分解和形成机制——兼与收入不平等比较》，《经济学（季刊）》第 4 期。

Abranham, F., & Hove, J. V. 2005. "The Rise of China: Prospects of Regional Trade Policy," *Review of World Economics* 141 (3): 486-509.

Acemoglu, D., Autor, D., Dorn, D. et al. 2016. "Import Competition and the Great U. S. Employment Sag of the 2000s," *Journal of Labor Economics* 34 (S1): 141-198.

Agarwal, S. , Jensen, J. B. , & Monte, F. 2017. "The Geography of Consumption," *NBER Working Papers*, No. 23616.

Aguiar, M. , & Bils, M. 2015. "Has Consumption Inequality Mirrored Income Inequality? ," *American Economic Review* 105 (9): 2725-2756.

Algieri, B. 2014. " A Roller Coaster Ride: An Empirical Investigation of the Main Drivers of the International Wheat Price," *Agricultural Economics* 45 (4): 459-475.

Amiti, M. , & Davis, D. R. 2011. "Trade, Firms and Wages: Theory and Evidence," *The Review of Economic Studies* 79 (1): 1-36.

Amiti, M. , & Khandelwal, A. K. 2013. "Import Competition and Quality Upgrading," *The Review of Economics and Statistics* 95 (2): 476-490.

Amiti, M. , & Konings, J. 2007. "Trade Liberalization, Intermediate Inputs, and Productivity: Evidence from Indonesia," *American Economic Review* 97 (5): 1611-1638.

Amiti, M. , Dai, M. , Feenstra, R. C. et al. 2020b. "How Did China's WTO Entry Affect U. S. Prices?," *Journal of International Economics* 126: 103339.

Amiti, M. , Redding, S. J. , & Weinstein, D. E. 2019. "The Impact of the 2018 Trade War on US Price and Welfare," *Journal of Economic Perspectives* 33 (4): 187-210.

Amiti, M. , Redding, S. J. , & Weinstein, D. E. 2020a. "Who's Paying for the US tariffs? A Longer-Term Perspective," *AEA Papers and Proceedings* 110: 541-546.

Anderson, J. , & Neary, J. P. 1996. "A New Approach to Evaluating Trade Policy," *The Review of Economic Studies* 63 (2): 107-125.

Anderson, J. , & Neary, J. P. 2005. "Measuring the Restrictiveness of International Trade Policy," *MIT Press Books*, The MIT Press.

Anderson, J. , & Neary, J. P. 1994. "Measuring the Restrictiveness of Trade Policy," *World Bank Economic Review* 8 (2): 151-169.

Ardelean A. , & Lugovskyy, V. 2010. "Domestic Productivity and Variety Gains from Trade," *Journal of International Economics* 80 (1): 280–291.

Arellano, M. , & Bond, S. 1991. "Some Tests of Specification for Panel Data: Monta Carlo Evidence and an Application to Employment Equations," *The Review of Economic Studies* 58 (2): 277–297.

Argente, D. , & Lee, M. 2021. "Cost of Living Inequality During the Great Recession," *Journal of the European Economic Association* 19 (2): 913–952.

Arkolakis, C. , Costinot, A. , & Donaldson, D. 2019. "The Elusive Pro-Competitive Effect of Trade," *Review of Economics Studies* 86 (1): 46–80.

Arkolakis, C. , Costinot, A. , & Rodríguez-Clare, A. 2012. "New Models, Some Old Gains?," *American Economic Review* 102 (1): 94–130.

Arkolakis, C. , Demidova, S. , Klenow, P. J. et al. 2008. "Endogenous Variety and the Gains from Trade," *American Economic Review* 98 (2): 444–450.

Armington, P. S. 1969. "A Theory of Demand for Products Distinguished by Place of Production," *Staff Papers-International Monetary Fund* 16 (1): 159–178.

Atkin, D. , & Donaldson, D. 2015. "Who's Getting Globalized? The Size and Nature of Intranational Trade Costs," *NBER Working Papers*, No. 21439.

Atkin, D. , Faber, B. , & Gonzalez-Navarro, M. 2018. "Retail Globalization and Household Welfare: Evidence from Mexico," *Journal of Political Economy* 126 (1): 1–73.

Autor, D. , Dorn, D. , & Hanson, G. H. 2013. "The China Syndrome: Local Labor Market Effects of Import Competition in the United States," *American Economic Review* 103 (6): 2121–2168.

Aw, B. Y. , Lee, Y. , & Vandenbussche, H. 2019. "The Importance of Consumer Taster in Trade," *CEPR Discussion Paper*, No. DP13614.

Bai, C. E. , Lu, J. Y. , & Tao, Z. G. 2009. "How Does Privatization Work in China?," *Journal of Comparative Economics* 37 (3): 453-470.

Balistreri, E. J., & Tarr, D. G. 2020. "Comparison of Welfare Gains in the Armington, Krugman and Melitz Models: Insights Based on a Structural Gravity Approach," *SSRN Working Papers* No. 3311155, .

Bao, X. H., & Chen, W. C. 2013. "The Impacts of Technical Barriers to Trade on Different Components of International Trade," *Review of Development Economics* 17 (3): 447-460.

Bao, X. H., & Qiu, L. D. 2012. "How Do Technical Barriers to Trade Influence Trade," *Review of International Economics* 20 (4): 691-706.

Bao, X. 2014. "How Do Technical Barriers to Trade Affect China's Imports?," *Review of Development Economics* 18 (2): 286-299.

Bao, X., & Qiu, L. D. 2010. "Do Technical Barriers to Trade Promote or Restrict Trade? Evidence from China," *Asia-Pacific Journal of Accounting & Economics* 17 (3): 253-278.

Behrens, K. 2011. "International Integration and Regional Inequalities: How Important is National Infrastructure?," *The Manchester School* 79 (5): 952-971.

Behrens, K., & Murata, Y. 2012b. "Globalization and Individual Gains from Trade," *Journal of Monetary Economics* 59 (8): 703-720.

Behrens, K., & Murata, Y. 2012a. "Trade, Competition, and Efficiency," *Journal of International Economics* 87 (1): 1-17.

Behrens, K., Gaigne, C., Ottaviano, G. et al. 2003. "Inter-Regional and International Trade: Seventy Year after Ohlin," *CEPR Discussion Paper*, No. 4065.

Bekkers, E., & Schroeter, S. 2020. "An Economic Analysis of the US-China Trade Conflict," *WTO Staff Working Papers*, Geneva: World Trade Organization, No. ERSD-2020-04.

Bems, R., Johnson, R. C., & Yi, K. M. 2011. "Vertical Linkages and the Collapse of Global Trade," *American Economic Review* 101 (3): 308-312.

Benkovskis, K. , & Worz, J. 2014. " How Does Taste and Quality Impact on Import Prices? ," *Review of World Economics* 150 (4): 665-691.

Bernard, A. B. , Redding S. J. , & Schott P. K. 2011. "Multiproduct Firms and Trade Liberalization," *The Quarterly Journal of Economics* 126 (3): 1271-1318.

Berner, E. , Birg, L. , & Boddin, D. 2017. " Retailers and Consumers: The Pass-Through of Import Price Changes," *The World Economy* 40 (7): 1314-1344.

Beyer, H. , Rojas, P. , & Vergara, R. 1999. " Trade Liberalization and Wage Inequality," *Journal of Development Economics* 59 (1): 103-123.

Blonigen, B. A. , & Soderbery, A. 2010. " Measuring the Benefits of Foreign Product Variety with an Accurate Variety Set," *Journal of International Economics* 82 (2): 168-180.

Borusyak, K. , & Jaravel, X. 2021. "The Distributional Effects of Trade: Theory and Evidence from the United States," *NBER Working Papers* No. 28957, .

Bradford, S. 2003. "Paying the Price: Final Goods Protection in OECD Countries," *Review of Economic and Statistics* 85 (1): 24-37.

Bradford, S. 2005. " The Extent and Impact of Final Goods Non-Tariff Barriers in Rich Countries," in P. Dee and M. Ferrantino, eds. , *Quantitative Methods for Assessing the Effects of Non-Tariff Measures and Trade Facilitation*. Singapore: World Scientific Publishing: 453-481.

Bratt, M. 2017. "Estimating the Bilateral Impact of Non-Tariff Measures on Trade," *Review of International Economics* 25 (5): 1105-1129.

Broda, C. , & Romalis, J. 2009. "The Welfare Implications of Rising Price Dispersion," Working Papers, *University of Chicago Booth School of Business*.

Broda, C. , & Weinstein E. D. 2006. " Globalization and the Gains from Variety," *The Quarterly Journal of Economics* 121 (2): 541-585.

Broda, C. , Leibtag, E. , & Weinstein, D. E. 2009. "The Role of Prices in Measuring the Poor's Living Standards," *Journal of Economic Perspectives* 23 (2): 77-97.

Broda, C. , Limão, N. , & Weinstein, D. 2008. "Optimal Tariffs and Market Power: The Evidence," *American Economic Review* 98 (5): 2032-2065.

Burstein, A. , & Gopinath, G. 2014. "International Prices and Exchange Rates," In Gopinath, G. , Helpman, E. , and Rogoff, K. eds. , *Handbook of International Economics* 4: 391-451.

Cabral, S. , & Manteu, C. 2010. "Gains from Import Variety: The Case of Portugal," *Economic Bulletin and Financial Stability Report Articles*.

Cadot, O. , & Gourdon, J. 2016. "Non-Tariff Measures, Preferential Trade Agreements, and Prices: New Evidence," *Review of World Economics* 152 (2): 227-249.

Campa, J. , & Goldberg, L. 2005. "Exchange Rate Pass-Through into Import Prices," *The Review of Economics and Statistics* 87 (4): 679-690.

Carroll, D. R. , & Hur, S. 2020. "On the Heterogeneous Welfare Gains and Losses from Trade," *Journal of Monetary Economics* 109: 1-16.

Casabianca, E. J. 2016. "Distributional Effects of Preferential and Multilateral Trade Liberalization: The Case of Paraguay," *Journal of International Trade & Economic Development* 25 (1): 80-102.

Cavallo, A. , Gopinath, G. , Neiman, B. et al. 2021. "Tariff Pass-Through at the Border and at the Store: Evidence from US Trade Policy," *American Economic Review: Insights* 3 (1): 19-34.

Chen, B. , & Ma, H. 2012a. "Import Variety and Welfare Gain in China," *Review of International Economics* 40 (4): 807-820.

Chen, B. , & Ma, H. 2012b. "Trade Restrictiveness and Deadweight Loss in China's Imports," *Frontier of Economics in China* 7 (3): 478-494.

Chen, B. , Ma, H. , & Xu, Y. 2014. "Measuring China's Trade Liberalization: A Generalized Measure of Trade Restrictiveness Index," *Journal of*

Comparative Economics 42 (4): 994-1006.

Chen, N., & Juvenal, L. 2016. "Quality, Trade, and Exchange Rate Pass-Through," *Journal of International Economics* 100: 61-80.

Cho, S. W., & Diaz, J. P. 2011. "The Welfare Impact of Trade Liberalization," *Economic Inquiry* 49 (2): 379-397.

Collie, D. R. 2016. "Gains from Variety? Product Differentiation and the Possibility of Loss from Trade Under Cournot Oligopoly with Free Entry," *Economics Letters* 146 (9): 55-58.

Coondoo, D., Majumder, A., & Chattopadhyay, S. 2011. "Estimating Spatial Consumer Price Indices Through Engel Curve Analysis," *Review of Income and Wealth* 57 (1): 138-155.

Costinot, A., & Rodríguez-Clare, A. 2014. "Trade Theory with Numbers: Quantifying the Consequence of Globalization," In Gopinath, G., Helpman, E., and Rogoff, K. eds.. *Handbook of International Economics* 4: 197-261.

Costinot, A., Donaldson, D., Kyle, M. et al. 2019. "The More We Die, The More We Sell? A Simple Test of the Home-Market Effect," *The Quarterly Journal of Economics* 134 (2): 994-1006.

Cravino, J., & Levchenko, A. A. 2017. "The Distributional Consequences of Large Devaluations," *American Economic Review* 107 (11): 3477-3509.

Crivelli, P., & Groschl, J. 2012. "SPS Measures and Trade: Implementation Matters," *Geneva*, *World Trade Organization*, *Working Paper ERSD*, No. 2012-05.

Dai, M., & Xu, J. 2017. "The Skill Structure of Export Wage Premium: Evidence from Chinese Matched Employer-Employee Data," *World Economy* 40 (5): 883-905.

Dai, M., Huang, W., & Zhang, Y. 2018. "How Do Households Adjust to Trade Liberalization? Evidence from China's WTO Accession," *IZA Discussion Paper*, No. 11428.

Dakhlia, S., & Temimi, A. 2006. "An Extension of the Trade

Restrictiveness Index to Large Economics," *Review of International Economics* 14 (4): 678-682.

De Loecker, J., Goldberg, P. K., Khandelwal, A. M. et al. 2016. "Prices, Markups, and Trade Reform," *Econometrica* 84 (2): 455-510.

Dean, J. M., Signoret, J. E., Feinberg, R. M. et al. 2009. "Estimating the Price Effects of Non-Tariff Barriers," *The B. E. Journal of Economic Analysis & Policy* 9 (1): 1-41.

Deardorff, A. & Stern, R. 1998. "Measurement of Non-Tariff Barriers," *Ann Arbor: University of Michigan Press*: 1-127.

Deaton, A. 1989. "Rice Prices and Income Distribution in Thailand: A Non-Parametric Analysis," *The Economic Journal* 99 (395): 1-37.

Deaton, A., & Dupriez, O. 2011. "Spatial Price Differences within Large Countries," Working Papers from Princeton University, *Woodrow Wilson School of Public and International Affairs*, No. 1321.

Deaton, A., & Muellbauer, J. 1980. "An Almost Ideal Demand System," *American Economic Review* 70 (3): 312-326.

Dix-Carneiro, R. 2014. "Trade liberalization and Labor Market Dynamics," *Econometrica* 82 (1): 825-885.

Dix-Carneiro, R., & Kovak, B. K. 2017. "Trade Liberalization and Regional Dynamics," *American Economic Review*, 107 (10): 2908-2946.

Dixit, A. K., & Stiglitz, J. E. 1977. "Monopolistic Competition and Optimum Product Diversity," *American Economic Review* 67 (3): 297-308.

Donaldson, D. 2018. "Railroads of the Raj: Estimating the Impact of Transportation Infrastructure," *American Economic Review* 108 (4-5): 899-934.

Eaton, J., & Kortum, S. 2002. "Technology, Geography, and Trade," *Econometrica* 70 (5): 1741-1779.

Edmond, C., Midrigan, V., & Xu, D. Y. 2015. "Competition, Markups, and the Gains from International Trade," *American Economic Review* 105 (10):

3183-3221.

Ellison, G. , Glaeser, E. , & Kerr, W. 2010. "What Causes Industry Agglomeration? Evidence from Co-agglomeration Patterns," *American Economic Review* 100 (3): 1195-1213.

Faber, B. 2014. "Trade Liberalization, the Price of Quality, and Inequality: Evidence from Mexican Store Prices," *Working Papers*, UC Berkeley.

Faber, B. , & Fally, T. 2017. "Firm Heterogeneity in Consumption Baskets: Evidence from Home and Store Scanner Data," *NBER Working Papers*, No. 23101.

Facchini, G. , Liu, M. Y. , Mayda, A. M. et al. 2019. "China's 'Great Migration': The Impact of the Reduction in Trade Policy Uncertainty," *Journal of International Economics* 120 (10): 126-144.

Fajgelbaum, P. D. , & Khandelwal, A. K. 2016. "Measuring the Unequal Gains from Trade," The Quarterly *Journal of Economics* 131 (3): 1113-1180.

Fajgelbaum, P. D. , & Khandelwal, A. K. 2021. "The Economic Impacts of the US-China Trade War," *NBER Working Papers*, No. 29315.

Fajgelbaum, P. D. , Goldberg, P. K. , Kennedy, P. J. et al. 2020. "The Return to Protectionism," *The Quarterly Journal of Economics* 135 (1): 1-55.

Fajgelbaum, P. , Grossman, G. M, & Helpman, E. 2011. "Income Distribution, Product Quality and International Trade," *Journal of the Political Economy* 119 (4): 721-765.

Feenstra, R. C. 2018a. "Alternative Sources of the Gains from International Trade: Variety, Creative Destruction, and Markups," *Journal of Economic Perspectives* 32 (2): 25-46.

Feenstra, R. C. & Romalis, J. 2014. "International Prices and Endogenous Quality," *The Quarterly Journal of Economics* 129 (2): 477-527.

Feenstra, R. C. & Weinstein, D. E. 2017. "Globalization, Markups, and US Welfare," *Journal of Political Economy* 125 (4): 1040-1074.

Feenstra, R. C. 1995. "Estimating the Effects of Trade Policy," In Jones,

R. W. , Kenen, P. B. , Grossman, G. M. & Rogoff, K. eds. , *Handbook of International Economics*: 1553-1595.

Feenstra, R. C. 2010. "Measuring the Gains from Trade Under Monopolistic Competition," *Canadian Journal of Economics/Revue canadienne d'économique* 43 (1): 1-28.

Feenstra, R. C. 1994. " New Product Varieties and the Measurement of International Prices," *American Economic Review* 84 (1): 157-177.

Feenstra, R. C. 2018b. "Restoring the Product Variety and Pro-Competitive Gains from Trade with Heterogeneous Firms and Bounded Productivity," *Journal of International Economics* 110 (1): 16-27.

Feenstra, R. C. 1989. "Symmetric Pass-Through of Tariffs and Exchange Rates Under Imperfect Competition: An Empirical Test," *Journal of International Economics* 27: 25-45.

Feenstra, R. C. , Luck, P. , & Obstfeld, M. 2018. "In Search of the Armington Elasticity," *Review of Economics and Statistics* 100 (1): 135-150.

Felbermayr, G. , Jung, B. , & Larch, M. 2015. "The Welfare Consequences of Import Tariffs: A Quantitative Perspective," *Journal of International Economics* 97 (2): 295-309.

Ferrantino, M. J. 2006. " Quantifying the Trade and Economic Effects of Non-Tariff Measures," *OECD Trade Policy Paper*.

Fieler, A. 2011. " Non-Homotheticity and Bilateral Trade: Evidence and A Quantitative Explanation," *Econometrica* 79 (4): 1069-1101.

Flaaen, A. , Hortaçsu, A. , & Tintelnot, F. 2020. " The Production Relocation and Price Effects of US Trade Policy: The Case of Washing Machines," *American Economic Review* 110 (7): 2103-2127.

Fujita, M. , & Hu, D. 2001. "Regional Disparity in China 1985 - 1994: The Effects of Globalization and Economic Liberalization," *The Annals of Regional Science* 35 (1): 3-37.

Fujita, M. , Krugman, P. , & Venables, A. 1999. "The Spatial Economy: Cities, Regions and International Trade," *MA: MIT Press*.

Galle, S. , Rodríguez-Clare, A. , & Yi, M. 2017. "Slicing the Pie: Quantifying the Aggregate and Distributional Effects of Trade," *NBER Working Papers*, No. 23737.

Gaulier, G. , & Méjean, I. 2006. "Import Prices, Variety and the Extensive Margin of Trade," *CRPII Working Papers*, No. 2006-17.

Gawande, K. , Hoekman, B. , & Cui, Y. 2015. "Global Supply Chains and Trade Policy Responses to the 2008 Crisis," *The World Bank Economic Review* 29 (1): 102-128.

Giordani, P. , Rocha, N. , & Ruta, M. 2016. "Food Prices and the Multiplier Effect of Trade Policy," *Journal of International Economics* 101: 102-122.

Goldberg, P. K. , & Pavcnik, N. 2007. "Distributional Effects of Globalization in Developing Countries," *Journal of Economic Literature* 45 (1): 39-82.

Goldberg, P. K. , & Pavcnik, N. 2016. "The Effects of Trade Policy," *NBER Working Papers*, No. 23616.

Goldberg, P. K. , Khandelwal, A. K. , & Pavcnick, N. 2010. "Imported Intermediate Inputs and Domestic Product Growth: Evidence from India. The " *Quarterly Journal of Economics* 125 (4): 1727-1767.

Greenaway, D. , & Sapsford, D. 1994. "Exports, Growth, and Liberalization: An Evaluation," *Journal of Policy Modeling* 16 (2): 165-186.

Grossman, G. M. , & Helpman, E. 2018. "Growth, Trade, and Inequality," *Econometrica* 86 (1): 37-83.

Grossman, G. M. , & Helpman, E. 1991. "Quality Ladders in the Theory of Growth," *The Review of Economic Studies* 58 (1): 43-61.

Grundke, R. , & Moser, C. 2018. "Hidden Protectionism? Evidence from

Non-Tariff Barriers to Trade in the United States," *Journal of International Economics* 117: 143-157.

Grübler, J., Ghodsi, M., & Stehrer, R. 2016. "Assessing the Impact of Non-Tariff Measures on Imports," *The Vienna Institute for International Economic Studies*.

Guo, M. X., Lu, L., Sheng, L. G. et al. 2018. "The Day After Tomorrow: Evaluating the Burden of Trump's Trade War," *Asian Economic Papers* 17 (1): 101-120.

Hallak J. C. 2006. "Product Quality & the Direction of Trade," *Journal of International Economics* 68 (1): 238-265.

Hallak, J. C., & Schott, P. K. 2011. "Estimating Cross-Country Differences in Product Quality," *The Quarterly Journal of Economics* 126 (1): 417-474.

Halpern, L., Koren, M., & Szeidl, A. 2015. "Imported Inputs and Productivity," *American Economic Review* 105 (12): 3660-3703.

Han, J., Liu, R., & Zhang, J. 2011. "Globalization and Wage Inequality from Urban China," *Journal of International Economics* 87 (2): 288-297.

Han, J., Liu, R., Marchand, B. U. et al. 2016. "Market Structure, Imperfect Tariff Pass-Through, and Household Welfare in Urban China," *Journal of International Economics* 100: 220-232.

Handbury, J. 2021. "Are Poor Cities Cheap for Everyone? Non-Homotheticity and the Cost of Living across U. S. Cities," *Econometrica* 89 (6): 2679-2715.

Handbury, J., & Weinstein, D. E. 2015. "Goods Prices and Availability in Cities," *Review of Economic Studies* 82 (1): 258-296.

Hansen, J. D., & Nielsen J. U. 2011. "Price as an Indicator for Quality in International Trade?," *International Economic Journal* 25 (3): 419-430.

Harrison, A. 1994. "Productivity, Imperfect Competition and Trade Reform: Theory and Evidence," *Journal of International Economics* 36 (1-2): 53-73.

Hausman, J. A. 1999. "Cellular Telephone, New Products, and the CPI," *Journal of Business and Economic Statistics* 17 (2): 188-194.

Hausman, J. A. , & Newey, W. K. 2016. "Individual Heterogeneity and Average Welfare," *Econometrica* 84 (3): 1225-1248.

Heins, G. 2016. "Endogenous Vertical Differentiation, Variety, and the Unequal Gains from International Trade," *FREIT Working Papers*, No. 1509.

Helm, I. 2020. "National Industry Trade Shocks, Local Labor Markets and Agglomeration Spillovers," *The Review of Economic Studies* 87 (3): 1399-1431.

Helpman, E. , Itskhoki, O. , & Redding, S. 2010. "Inequality and Unemployment in a Global Economy," *Econometrica* 78 (4): 1239-1283.

Helpman, E. , Itskhoki, O. , Muendler, M. et al. 2017. "Trade and Inequality: From Theory to Estimation," *Review of Economic Studies* 84 (3): 357-405.

Hicks, J. R. 1940. "The Valuation of the Social Income," *Economica* 7 (26): 105-124.

Hoekman, B. , & Nicita, A. 2011. "Trade Policy, Trade Costs, and Developing Country Trade," *World Development* 39 (12): 2069-2079.

Holmes, T. J. , Hsu, W. T. , & Lee, S. H. 2014. "Allocative Efficiency, Mark-ups, and the Welfare Gains from Trade," *Journal of International Economics* 94 (2): 195-206.

Hottman, C. J. , & Monarch, R. 2020. "A Matter of Taste: Estimating Import Price Inflation across U. S. Income Groups," *Journal of International Economics* 127: 1-15.

Hottman, C. J. , & Monarch, R. 2018. "Estimating Unequal Gains across U. S. Consumers with Supplier Trade Data," *International Finance Discussion Paper*, No. 1220.

Hottman, C. J. , Redding, S. J. , & Weinstein, D. E. 2016. "Quantifying the Sources of Firm Heterogeneity," *The Quarterly Journal of Economics* 131

（3）：1291-1364.

Hsieh, C. T. , Li, N. , Ossa, R. et al. 2020. " Accounting for the New Gains from Trade Liberalization," *Journal of International Economics* 127 （11）：209-224.

Hsu, W. T. , Lu, Y. , & Wu, G. L. 2020. " Competition, Markups, and Gains from Trade: A Quantitative Analysis of China Between 1995 and 2004," *Journal of International Economics* 122 （1）：1-26.

Hummels, D. , & Klenow, P. J. 2005. " The Variety and Quality of a Nation's Exports," *American Economic Review* 95 （3）：704-723.

Hunter, L. 1991. " The Contribution of Non-Homothetic Preferences to Trade," *Journal of International Economics* 30 （3-4）：345-358.

Imbruno, M. 2016. " China & WTO Liberalization: Imports, Tariffs and Non-Tariff Barriers," *China Economic Review* 38：222-237.

Irwin, D. A. 2014. " Tariff Incidence: Evidence from U. S Sugar Duties, 1890-1930," *NBER Working Papers*, No. 20635.

Irwin, D. A. 2007. "Trade Restrictiveness and Deadweight Losses from U. S Tariffs, 1859-1961," *NBER Working Papers*, No. 13450.

Irwin, D. A. 2010. "Trade Restrictiveness and Deadweight Losses from U. S Tariffs," *American Economic Journal: Economic Policy* 2 （3）：111-133.

Jaravel, X. , & Sager, E. 2019. " What Are the Price Effects of Trade? Evidence from the US and Implications for Quantitative Trade Models," *Finance and Economics Discussion Series* 2019-068. *Washington*：Board of Governors of the Federal Reserve System.

Ju, J. D. 2011. " Consumer Heterogeneity, Free Trade, and the Welfare Impact of Income Redistribution," *Review of International Economics* 19 （2）：288-299.

Kancs, D. A. , & Persyn, D. 2019. " Welfare Gains from the Variety Growth," *JRC Working Papers in Economics and Finance*, No. 2019/1.

Kee, H. L. , Nicita, A. , & Olarreaga, M. 2009. " Estimating Trade Restrictiveness Indices," *The Economic Journal* 119 (534): 172-199.

Kee, H. L. , Nicita, A. , & Olarreaga, M. 2008. " Import Demand Elasticities and Trade Distortions," *Review of Economics and Statistics* 90 (4): 666-682.

Khandelwal, A. 2010. "The Long and Short of Quality Ladders," *Review of Economics Studies* 77 (4): 1450-1476.

Kinzius, L. , Sandkamp, A. , & Yalcin, E. 2019. "Trade Protection and the Role of Non-Tariff Barriers," *Review of World Economics* 155: 603-643.

Klenow, P. J. , & Rodríguez-Clare, A. 1997. "Quantifying Variety Gains from Trade Liberalization," *University of Chicago*.

Knebel, C. 2010. "Measuring the Price Effects of Import Restrictions: Theory and Evidence," *Social Science Electronic Publishing*.

Knight, J. , Li, S. , & Wan, H. Y. 2017. "The Increasing Inequality of Wealth in China, 2002-2013," *CHCP Working Papers*.

Kovak, B. K. 2013. "Regional Effects of Trade Reform: What Is the Correct Measure of Liberalization," *American Economic Review* 103 (5): 1960-1976.

Krugman, P. 1979. " Increasing Returns, Monopolistic Competition and International Trade," *Journal of International Economics* 9 (4): 469-479.

Krugman, P. 1991. "Increasing Returns and Economic Geography," *Journal of Political Economy* 99 (3): 483-499.

Krugman, P. 1980. " Scale Economics, Product Differentiation, and the Pattern of Trade," *American Economic Review* 70 (5): 950-959.

Krugman, P. , & Elizondo, R. 1996. " Trade Policy and Third World Metropolis," *Journal of Development Economics* 49 (1): 137-150.

Lall, S. 2000. "The Technological Structure and Performance of Developing Country Manufactured Exports, 1985-1998," *QEH Working Papers*, No. 44.

Leamer, E. E. 1990. "Latin America as a Target of Trade Barriers Erected by the Major Developed Countries in 1983," *Journal of Development Economics* 32 (2): 337–368.

Lee, J. W. , & Swagel. P. 1997. "Trade Barriers and Trade Flows across Countries and Industries," *Review of Economics and Statistics* 79 (3), 372–382.

Li, M. H. , Balistreti, E. J. , & Zhang, W. D. 2019. "The U. S. –China Trade War: Tariff Data and General Equilibrium Analysis," *CARD Working Papers*, No. 595.

Li, N. 2021. "An Engel Curve for Variety," *The Review of Economics and Statistics* 103 (1): 72–87.

Li, Q. H. , Li, S. , & Wan, H. Y. 2020. "Top Incomes in China: Data Collection and the Impact on Income Inequality," *China Economic Review* 62: 101495.

Lieu, P. T. , Chang, C. , & Mizzi, P. 2013. "Estimating the True Cost of Living for Households with Different Incomes Using Data from Taiwan," *Applied Economics* 45 (21): 3011–3023.

Linder, S. B. 1961. "An Essay on Trade & Transformation," *Hoboken*: *John Wile and Sons Press*.

Ludema, R. D. , & Mayda, A. M. 2013. "Do Terms of Trade Effects Matter for Trade Agreement? Theory and Evidence from WTO Countries," *The Quarterly Journal of Economics* 128 (4): 1837–1894.

Majumder, A. , Ray, R. & Sinha, K. 2015. "Estimating Purchasing Power Parities from Household Expenditure Data Using Complete Demand Systems with Application to Living Standards Comparison India and Vietnam," *Review of Income and Wealth* 61 (2): 302–328.

Majumder, A. , Ray, R. , & Sinha, K. 2012. "Calculating Rural–Urban Food Price Differentials from Unit Values in Household Expenditure Surveys: A Comparison with Existing Methods and A New Procedure," *American Journal of Agricultural Economics* 94 (5): 1218–1235.

Marchand, B. U. 2017. "How Does International Trade Affect Household Welfare?," *IZA World of Labor. Institute of Labor Economics.*

Marchand, B. U. 2012. "Tariff Pass-Through and the Distributional Effects of Trade Liberalization," *Journal of Development Economics* 99 (2): 265-281.

Markusen, J. R. 2013. "Putting Per-Capital Income Back to Trade Theory," *Journal of International Economics* 90 (2): 255-265.

Martincus, C. 2010. "Spatial Effects of Trade Policy: Evidence from Brazil," *Journal of Regional Science* 50 (2): 541-569.

Melitz, M. J., & Trefler, D. 2012. "Gains from Trade When Firms Matter," *Journal of Economic Perspectives* 26 (2): 91-118.

Melitz, M. 2003. "The Impact of Trade on Intra-Industry Reallocations and Aggregate Industry Productivity," *Econometrica* 71 (6): 1695-1725.

Melitz, M., & Redding, S. 2015. "New Trade Models, New Welfare Implications," *American Economic Review* 105 (3): 1105-1146.

Meyer, B. D., & Sullivan, J. X. 2013. "Consumption and Income Inequality and the Great Recession," *American Economic Review* 103 (3): 178-183.

Meyer, B. D., Mok, W. K., & Sullivan, J. X. 2009. "The Under-Reporting of Transfers in Household Surveys: Its Nature and Consequences," *NBER Working Papers*, No. 15181.

Minondo, A., & Requena, F. 2010. "Welfare Gains from Imported Varieties in Spain, 1988-2006," *Series EC Working Papers.*

Mishra, A., & Ray, R. 2011. "Prices, Inequality and Poverty: Methodology and India Evidence," *Review of Income and Wealth* 57 (3): 428-448.

Mishra, A., & Ray, R. 2014. "Spatial Variation in Prices and Expenditure Inequalities in Australia," *Economic Record* 90 (289): 137-159.

Mohler, L., & Seitz, M. 2012. "The Gains from Variety in the European Union," *Review of World Economics* 148 (3): 475-500.

Montfort, P., & Nicolini, R. 2000. "Regional Convergence and International Integration," *Journal of Urban Economics* 48 (2): 286–306.

Montfort, P., & Van Ypersele, T. 2003. "Integration, Regional Agglomeration and International Trade," *CEPR Discussion Paper*, No. 3752.

Mudenda, D. 2015. "Tariffs and Intranational Retail Price Dispersion: Evidence from Zambia," *Economic Society of South Africa Biennial Conference Working Papers*.

Ng, Y. K. 2020. "Why Does the US Face Greater Disadvantages in the Trade War with China?," *China & World Economy* 28 (2): 113–122.

Nicita, A. 2009. "The Price Effect of Tariff Liberalization: Measuring the Impact on Household Welfare," *Journal of Development Economics* 89 (1): 19–27.

Nicita, A., & Gourdon, J. 2013. "A Preliminary Analysis on Newly Collected Data on Non-Tariff Measures," *UNCTAD Blue Series Papers*, No. 53.

Nicita, A., Olarreaga, M. & Porto, G. G. 2014. "Pro-Poor Trade Policy in Sub-Saharan Africa," *Journal of International Economic* 92 (2): 252–265.

Nigai, S. 2016. "On Measuring the Welfare Gains from Trade Under Consumer Heterogeneity," *The Economic Journal* 126 (593): 1193–1237.

Niu, Z. H., Liu, C., Gunessee, S. et al. 2018. "Non-Tariff and Overall Protection: Evidence across Countries and over Time," *Review of World Economics* 154 (4): 675–703.

Obstfeld, M. 2016. "Get on Track with Trade," *Finance and Development*, 53 (4): 12–16.

Ogura, M. 2017. "Measuring the Impact of Consumption Tax on the Cost-of-living Index from Japanese Household Survey," *Modern Economy* 8 (3): 430–444.

Pastor, L., & Veronesi, P. 2018. "Inequality Aversion, Populism, and the Backlash Against Globalization," *NBER Working Papers*, No. 24900.

Pavcnik, N. 2017. "The Impact of Trade on Inequality in Developing Countries," *NBER Working Papers*, No. 23878.

Persson, M. 2013. "Trade Facilitation and the Extensive Margin," *The Journal of International and Economic Development* 22 (5): 658–693.

Pierce, J. R. , & Schott, P. K. 2016. "The Surprisingly Swift Decline of US Manufacturing Employment," *American Economic Review* 106 (7): 1632–1662.

Porto, G. G. 2015. "Estimating Household Responses to Trade Reforms: Net Consumers and Net Produces in Rural Mexico," *International Economics* 144: 116–142.

Porto, G. G. 2006. "Using Survey Data to Assess the Distributional Effects of Trade Policy," *Journal of International Economics* 70 (1): 140–160.

Pugel, T. A. 2016. *International Economics*, Mc Graw Hill Education, Edition 16.

Qiu, L. D. , Zhan, C. , & Wei, X. 2019. "An Analysis of the China-US Trade War Through the Lens of the Trade Literature," *Economic and Political Studies* 7 (2): 148–168.

Redding, J. S. , & Weinstein, E. D. 2020. "Measuring Aggregate Price Indices with Taste Shocks: Theory and Evidence for CES Preferences," *The Quarterly Journal of Economics* 135 (1): 503–560.

Redding, J. S. , & Weinstein, E. D. 2016. "A Unified Approach to Estimating Demand and Welfare," *NBER Working Papers*, No. 22479.

Reinsdorf, M. B. , Diewert, W. E. , & Ehemann, C. 2002. "Additive Decompositions for Fisher, Törnqvist and Geometric Mean Indexes," *Journal of Economic and Social Measurement* 28: 51–61.

Rickert, D. , Schain, J. P. , & Stiebale, J. 2018. "Local Market Structure and Consumer Prices: Evidence from a Retail Merger," *DICE Discussion Paper*.

Rodrik, D. 2018. "Populism & the Economics of Globalization," *Journal of International Business Policy* 1: 12–33.

Rodríguez, F. , & Rodrik, D. 2000. "Trade Policy and Economic Growth: A Skeptic's Guide to the Cross-National Evidence," *NBER Macroeconomics Annual* 15: 261-338.

Romer, P. 1994. "New Goods, Old Theory, and the Welfare Costs of Trade Restrictions," *Journal of Development Economics* 43 (1): 5-28.

Ronen, E. 2017. "Quantifying the Trade Effects of NTMs: A Review of the Empirical Literature," *Journal of Economics and Political Economy* 4 (3): 263-274.

Schott, P. K. 2004. "Across-Product Versus Within-Product Specialization in International *Trade*," *Quarterly Journal of Economics* 119 (2): 647-678.

Sheu, G. 2014. " Price, Quality, and Variety: Measuring the Gains from Trade in Differentiated Product," *American Economic Journal-Applied Economics* 6 (4): 66-89.

Simonovska, I. 2015. "Income Differences and Prices of Tradables: Insights from an Online Retailer," *The Review of Economic Studies* 82 (4): 1612-1656.

Soderbery, A. 2015. "Estimating Import Supply and Demand Elasticities: Analysis and Implications," *Journal of International Economics* 96 (1): 1-17.

Soderbery, A. 2018. " Trade Elasticities, Heterogeneity and Optimal Tariffs," *Journal of International Economics* 114: 44-62.

Soderbery, A. 2021. "Trade Restrictiveness Index and Welfare: A Structural Approach," *Canadian Journal of Economics/Revue canadienne d'économique* 54 (3): 1-31.

Stiglitz, J. E. 2007. " Making Globalization Work," *Challenge* 50 (1): 115-123.

Stolper, W. F. , & Samuelson, P. A. 1941. " Protection and Real Wages," *Review of Economic Studies* 9 (1): 58-73.

Topalova, P. 2010. " Factor Immobility and Regional Impacts of Trade Liberalization: Evidence on Poverty from India," *American Economic Journal*:

Applied Economics 2 (4): 1-41.

Trefler, D. 1993. "Trade Liberalization and the Theory of Endogenous Protection: An Econometric Study of US Import Policy," *Journal of Political Economy* 101 (1): 138-160.

Unayama, T. 2008. "Measuring the Substitution Bias in Japan: The Demand System Approach and a Superlative Index," *Applied Economics* 40 (14): 1795-1806.

UNCTAD. 2013. "Non-Tariff Measures to Trade: Economic and Policy Issues for Developing Countries," *United Nations Publications*.

UNCTAD. 2018. "Non-Tariff Measures: Economic Assessment and Policy Options for Development," *United Nations Publications*.

Wang, J., & Hu, Y. 2018. "The Impact of Trade Liberalization on Poverty Reduction in Rural China," *China Agricultural Economic Review* 10 (4): 683-694.

Weder, R. 1996. "How Domestic Demand Shapes the Pattern of International Trade," *World Economy* 19 (3): 273-286.

Wilson, J. S., Mann, C. L., & Otsuki, T. 2003. "Trade Facilitation and Economic Development: A New Approach to Quantifying the Impact," *World Bank Economic Review* 17 (3): 367-389.

WTO. 2018. "Trade and Poverty Reduction: New Evidence of Impacts in Developing Countries," *World Trade Report*.

WTO. 2012. "Trade and Public Policies: A Closer Look at Non-Tariff Measures in the 21st Century," *World Trade Report*.

Xia, Y., Kong, Y. S., & Zhang, D. Y. 2019. "Impacts of China-US Trade Conflicts on the Energy Sector," *China Economic Review* 58: 1-22.

Yeaple, S. R. 2005. "A Simple Model of Firm Heterogeneity, International Trade, and Wages," *Journal of International Economics* 65 (1): 1-20.

Young, A. 1991. "Learning by Doing: The Dynamic Effects of International

Trade," *The Quarterly Journal of Economics* 106 (2): 369-405.

Yu, M. J. 2014. "Processing Trade, Tariff Reductions and Firm Productivity: Evidence from Chinese Firms," *Economic Journal* 125 (585): 943-988.

Zhao, D., Wu, T. H., & He, Q. W. 2017. "Consumption Inequality and Its Evolution in Urban China," *China Economic Review* 46: 208-228.

Zhu, X. D. 2012. "Understanding China's Growth: Past, Present, and Future," *The Journal of Economic Perspectives* 26 (4): 103-124.

附　录

附表 A.1　1978~2020 年中国进口贸易发展情况

单位：亿美元，%

年份	进出口总额	进出口增长率	进口额	进口增长率	进口占世界份额
1978	206.4	—	108.9	—	0.82
1979	293.4	42.15	156.8	43.99	0.92
1980	381.4	29.99	200.2	27.68	0.95
1981	440.3	15.44	220.2	9.99	1.06
1982	416.1	−5.50	192.9	−12.40	0.99
1983	436.2	4.83	213.9	10.89	1.13
1984	535.5	22.76	274.1	28.14	1.35
1985	696.0	29.97	422.5	54.14	2.08
1986	738.4	6.09	429.0	1.54	1.94
1987	826.6	11.94	432.2	0.75	1.67
1988	1028.0	24.36	552.8	27.90	1.86
1989	1116.8	8.64	591.4	6.98	1.84
1990	1154.4	3.37	533.5	−9.79	1.48
1991	1357.0	17.55	637.9	19.57	1.75
1992	1655.3	21.98	805.9	26.34	2.06
1993	1957.0	18.23	1039.6	29.00	2.70
1994	2366.2	20.91	1156.1	11.21	2.64
1995	2808.6	18.70	1320.8	14.25	2.52
1996	2898.8	3.21	1388.3	5.11	2.53
1997	3251.6	12.17	1423.7	2.55	2.50
1998	3239.5	−0.37	1402.4	−1.50	2.49

续表

年份	进出口总额	进出口增长率	进口额	进口增长率	进口占世界份额
1999	3606.3	11.32	1657.0	18.15	2.83
2000	4742.9	31.52	2250.9	35.84	3.38
2001	5096.5	7.46	2435.5	8.20	3.80
2002	6207.7	21.80	2951.7	21.19	4.43
2003	8509.9	37.09	4127.6	39.84	5.31
2004	11545.6	35.67	5612.3	35.97	5.92
2005	14219.0	23.16	6599.5	17.59	6.12
2006	17604.4	23.81	7914.6	19.93	6.41
2007	21765.8	23.64	9561.2	20.80	6.72
2008	25632.6	17.77	11325.7	18.45	6.88
2009	22075.3	−13.88	10059.2	−11.18	7.92
2010	29739.9	34.72	13962.4	38.80	9.05
2011	36418.6	22.46	17434.8	24.87	9.45
2012	38671.2	6.19	18184.1	4.30	9.74
2013	41589.9	7.55	19499.9	7.24	10.28
2014	43015.3	3.43	19592.3	0.47	10.28
2015	39530.3	−8.10	16795.6	−14.27	10.03
2016	36855.6	−6.77	15879.3	−5.46	9.80
2017	41071.4	11.44	18437.9	16.11	10.25
2018	46224.2	12.55	21357.3	15.83	10.76
2019	45778.9	−0.96	20784.1	−2.68	10.76
2020	46559.1	1.70	20659.6	−0.60	11.56

资料来源：根据历年《中国统计年鉴》相关数据整理计算得到。

附表 A.2　1981~2020 年中国贸易方式结构变化

单位：%

年份	一般贸易	加工贸易	其他贸易
1981	92.5	6.8	0.7
1982	97.9	1.4	0.7
1983	87.7	10.6	1.6
1984	87.0	11.5	1.5
1985	88.2	10.1	1.7
1986	82.0	15.6	2.4

年份	一般贸易	加工贸易	其他贸易
1987	66.6	23.6	9.9
1988	63.7	27.3	9.0
1989	60.2	29.0	10.8
1990	49.1	35.2	15.7
1991	46.3	39.2	14.5
1992	41.7	39.1	19.2
1993	36.6	35.0	28.4
1994	30.7	41.2	28.1
1995	32.8	44.2	23.0
1996	28.4	44.9	26.8
1997	27.4	49.3	23.3
1998	31.1	48.9	20.0
1999	40.5	44.4	15.1
2000	44.5	41.1	14.4
2001	46.6	38.6	14.8
2002	43.7	41.4	14.9
2003	45.5	39.5	15.1
2004	44.2	39.5	16.3
2005	42.4	41.5	16.1
2006	42.1	40.6	17.3
2007	44.8	38.6	16.6
2008	50.5	33.4	16.1
2009	53.1	32.0	14.9
2010	55.1	29.9	15.0
2011	57.8	27.0	15.3
2012	59.2	26.5	14.3
2013	56.9	25.5	17.6
2014	56.6	26.8	16.7
2015	54.9	26.6	18.5
2016	56.6	25.0	18.4
2017	58.8	23.4	17.8
2018	59.7	22.0	18.4
2019	60.5	19.8	19.7
2020	60.4	19.6	19.9

资料来源：根据海关总署相关数据计算得到。

附表 A.3　1981~2020 年部分年份中国贸易主体结构变化

单位：%

年份	国有企业	外商投资企业	其他企业
1981	99.2	0.5	0.3
1992	65.3	32.8	1.9
1993	57.4	40.3	2.3
1994	52.1	45.8	2.1
1995	49.5	47.7	2.8
1996	42.6	54.5	2.9
1997	42.8	54.6	2.6
1998	42.8	54.7	2.5
1999	44.8	51.8	3.4
2000	43.9	52.1	4.0
2001	42.5	51.7	5.8
2002	38.8	54.3	6.9
2003	34.5	56.2	9.3
2004	31.4	57.8	10.8
2005	29.9	58.7	11.4
2006	28.5	59.7	11.8
2007	28.2	58.5	13.3
2008	31.2	54.7	14.1
2009	28.7	54.2	17.1
2010	27.8	52.9	19.3
2011	28.3	49.6	22.1
2012	27.3	47.9	24.8
2013	25.6	44.9	29.6
2014	20.1	46.4	28.6
2015	24.3	49.3	26.4
2016	22.7	48.5	28.7
2017	23.8	46.8	29.4
2018	25.6	43.7	30.7
2019	25.8	41.3	32.9
2020	22.3	42.1	35.6

资料来源：根据海关总署相关数据计算得到。其中未包括 1982~1991 年的数据。

附表 A.4　2012~2020 年中国进口商品结构变化（Lall 分类）

单位：%

年份	初级产品占比	资源密集型产品占比	低技术产品占比	中技术产品占比	高技术产品占比	未分类产品占比
2012	23.3	18.6	4.5	21.9	27.8	3.9
2013	22.0	18.7	4.3	20.6	28.9	5.5
2014	22.4	18.7	4.5	21.7	28.3	4.4
2015	18.7	16.2	5.0	22.1	32.7	5.3
2016	18.0	16.6	4.9	22.3	33.2	5.0
2017	19.8	18.3	4.6	21.9	31.5	3.7
2018	22.2	17.5	4.3	21.3	31.0	3.7
2019	23.2	18.3	4.4	21.0	30.4	2.8
2020	21.3	18.5	4.4	21.6	32.9	1.2

资料来源：根据 UNCTAD 相关数据计算。

附表 A.5　1992~2020 年中国进口关税变化

单位：%

年份	简单平均关税	加权平均关税
1992	42.1	32.2
1993	39.1	30.3
1994	35.5	27.9
1995	35.6	25.0
1996	23.7	19.8
1997	17.5	15.8
1998	17.5	15.6
1999	17.1	14.5
2000	17.0	14.7
2001	15.9	14.1
2002	12.4	7.6
2003	11.4	6.5
2004	10.5	6.0
2005	9.8	4.9
2006	9.8	4.4
2007	9.9	4.5
2008	9.6	3.9

年份	简单平均关税	加权平均关税
2009	9.6	3.9
2010	9.6	4.1
2011	9.6	4.0
2012	9.9	4.7
2013	9.9	4.6
2014	9.4	3.7
2015	9.4	4.0
2016	9.7	4.3
2017	9.6	4.4
2018	9.6	4.3
2019	7.4	3.3
2020	7.4	3.4

资料来源：1995 年数据来自盛斌和魏方（2019）；2012 年和 2013 年数据来自 WTO；其余年份数据来自 WITS。

附表 A.6　2015 年以来中国自主降低进口关税情况

实施时间	进口关税降低情况
2015.6.1	降低部分服装、鞋靴、护肤品、纸尿裤等日用消费品关税税率，平均降幅超过 50%
2016.1.1	以暂定税率方式对箱包、服装、围巾、毯子、真空保温杯、太阳镜等商品降低关税
2017.7.1	对包括信息通信产品、半导体及其生产设备、视听产品、医疗器械、仪器仪表等 280 多项商品降低关税
2017.12.1	对包括食品、保健品、药品、日化用品、服装鞋帽、家用设备、文化娱乐、日杂百货等 187 项产品降低关税，平均税率由 17.3% 降至 7.7%
2018.5.1	对包括抗癌药在内的所有普通药品、具有抗癌作用的生物碱类药品及有实际进口的中成药实行零关税
2018.7.1	将税率为 25% 和 20% 的汽车整车关税降至 15%，将税率为 8%、10%、15%、20%、25% 的汽车零部件关税降至 6%。将包括食品、服装鞋帽、家具用品、日杂百货、文体娱乐、家用电子、日化用品、医药健康等 8 类共 1449 个税目日用消费品平均税率由 15.7% 降至 6.9%
2018.11.1	降低 1585 个税目工业品等进口关税税率，将工程机械、仪器仪表等机电设备平均税率由 12.2% 降至 8.8%，纺织品、建材等平均税率由 11.5% 降至 8.4%，纸制品等部分资源性商品及初级加工品平均税率由 6.6% 降至 5.4%
2019.1.1	对 700 余项商品实施进口暂定关税税率，对 50 余种抗癌原材料在内的部分原料药实行零关税

实施时间	进口关税降低情况
2019.7.1	对 298 项信息技术产品的最惠国税率实施第四步降税,并对部分信息技术产品的暂定税率作相应调整
2020.1.1	对 850 余项商品实施低于最惠国税率的进口暂定税率
2021.1.1	对第二批抗癌药和罕见病药品原料实行零关税

资料来源:根据财政部、商务部网站整理。

图书在版编目（CIP）数据

中国进口贸易对消费者福利的影响研究／陶宏展著.
北京：社会科学文献出版社，2025.7. -- （中原智库丛
书）. --ISBN 978-7-5228-5594-3

Ⅰ.F723.55

中国国家版本馆 CIP 数据核字第 2025XD6144 号

中原智库丛书·青年系列

中国进口贸易对消费者福利的影响研究

著　　者／陶宏展

出 版 人／冀祥德
组稿编辑／任文武
责任编辑／郭　峰
文稿编辑／王翠芳
责任印制／岳　阳

出　　版／社会科学文献出版社·生态文明分社（010）59367143
　　　　　地址：北京市北三环中路甲 29 号院华龙大厦　邮编：100029
　　　　　网址：www.ssap.com.cn
发　　行／社会科学文献出版社（010）59367028
印　　装／三河市龙林印务有限公司

规　　格／开本：787mm×1092mm　1/16
　　　　　印张：13.5　字数：206 千字
版　　次／2025 年 7 月第 1 版　2025 年 7 月第 1 次印刷
书　　号／ISBN 978-7-5228-5594-3
定　　价／78.00 元

读者服务电话：4008918866